U0861481

镇海企业改革的历史追忆

（1983—2001）

孟福成　主编

中共宁波市镇海区委党史研究室
宁波市镇海区地方志编纂委员会办公室　编印

图书在版编目（CIP）数据

镇海企业改革的历史追忆：1983—2001／中共宁波市镇海区委党史研究室，宁波市镇海区地方志编纂委员会办公室编．—北京：方志出版社，2017.11

ISBN 978-7-5144-2712-7

Ⅰ.①镇… Ⅱ.①中…②宁… Ⅲ.①乡镇企业—企业改革—历史—宁波—1983－2001 Ⅳ.①F297.275.53

中国版本图书馆 CIP 数据核字（2017）第 289224 号

镇海企业改革的历史追忆（1983—2001）

编　　者：中共宁波市镇海区委党史研究室
　　　　　宁波市镇海区地方志编纂委员会办公室编
责任编辑：李志瑜

出 版 人：冀祥德
出 版 者：方志出版社
　　　　　地址　北京市朝阳区潘家园东里 9 号（国家方志馆 4 层）
　　　　　邮编　100021
　　　　　网址　http：//www.fzph.org
发　　行：方志出版社图书经销中心
　　　　　电话（010）67110500
经　　销：各地新华书店
印　　刷：福州龙杰印刷有限公司

开　　本：787×1092　1/16
印　　张：18.75
字　　数：306 千字
版　　次：2017 年 11 月第 1 版　2017 年 11 月第 1 次印刷
印　　数：001～300 册

ISBN 978-7-5144-2712-7　定价：180.00 元

总　序

中国的改革，是一场史无前例的伟大实践，是中国共产党历史上的伟大觉醒，更是实现中华民族伟大复兴中国梦的根本路径。这场改革，是一场以问题为导向，统筹推进、重点突破的持久战。在这举世瞩目的历史巨变中，企业改革始终是整个经济体制改革的中心环节。

当时，作为宁波老工业基地，镇海不少公有制企业存在着机制落后、生产滑坡、效益低下等一系列问题，进行企业改革是必然趋势。这次改革，始于撤县建区前的1983年6月，至2001年8月基本结束，历时18年，先后对区属1237家国有、城镇集体企业和乡镇企业实施了以产权制度和劳动用工制度为核心内容的改革。改革的成功实践，成为全国县域企业改革的一个缩影，对镇海加速改革开放进程、推动区域社会经济进步起到了至关重要的作用。

《镇海企业改革的历史追忆》一书，搜集整理了大量的企业改革史料，记录了镇海人民进行国有城镇集体企业和乡镇企业改革的真实历程，从经营权制度改革、产权制度改革和劳动用工、社会保险配套制度改革等方面，对不同时期、不同领域的改革重点、改革过程、改革事件等进行了比较翔实的记载，并对每个阶段的历史背景和历史意义进行了实事求是的分析和评价，有益于人们正确认识镇海企业改革的发展历程和历史地位，其典型性和代表性较为突出，对同期东南沿海地区企业改革有着重要的借鉴价值。

温故知新鉴往昔，承前启后开新篇。当前镇海正处于改革发展的关键时期，如何把未来发展的规划图变成实景图，如何将镇海建设成港口强区品质之城，任务还十分艰巨，我们要坚持用谋划发展的正确思路、促进发展的政策措施、领导发展的实际能力来解决前进中的问题，落实到改革创新的各项工作中去，为努力开创现代化建设的新局面而努力奋斗！

是为序。

林雅莲

2017、10、18

（作者：中共宁波市镇海区委书记）

凡　例

《镇海企业改革的历史追忆》一书，坚持以马克思主义、毛泽东思想、邓小平理论、“三个代表”重要思想和科学发展观为指导，贯彻落实习近平总书记一系列重要讲话精神和治国理政新理念、新战略，坚持辩证唯物主义和历史唯物主义的立场、观点和方法。

一、本书力图以辩证唯物主义和历史唯物主义观点、方法，围绕转换企业经营机制的原因、方法、结果等核心内容，较翔实地记载镇海区企业改革前、中、后的历史和现状，以实现本书的存史、教化、考证价值之目的。

二、本书设有企业经营机制转变、经营权制度改革、乡镇企业产权制度改革、国有城镇集体企业产权制度改革、劳动用工和社会保障制度配套改革、企业改革影响深刻的六大问题、企业改革已成为推进镇海经济持续发展的重要动力源、丛录共8章39节。“编者说明”总摄本书之首；“编后记”殿后。

三、本书编撰上限1983年6月国有企业第一步利改税起，下限至2001年8月企业同职工理顺劳动关系止，历时18年。其中，第五章劳动用工和社会保障制度配套改革延伸到2008年12月；第七章企业改革是推进镇海经济持续发展的重要动力源（除第四节营造了一批工业行业领军型企业按《镇海区志》截止期2008年12月）延伸至2010年12月。

四、镇海区前身为镇海县，1985年10月镇海县建区并入宁波市，分为镇海、北仑两区。为尊重和延续历史，追溯往事，多处涉及镇海县，设区后区内机构名称已作统一调整，本书不作一一重复。

五、国营企业与国有企业：1993年中共十四大报告中“国营企业”一词正式被“国有企业”取代，考虑镇海的国企改革前后时段有交错，故全部改成国有企业。

六、本书在经营权制度改革时称谓“大集体企业”是指县以上集体企业；产权制度改革时称谓“城镇集体企业”是指县办大集体企业和城镇小集体企业的统称；“乡镇企业”是指乡（镇）办企业、村办企业和村以下个私经营户的总称。

七、书中提及的“公司制企业”是指按《中华人民共和国公司法》规范要求组建起来的股份有限公司、有限责任公司、国有独资公司。“股份制企业”是指由多个投资主体出资组建起来的股份有限公司、有限责任公司和按照股份合作制规范要求，组建起来的股份合作制企业。

八、书中所有资料来源于镇海区经济体制改革办公室、区发改局、劳动局和企业主管部门，以及相关部门专题调查材料。

编 者 说 明

《镇海企业改革的历史追忆》（简称《企改追忆》）一书，编纂上限为1983年6月1日，国有企业实施第一步利改税起，下限为2001年8月理顺国家同企业产权关系、企业同职工劳动关系止，历时18年。

镇海企业改革是一项涉及社会各个方面、内外左右联动的系统工程。为了较好地反映历史资料的真实性、系统性和可读性，笔者在搜集、筛选、组合历史资料的过程中，考虑到企业改革同时具有它的独立性和联动性的两个特点，对该书编纂的整体布局上，围绕以企业经营权制度和产权制度两项改革为轴心；在结构安排上采用综合性、专题性和配套性三个板块的格局，全书共计8章39节组合，近18万字。

第一章“企业经营机制的历史性转变”属企业改革的综合性板块。重点记述企业经营机制在改革中和改革前、后历史演变的总情，其主要内容有三个方面：一是镇海区企业改革的历史进程；二是镇海区国有、城乡集体企业产权制度改革的必然性；三是镇海区国有企业改革后的六大变化。

第二章、第三章和第四章均为“企业经营权制度改革”和“企业产权制度改革”的两个时期的专题性板块，是本书的主体。记述了历届镇海区委、区人民政府依靠全区人民，如何沿着中共中央、国务院在各个时期，对企业改革方针政策在镇海贯彻落实的过程。其中，第二章记述的是企业经营权制度改革，其主要内容国有企业利改税、扩大企业经营自主权、推行承包经营责任制、实行厂长（经理）负责制、国有商业小企业推行“改、租、转”改革、企业内部配套（劳动、分配、福利）制度改革和乡镇企业全面推行“一包五改”为内容的企业改革等七个方面；第三章和第四章分别为乡镇企业产权制度改革和国有、城镇集体企业产权制度改革。这两个章节的主要内容产权制度改革的政策措施，产权制度改革的具体做法，产权制度改革（包括股份制改制、企业兼并、破产等）的实现途径，理顺改制企业同职工劳动关系和镇（乡）、村集体资产管理体制改革等方面内容。

第五章“劳动和社会保障制度配套改革”是配套性板块。劳动和社会保障制度配套改革是搭建和保驾企业转换经营机制、进入市场的重要制度保障；是加快改革、发展经济和营造镇海区市场经济微观基础的内在要求；是保护改制企业职工权益、改善人们生活、稳定社会、实现长治久安的社会保障性制度。镇海区在转换企业经营机制改革的同时，对企业劳动用工、劳动工资、职业技术培训和社会保险等四个方面配套制度进行了改革和完善。为了展现对下岗职工再就业在政策上支持和社会保障制度不断完善、延续的需要，将本章编撰的下限延伸至2008年12月底，与编纂《镇海区志》的下限期相对应。

第六章“企业改革影响深刻的六大问题”属综合性板块。重点记述镇海区在探索与实践的企业改革历史过程中——创建现代企业制度、维护国有集体资产权益、转变政府职能、理顺劳动关系等方面影响最为深刻，且可资借鉴或待探索的问题。

第七章“企业改革已成为推进镇海经济持续发展的重要动力源”为综合性板块。重点记述通过改革后的企业，在市场经济的大环境里与不同的经济体融合的过程中，为实现多元化经济并存发展、提高运行质量、拓展外向型经济、造就行业领军型企业等方面所起的作用。

第八章“丛录”，也是综合性板块。本章编者按照企业经营权制度改革和产权制度改革的顺序，编写了第一节镇海区企业改革18年大事记；按照《中华人民共和国公司法》等规范要求，在产权制度改革期间，改组设立的144家股份有限公司、有限责任公司和股份合作制企业，编写了第二节镇海区股份制改制企业名录；按照转变政府职能，实现政资分离，编写了第三节工业、商业等六大经济主管部门转体改革；按照企业改革规范运作，在产权制度改革期间，区委、区人民政府对国有及城镇集体企业制订的资产评估、产权界定、股权设置、土地房屋处置、职工安置和再就业扶持等方面的重要政策措施，编写了第四节“文件选录”。

此外，出于对本书布局的整体性和尽可能避免内容重叠出现的考虑，对与企业改革紧密相关联、但文字篇幅不多的“政府转变职能”和“实施再就业工程”的两项配套性改革，分别编入第六章企业改革影响最为深刻的六大问题的相关节录，不再单独设立专题性章节。

千年古堤后海塘

招宝山街道一角

镇海港码头（甬江口）

轨道交通二号线进镇海（2015 年）

百隆东方产品展示

百隆东方厂区一角

百隆东方厂区一角

百隆东方工厂内

百隆东方工厂内

百隆东方工厂内

百隆东方产品展示

埃美柯公司产品展示厅

埃美柯公司现代化工厂

埃美柯公司机器人设备组

埃美柯公司全景

达尔轴承零件

达尔轴承车间

野马电池车间内部

野马电池车间内部

金丰 SC1-260 超A虫P内`笆てネ玻紶

金丰多工位

2011年镇海区政区图

《镇海企业改革的历史追忆》

目录

第三章　乡镇企业产权制度改革

第四章　国有、城镇集体企业产权制度改革

第五章　企业劳动和社会保障制度配套改革

第六章　企业改革影响深刻的六大问题

第七章　企业改革已成为推进镇海经济持续发展的重要动力源

第八章　丛　　录

前　言

镇海位于浙江省宁波市境东北部甬江入口处，中国大陆海岸线中段，长三角洲南冀，东海沿岸。东屏舟山群岛，西连宁绍平原，南接北仑港，北濒杭州湾，与上海一衣带水，是宁波市的北大门。

镇海也是宁波老工业基地。据撤县建区后的1986年统计，全区有区属国有、城乡集体工业企业359家（不含村及村以下工业企业和商贸服务、交通运输、建筑等非工业企业），分布在纺织、服装、电力、医药、机械、化工、塑料、电子等28个工业行业。随着改革开放的不断深化、市场经济体制的不断完善，这些企业（含非工业企业）在计划经济体制下形成的经营机制，不适应市场经济体制要求的弊端越来越明显，企业改革的愿望越来越迫切，改革的任务却是越来越艰巨。

为方便读者阅读《镇海企业改革历史追忆》一书，编者在本《前言》中对企业改革与其相关联的主要内容（不分门类），以引领速览的方式综述如下：

●经营权制度改革

镇海区国有和城镇集体企业，从撤县建区前的1983年6月起，至1997年7月（注：乡镇企业1984年10月至1993年6月）的14年间，为增强企业活力为中心，两权分离（所有权与经营权）为主要内容，克服旧体制下国家对企业管得过多，统得过死的弊端，按照国家和省、市有关规定，对区属国有企业、城乡集体企业[①]，组织实施了国有企业两步利改税、扩大企业经营自主权、实行厂长经理负责制、推行承包经营

① “城乡集体工业企业”指‘城镇集体工业企业’和‘乡镇工业企业’统称。

责任制、工资总额同经济效益挂钩、企业内部配套改革、国有商业小企业实行改租转的经营权制度改革，并出台了相应的政策措施（见第二章第1～6节）。无可否认，这些改革举措，曾在一定时期和局部范围内，对调动企业积极性起到过一定积极作用（见第一章第1节第一条目“经营权制度改革时期”）。但是，从经营权制度改革层面上来看，政府所采用的是以国家放权、让利给企业为代价，以政策调整方式展开的，对企业经营机制同市场经济接轨的问题，并未从根本上得到解决。使之，有相当一部分企业出现了投入产出比例失调、经营成果流失严重、历史包袱沉重等问题加剧。还有相当一部分企业经营行为扭曲，“负盈不负亏，使权不履职、享利不担险（风险）”等现象举不胜举，企业经营业绩逐年下滑的局面难以得到控制。到了1996年，全区有近三分之一的国有、城镇集体企业①出现停产半停产状态，职工工资、医药费不能按规定时间发放和报销的情况时有出现，有的企业已濒临破产的境地，企业面临着生存与发展的严峻考验（见第一章第1节“国有、城镇集体企业产权制度改革的必然性”）。

●产权制度改革

镇海区认真汲取了企业经营权制度改革探索和实践的经验教训，于1997年7月起，至2001年8月的4年间（注：乡镇企业1993年7月至1997年12月）对国有、城乡集体企业采用制度创新的方式，组织实施了理顺国家同企业产权关系和企业同职工劳动关系的产权制度改革。

理顺产权关系　国有、城乡集体企业，在产权制度改革期间，按照建立现代企业制度规范要求，占全区经济总量80%以上的144家国有企

① “城镇集体企业”指区二轻局的联社企业、供销合作社企业和商业局、建设局、民政局等举办的集体企业，也称大集体企业。由于职工工资、保险福利等待遇，等同于国有企业或参照国有企业的办法，也有称之“二国有企业”。

业、城乡集体企业实施了“股份制”转制，筹集股金总额87706.482万元（见和第八章从录第2节股份制改制企业名录）；对一些小微亏企业和亏损严重、扭亏无望企业，分别实施企业兼并和产权置换、破产歇业等方式进行重组。企业通过转制和重组改革后，最终使国有、城乡集体企业理顺了国家（政府）同企业的产权关系（见第一章第1节第二条目“产权制度改革时期”）。

理顺劳动关系　国有、城镇集体企业（不包括乡镇企业）在产权制度改革期间，在理顺产权关系的同时，按照建立企业、职工双向择业的市场经济用工制度要求，对全区148家国有、大集体企业固定制职工身份的15218名职工（含跨区域兼和归口划转6家企业的2937名职工），采用“改变身份、适当补偿、承认工龄，续接社保”的政策措施，理顺了企业同职工的劳动关系（见第四章第6节理顺企业同职工劳动关系）。

●专业经济主管部门转体改革

在计划经济体制下，隶属区政府承担行政执法和管理企业双重职能的，有17个行政主管工作部门。其中工业公司（局）、二轻工业公（局）、纺织丝绸工业公司、商业局、物资总公司（局）、供销合作社等6个工作部门，为企业专业经济主管部门。这些专业主管部门，自1996年4月起，通过实施“非政府序列”管理模式，理顺同企业产权和劳动关系后，最终于2001年8月实现了自身的体制转变和政企分离（见第八章第3节）。

经济主管部门转体改革，是在“功成身退”的情况下进行的。他们在计划经济体制时期里，为镇海社会经济的发展作过有益的贡献；在企业改革的时期里，为理顺产权、劳动关系，塑造企业市场主体地位等方面，所作出的努力，值得在本书上浓浓添上一笔。

●建立再就业长效机制

20 世纪 80 年代中后期至 2000 年，随着企业改革新旧机制交替过程中和产业结构的调整，镇海区曾有一大批国有和城镇集体企业职工下岗。1988 年城镇登记失业率开始攀升到 3.16%，比 1987 年上升 0.4 个百分点，2000 年上升到 3.46%，由此职工再就业工程成为镇海区最为重要的就业服务之一。1987 年 12 月镇海区成立了再就业领导小组，下设就业工程办公室。采用政策扶持、培育劳动力市场、拓展职业介绍机构、劳动力保障事务代理等措施。到 2001 年至 2008 年城镇失业率下降至 2.3%上下（见第六章第 5 节实施就业再就业工程重要内是建立长效机制）。

●劳动和社会配套制度改革

劳动和社会保障制度配套改革，是搭建和保驾企业转换经营机制、进入市场的重要平台；是加快企业改革、发展经济和营造镇海市场经济微观基础的重要内容；是改善人民生活、稳定社会、实现长治久安的社会保障性制度。镇海区在转换企业经营机制改革的实践和探索过程中，企业劳动用工、劳动工资、职业技术培训和社会保险等方面配套制度改革、完善工作做到了与企业改革同步进行（见第五章第 1～4 节）。

●企业改革已成为经济发展的重要动力源

功在当代，利在千秋，历史已经证明，企业改革是一项光前裕后的事业。镇海转制和重组的企业独立地进入市场后，以市场主体地位的身份，与不同经济类型的企业融合在一起，结合企业自身的资本、产业、技术等结构上问题，在磨合中不断进取、发展自己。到了 2010 年，经过 10 年的历史沉淀和积累，在实现单一公有制经济向多元化经济并存发展、加快工业发展速度、提升经济运营质量、提高工业行业产出能力、拓展外向型经济、造就行业领军型企业等方面已经取得了实实在在的成果。实践证明，企业改革成为推动镇海经济持续发展的重要动力源，改革付出的代价已经迎来了开花结果的新时期（见第七章第1～4节）。

●职工为企业所作出的努力功不可没

当回顾企业改革历史之时，我们不能忘记，站在改革最前沿的全区396家国有、城乡集体企业（不包括222家村办企业和619家村以下家庭联营、个私企业）的58179名职工，在理顺产权、劳动"两个关系"的改革中，所起到的重要作用是无可低估的。特别在理顺劳动关系的改革中，令人感动的是1984年6月底以前参加国有、大集体企业工作的20600多名老职工（含4319名企业离退休职工），他们在计划经济的年代里，身强力壮，身体力行，在各自的工作岗位上以主人翁姿态，勤勤恳恳地工作，为国家为人民作出了自己应有的贡献；在企业转型改革的时期里，他们以维护改革大局利益为重、弃个人得失而不顾，积极地参与改革，投身于改革之中，起到了推进改革、承担了下岗失业风险所作出的努力是无可替代的（见第六章第6节）。

镇海企业改革时间之长、范围之广、影响之深，其改革、发展的成效之大，可以说镇海历史上是亘古未有，且具有深远历史意义和存史价值的一件大事，但至今已渐离我们而远去。对此，编者退休后，利用自己在职时，亲历过企业改革工作多年的有利条件，编纂了一本近18万字的《镇海企改革的历史追忆》一书，以此留给后人和献给曾经为企业改革作出努力的企业职工和社会各界人士。与此同时，为纪念中国改革开放40周年来临之际以表心意！

编纂《镇海企业改革的历史追忆》一书，是编者退休后最具有意义、最有价值的一件大事之一，但由于本人文字功底浅薄，本书中难免存在着有不妥之处，敬请读者予以指教。

第一章　企业经营机制转变

镇海企业改革，始于1983年6月国有企业实行第一步利改税起，到2001年8月理顺国家同企业产权关系、企业同职工劳动关系为止，历时18年。在这18年转换企业经营机制改革的历史进程中，区属国有企业、大集体企业、乡镇集体企业（含村办企业）的公有制经济，沿着中国改革开放事业，以循序渐进的方式，经历了先经营权制度改革，后产权制度改革两个时期探索和实践，最终使企业摆脱了旧的计划经济体制下的管理模式，走上了新型的社会主义市场经济体制。通过改革，使企业真正成为独立核算、自主经营、自负盈亏、自我发展、自我约束的商品生产者和经营者的市场主体，实现了由单一投资主体的国有企业、大集体企业、乡镇企业公有制体制下的企业经营机制，向多元化投资主体的股份有限公司、有限责任公司、股份合作制、个体私营经济体制下的企业经营机制的历史性转变。

在这个企业经营机制历史性转变进程中，历届区委、区人民政府按照中共中央、国务院和省市有关企业改革的方针政策和办法，以转换企业经营机制为目的和建立现代企业制度为方向的要求，依靠企业职工，一厂一策地制定改革措施，并在改革推进过程中，根据企业不同实际，提出了“抓大扶优、放小搞活”的战略决策，有力地促进了全区企业改革事业和社会经济的同步发展。

第一节　企业改革的历史进程

镇海区企业改革18年的历史进程中，以国有、城镇集体企业①改革的起讫期限为标杆，可分为经营权制度改革（1983—1997）和产权制度改革（1997—2001）的两个时期。其改革主要内容，示图表如下：

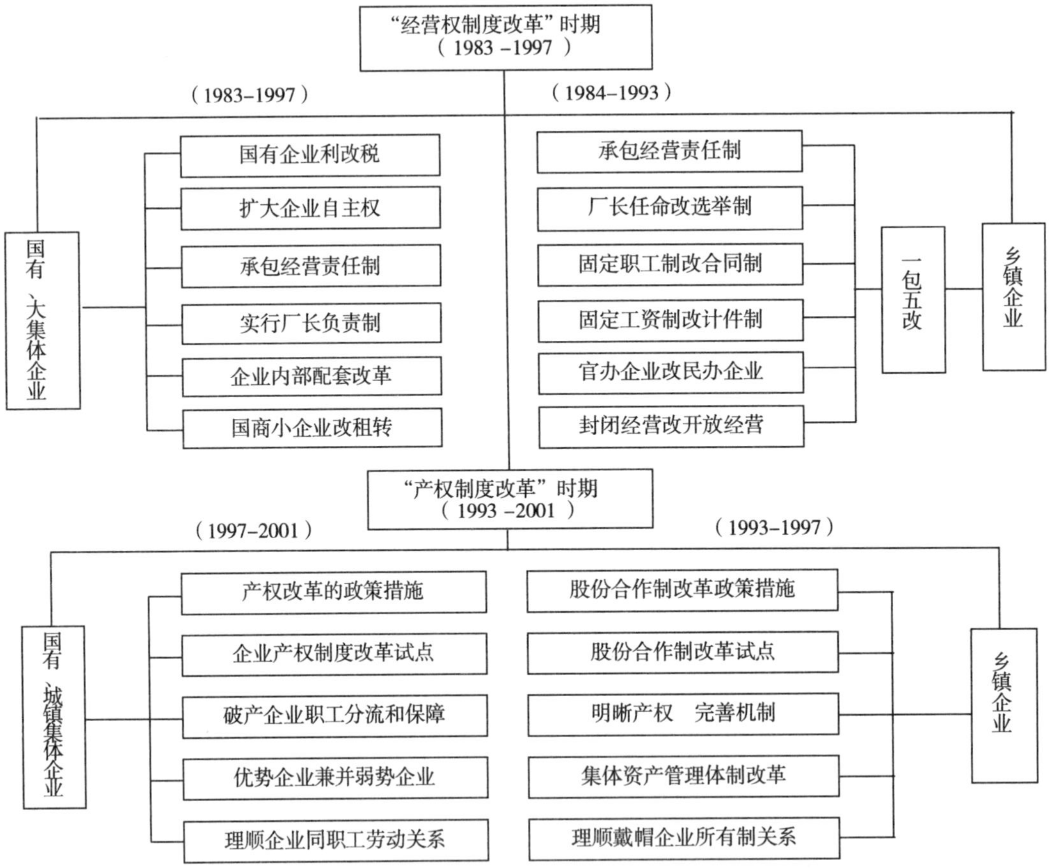

① 图表中"国有、大集体企业"，在产权制度改革时期统称"国有、城镇集体企业"其中"城镇集体企业"不包括乡镇企业"乡镇企业"是指镇（乡）企业、村办企业和村以下个私经营户。

一、经营权制度改革时期

镇海国有、大集体企业经营权制度改革，历时14年（1983年6月至1997年6月），其中乡镇企业9年（1984年10月至1993年6月）。在这个改革的时期里，国家采用政策调整的方式，重点是以增强企业活力为中心，“两权分离”（所有权与经营权）为主要内容，克服旧体制下，国家对企业管得过多，统得过死的弊端。由此，自1983年6月起，镇海区委、区人民政府按照中共十二届三中全会《中共中央关于经济体制改革的决定》要求以及省、市在各个改革时期中，颁布的企业改革措施和方案，结合镇海实际，开始了以“两权分离”为主要内容的企业经营权制度改革。改革的主要内容有：一是扩大企业自主权，给予企业拥有产品销售、产品定价、物资采购、投资决策、经济横向联合、企业兼并、劳动用工、工资分配、人事管理，资产占有、使用、依法处置等各个方面经营自主权，明确了政府与企业各自职责，实行政企分开；二是国有企业实行利改税，从1983年6月1日起，全区国有企业由上缴利润改为利税并存的第一步改革，到1984年10月1日起再由利税并存改为完全以税代利的第二步改革。通过两步利改税后，把国家与企业分配关系固定下来，不但起到了鼓励先进、鞭策后进的作用，而且为深化国有企业改革奠定了基础；三是由点到面进行企业领导体制改革，实行了厂长（经理）负责制，明确了企业党组织、厂长和职工代表大会各自的职责权限，确立了厂长在企业的中心地位；四是推行了多种形式的企业承包经营责任制和工资总额同经济效益挂钩的办法，确立了国家同企业的分配关系，初步改变了企业吃国家大锅饭的局面；五是按照“放小搞活”的要求，对国有商业小企业，以改、租、转方式进行了企业转制改革，使一批国有商业小微亏企业的职工积极性和企业内在动力得到了较好发挥；六是在国有、大集体企业内部，推行了搞活固定工制度、分配制度和保险福利制度的改革。开始实行劳动优化组合，在竞争上岗和收益分配上初步改变了职工干多干少一个样的平均主义大锅饭的状态；七是乡镇企业全面推行了“一包（承包经营责任制）五改（改厂长经理委任制为选举或聘任制；改固定工制为招考合同制；改固定工资制为计件浮动工资制；改变相‘官’办企业为真正民办企业；改封闭半封闭经营型为开放经营型）”为内容的企业改革。这项“一包五改”为内容的企业改革，贯穿着乡镇企业经营权制度改革的全过程。实践证明，它不仅对扩大乡镇企业经营自主权，实行政企职责分开起到了不可替代的作用，而且对进一步增强乡镇企业活力和改变乡镇企业中干部只能上不能下，分配只能高不能低，用工只能进不能出的局面取得了良好的效果。

二、产权制度改革时期

1992年年初，邓小平同志视察南方，并发表了重要讲话和当年10月，中共十四大召开，标志着我国经济体制改革，全面地进入了建设社会主义市场经济体制的新时期。其产权制度改革的主要特点：由过去主要突出冲破旧体制转到建立新体制；由政策调整转到制度创新；由单项改革转向综合配套改革；由重点突破转向整体推进与重点突破相结合。正是在这个建设社会主义市场经济体制改革的大背景下，镇海区企业改革由经营权制度改革转到了产权制度改革的新时期。

镇海区企业产权制度改革始于1993年7月，至2001年8月，历时8年。其中乡镇企业产权制度改革起始于1993年7月至1997年12月，历时4年半；国有、城镇集体企业产权制度改革起始于1997年8月至2001年8月，历时4年。在这个改革时期中，全区有77家国有企业、133家城镇集体企业和1027家镇（乡）、村集体企业（含尚须理顺产权关系的619家“戴帽”企业），以制度创新和机制转换为主要内容，以理顺产权关系为突破口，以组建有限责任公司、股份合作制（以下统称

“股份制”）为主要形式进行产权制度改革。

在产权制度改革的组织实施过程中，镇海区十分注重企业实际，尊重职工意愿，并按照“抓大扶优，放小搞活”的要求，采取宜股则股、宜卖则卖、宜并则并、宜破则破等多种途径的改制方式，实行一厂一策，对企业进行改制和整合。到2001年8月底前，镇海区企业在产权制度改革中，顺应市场经济的客观规律，理顺了国家同企业产权关系和企业同职工劳动关系，转换了企业经营机制的任务。这一改革时期里，其企业改制的主要形式有：

一是对经济运行正常，产品有竞争优势，资本收益率较高的144家国有、城镇集体企业和乡镇企业按照《中华人民共和国公司法》和股份合作制的规范要求，分别改组为股份有限公司、有限责任公司和股份合作制（简称“股份制”企业）。改制后的股份制企业，筹集股本金（注册资本）总额为87706.482万元，其中股份有限公司3家（宁波摩士集团股份有限公司、宁波华通集团股份有限公司、宁波衡山集团股份有限公司），股金为20900万元，有限责任公司66家，股金为55710.70万元，股份合作制75家，股金为11095.782万元。按区属国有集体企业、乡镇属企业分类的股本金筹集情况见下表1—1：

表1—1　　1993—2001年“股份制”改制企业股本金筹集一览表　单位：万元、家

企业分类	改制企业实现方式						合　计	
	股份有限公司		有限责任公司		股份合作制			
	家数	股金	家数	股金	家数	股金	家数	股金
乡镇属企业	3	20900	17	19520.60	42	4260.700	62	44681.300
区属企业	—	—	49	36190.10	33	6835.082	82	43025.182
合　计	3	20900	66	55710.70	75	11095.782	144	87706.482

其中，对经济实力较强的宁波摩士、宁波华通、宁波中鑫、宁波宝

云、宁波衡山5家大中型“公司制”企业，以资金为纽带，产品为龙头组建了企业集团[①]。

二是对一批小微亏企业，通过议卖、竞卖的方式，将企业评估后的净资产以置换方式，全部或部分出售给自然人，转为个私企业。其中也有一部分企业实行固定资产（房屋或土地资产）租赁，流动资产出售的租卖方式后，重组“股份制”企业。

三是对土地、厂房、设备、技术等方面具有一定优势，但生产经营十分困难的弱势企业，按照区政府有关企业兼并政策的规定，经兼并企业双方协商，由政府或部门协调批准，实施优势企业兼并弱势企业的方式来解脱被兼并企业生产经营不景气状况。

四是对60多家亏损严重、资不抵债而扭亏无望的国有企业和城镇集体企业，镇海区采取了果断措施，实施了关闭歇业和破产。

五是对挂靠集体的619家“戴帽”乡镇企业，在明晰土地、房屋等产权归属，理顺产权关系的前提下，为其所有制性质正名，恢复了个私企业。也有少数“戴帽”企业，将集体的土地、房屋重新折股，组建“股份制”企业。

六是镇海区在产权制度改革期间，对196家国有、城镇集体企业职工，采用“改变身份、适当补偿、承认工龄、续接社保”的政策措施，有效地改变了10527名国有、大集体职工身份，理顺了企业同职工的劳动关系。

此外，镇海区在企业改革的“两个时期”中，按照企业改革是整个城市经济体制改革的中心环节，其他各项改革要围绕这个中心，做好配套改革的要求。镇海区委、区人民政府在把握好加快改革，发展经济和保持社会稳定这三者关系的同时，始终注重对建立起劳动用工和社会保

---

① 不包括成立后，由于企业产权变更等原因，而没有正常运作的宁波液压马达集团公司、宁波索莱尔集团公司、宁波财茂集团公司、浙江光华集团公司和宁波应辰集团公司。

障体系、国有资产管理营运体系和政府职能转变的配套改革[①]。这些配套改革的组织实施，为推进和保驾企业经营机制转换，营造镇海区微观市场经济基础，起了十分重要的作用。

第二节　国有、城镇集体企业产权制度改革的必然性

1998年年初，镇海区经济体制改革办公室，出于深化企业改革、提高企业经济营运效益需要，按照区委、区政府调研课题要求，会同14家企业主管部门，对全区国有、城镇集体企业1995至1997年的经济营运情况，分别进行了全面调查和分析，并形成了《镇海区国有大集体企业经济运行情况的调研报告》。这对当时统一人们对企业实施产权制度改革紧迫性和必然性的认识起到了积极作用。

1984年，中共十二届三中全会以后的十几年间，国家对企业出台了国有企业利改税、扩大经营自主权、实行厂长（经理）负责制，推行承包经营责任制和工资总额同经济效益挂钩等全局性或局部性的一系列改革措施和方案，这对企业增强活力、转换机制，走向市场起到了显著成效。联系镇海区企业实际，在贯彻落实扩大企业自主权的条件下，国家同企业确定分配关系后，企业以此外部改革为契机，对劳动用工、工资分配和保险福利等方面进行了内部配套改革，从而较好地确定了企业同职工的分配关系，调动了职工生产积极性，使企业充满了生机和活力。但是，也有相当一部分企业，由于众多因素问题的存在，却难以为继，经济效益每况愈下，困难重重，他们同样在获得自主权的条件下，却没

① 注："企业劳动和社会保障制度配套改革"参见本书第五章；"国有资产管理体制改革"参见第六章企业改革问题的思考的相关节目；"政府职能配套改革"参见第八章丛录第三节等相关章节。

有自治、自控、自强的能力，严重地影响了企业生存与发展。

笔者就区经济体制改革办公室对当时区属企业调查分析的现存资料，分为影响企业生存与发展的存在问题、制约因素和深化改革三个方面整理如下：

一、影响企业生存与发展的存在问题

（一）利润逐年下降。当时，被调查的189家区属国有、大集体企业，1995年、1996年、1997年实现利润（按盈利企业和亏损企业盈亏相抵后的利润计算）分别为3347万元、1925万元和负772万元；资金利润率（按1997年区属国有、大集体企业拥有的总资产26.85亿元计算）分别为1.25%、0.72%和负0.27%。而乡镇企业利润始终保持着逐年提高的良好态势。1997年全区拥有企业总资产50.63亿元，其中区属国有、大集体企业为26.85亿元，乡镇企业为23.18亿元，分别占资产总额的53%和47%，区属国有、大集体企业总资产比乡镇属企业高出6个百分点，但是乡镇企业的获利能力大大高于区属国有、大集体企业。1996年、1997年乡镇企业实现利润分别达到14702万元和16972万元；资金利润率分别达到6.18%和7.14%，而区属国有、大集体企业分别仅为0.72%和负0.29%，比乡镇企业分别下降了5.46和7.41个百分点，利润趋于逐年下降态势，详见下表1—2：

表1—2　1996、1997年镇海区属、乡镇属企业资产利润率一览表

企业类型	总资产（亿元）	比重	实现利润（万元）		资产利润率	
			1996年	1997年	1996年	1997年
区属企业	26.85	53%	1925	−772	0.72%	−0.29%
乡镇属企业	23.78	47%	14702	16972	6.18%	7.14%

（二）投入产出比例失调。工业公司、二轻公司和纺丝公司是镇海

区工业企业集中的三大系统，1997年总资产为115547万元，比1991年28924万元，增加了86623万元，增加近4倍。而到1997年实现利润负值960万元，比1991年1866万元下降了2826万元。由此，资金利润率由1991年的6.45％，到1997年下降到负0.86％，出现了投入越多产出越少的状况。见表1—3：

表1—3　1991—1997年镇海区属企业资金利润率变化情况一览表　　单位：万元

年度	1991年	1992年	1993年	1994年	1995年	1996年	1997年
总资产	28924	35697	47986	70904	97851	112774	115547
实现利润	1866	2055	1064	978	782	－307	－960
资金利润率	6.45％	5.76％	2.22％	1.38％	0.8％	－0.27％	－0.83％

（三）潜亏严重。有一部分区属国有、大集体企业，出于经营者自身利益或对外经营需要，将应收款、暂付款、待摊费用、发出商品、存库物资、固定资产折旧等多种违反财务核算纪律的做法，进行“技术处理”后，由亏损企业变为盈利企业，由亏损大户变为亏损小户，由对企业领导人实行赔款变奖励。如镇海有一家生产资料公司1995年账面亏损额为65万元，所有者权益为27万元，通过财务审计后，当年亏损由65万元，一跃为889万元，所有者权益由27万元，变资不抵债736万元。这种亏上加亏的潜亏企业，在区属企业中到底有多少家，不通过审计评估是难以知晓的。又如1997年，一个区属工业部门下属有13家国有企业，其中有8个企业生产经营很不正常，有的已处于停产半停产状态，职工还不能按规定时间领到工资，医药费不能按规定报支，是实实在在的亏损企业，但账面上没有一个企业是亏损的。这类企业，实属假盈利企业。假盈利企业经初步匡算全区约有21家，占区属企业总户数的10％以上。

（四）资本收益低。按照股份制企业投资回报率的概念，将未改制企业的所有者权益视作为股东入股的实收资本；企业可分配利润（指已扣除上交所得税和企业计提“两金”后的利润）视作为股东分红资本来计算资本收益率（即投资回报率）。按最高获利的1995年统计口径计算，189家区属末改制企业所有者权益为56300万元，实现利润为3347万元，扣除应缴所得税33%和计提企业法定公积金、公益金各10%后，企业实际可分配利润为1405.66万元，资本收益率（投资回报率）平均为2.5%。189家区属企业资本收益率，按企业分档计算见下表1—4：

表1—4　　1995年镇海区属企业资本收益率一览表　　单位：万元

分档资本收益率	1%以下	1.1%—5%	5.1%—10%	10.1%—15%	15.1%—20%	20.1%—30%	30.1%以上
企业数（家）	79	24	28	14	13	12	19
分档比率	69.31%			30.69%			

“资本收益率”这个财务指标的高低，直接关系到企业转制的易难程度。收益率高的企业，投资回报就越大，职工入股的积极性也就越高，企业转制相对也比较容易一些，反之则就难。按照上表企业分档测算的投资回报率，10.1%以上的企业仅占企业总户数的30.69%，而10%以下的要占到69.31%。这就意味着三分之二以上的区属企业，不仅企业难以维持正常生产，而转制改革已经到了相当大的难度。如果按1996年盈利水平计算，改制难度的企业要增加到80%以上。

二、影响企业生存与发展的制约因素

（一）企业经营成果被转移和流失

一是高额的贷款利息负担沉重。区属国有、大集体企业1997年总资产为26.85亿元，总负债为19.16亿元，资产负债率约为71.35%，这些企业负债极大部分是银行贷款取得的。按当时1分息计算，企业每年要支付利息高达19160万元，相当于区属企业1995年实现利润3347万元的5.7倍多，这显然是一笔可观的数目。据工业三系统调查统计，1995年总资产为97851万元，总负债为71860万元，资产负债率为73.4%，与1991年资产负债率63.53%对比，1995年要比1991年高出9.87%。如果1995年负债率下降到1991年水平，企业可少支付利息1891万元。企业负债率高，固然有诸多因素造成的，但主要原因是产品生产多、销售少的产销不平衡和技改投入多、产出少所造成的。

二是库存产品高额占用。以工业、二轻、纺丝三系统（简称“工业三系统”）为例，1995年产品库存占用已高达23300万元，占产品销售额的26.53%，是1991年7353万元的18.06%，高出8.49%。如果1995年库存产品下降到1991年水平，就可以少占用企业资金7438万元。

三是经营费支出居高不下。区政府规定的经营费开支标准和“必需、从简、按实列支”的办法，企业已难以控制。据有关部门提供的资料显示，超标使用经营费的企业已十分普遍，销售额低的企业超标使用经营费的状况尤为严重。如镇海××厂（国有企业）1995年产品销售总额为946万元，经营开支高达21.76万元，占产品销售总额的23‰，比规定5‰要超标4.6倍。

（二）企业经营行为扭曲

一是责、权、利不配套。经济责任制的基本原则是“权、责对等，利益适度”。但在实际运用中却是“权”大有可使之处，“责”则是无言可谈，“利”却是别有所图。这种“负盈不负亏，使权不履责，享利不担险（风险）”的现象在一些企业中是举不胜举的。

二是自主权错位。国家当时颁发的有关政策法规，讲的都是扩大企业自主权，企业自主权是整个企业的行为，而不是厂长（经理）的个人行为。而实际运作中，往往被曲解为扩大厂长（经理）自主权。由此，厂长（经理）负责制而变成了一长制、家长制了。诸如，有的企业生产经营、经济效益原来在同行业中，一直处于领先地位，但由于厂长（经理）在签订重要经济合同、为他企业贷款担保、项目开发等行使重大生产经营权时，由于缺乏严格的调查研究和正当的决策程序，而造成决策失误，给企业带来重大经济损失的问题时有发生。有的企业由此造成资不抵债，致使企业被迫关闭歇业或破产，这种情况在镇海区工业三系统的企业中都有不同程度的存在。

三是国家、企业和职工个人三者分配明显失调。在当时，难以维持生机的国有、集体企业，在扩大企业自主权以来的十几年时间里，区政府授益于企业不少于三次，首先是让权，给企业享有资产占有、使用和依法处置等多项经营自主权；其次是让利给企业，给予企业减免税金的照顾；再次是为企业帮困解忧，采取水电费、帮困基金、失业基金等贴补给企业。对资不抵债、扭亏无望而歇业破产的企业，政府还得出钱、出让土地来填补企业的银行债务和支付职工安置等费用。但政府给企业一系列的让权、让利、帮困等政策措施，不仅挽回不了企业危机，带来的却是职工收入越来越少，政府负担越来越重。从而在分配问题上，出现了企业吃国家“大锅饭”越来越多，而职工吃企业“大锅饭”反而越来越少的逆向局面。

（三）企业历史包袱沉重

在计划经济体制的条件下，企业是一个不务正业的“小社会”。职工衣食住行和生老病死的社会保障和服务性事情，本当应由政府和社会调节服务机构管理的，却都由企业承担了；而应当由企业自主经营的人财物和产供销的事情，却由政府全部包揽了。由此，给企业带来了沉重的负担，主要表现以下几方面：

一是富余人员过多，生产效率低下。按 1995 年统计口径，区属企业在职工21163人，按当时企业生产经营规模推算，企业富余人员至少有4200多人（按在职工数20%计算）。1989年后，区政府在区属企业中，开展了搞活固定工制度的改革，通过优化劳动组合，下岗分流，提前退养等途径，在减员增效方面取得了一定成效。但是，由于人员分流和改革深度等方面的限制，企业超标用工、富余人员多的问题还是得不到根本性解决。加上以往近10多年来，约有80%左右的区属企业，由于生产得不到很好发展，基本上没有招收新工人，职工平均年龄偏大，人员老化，而引起生产效率低下的状况也十分严重。

二是社会保障体系不健全，社会保险险种单一。在当时，除职工退休后的养老保险金由社会保障机构统一支付外，非统筹部分的职工（含离退休人员）医疗费、午餐费、书包费、洗理费和职工家属劳保、遗属补助金等都得由企业来支付。特别是职工医疗费用的支付，已成为企业沉重的负担。因为区属企业办厂历史长，职工年龄偏大，退休人员多（1997年度为4319人，占在职职工总人数的20.4%），体弱多病求医的医疗费支付额越来越高。

三是企业举办的托儿所、幼儿园、医务室等非生产性社会事业的费用支出也是相当可观的。特别是占区属企业职工总人数近40%的纺织、服装企业，女职工多，在社会性服务事业还未完善的情况下，这些企业办托儿所、幼儿园、医务室是必不可少的。

三、深化企业改革是企业生存与发展的根本出路

区属企业生存与发展步履艰难的原因，从表面上看，是由企业经济营运中的自控能力、经营行为、历史包袱的制约因素所引起的，但从改革的深层次来分析，影响企业生存与发展的是企业内在机制和营运方式上还不能适应市场经济体制的要求。虽然，镇海区在以往几年中，对企业进行了一系列改革，已取得了阶段性成效。但这些改革，

是建立在国家同企业权力分配和利益分配的经营权制度改革的基础上，用政策制衡办法进行的。可以说，企业在经济营运方式上，还没有完全摆脱传统的计划经济体制管理模式。特别是在企业经济营运中起关键作用的产权边界不清、政资不分和企业制度落后的问题还没有得到根本性的治理。

中共十四届三中全会《决定》，确立了我国经济体制改革的目标是建立社会主义市场经济体制；企业改革的方向是建立产权清晰、权责明确、政企分开、管理科学的现代企业制度。对照这一改革的目标和方向，镇海区企业中还存在着问题：一是市场经济需要产权边界，而区属企业中产权边界不清，难以形成独立核算的经济实体。二是市场经济建立在利益与风险对称的基础上，而区属企业负盈不负亏，不能形成自我约束机制。三是市场经济运行以市场为依托，成败由市场作评价，而区属企业以行政效力为基础，企业的前途命运由长官意志左右的三个问题。

企业改革的最根本任务，就是要通过转换经营机制，把企业推向市场，成为市场主体，使企业真正成为独立核算、自主经营、自负盈亏、自我约束、自我发展的经济实体，在市场经济体制条件下，独立地享受民事权力，承担民事责任。这就必须按照《中华人民共和国公司法》规范要求，以“股份制”改组为主要形式，对区属企业进行产权制度改革，使企业逐步建立起产权清晰、权责明确、政企分开、管理科学为特征的现代企业制度，逐步形成投资主体多元化、经济成分多样化的混合型经济，走企业远离行政效力，紧贴市场，自我生存与发展的新路子。

第三节　国有企业改革后的六大变化

镇海区企业改革 18 年来，在国有企业产权重组、创建现代企业制度、改革用工和分配制度、转变政府职能、解除企业历史包袱、规范企业经营行为方式等六个方面，发生了深刻变化：

一、实行了国有企业战略性重组和国有经济的布局调整

按照中共十五届四中全会的要求，实施对国有企业实行战略性改组，对国有经济进行战略性布局调整，推进国有资产的合理流动和重组，使国有资本从一般竞争性领域退出，并向国家必须具有影响力和控制力的领域集中。

长期以来，镇海区属国有企业以“轻、小、加”的竞争性行业为主，导致国有资产分布面广，不利于国有企业发挥规模经济效益和国有资产的监管。通过这一轮产权制度改革，对国有企业进行产权重组，这种状况得到了根本改变。全区 77 家国有企业，除了 12 家企业仍由国家控股或参股外，其他 65 家国有企业的国有资产已全部退出，均由企业自然人（经营者、职工）共同出资置换后，分别改组设立有限责任公司和股份合作制。其中，对一部分资产规模较小的企业，由单个自然人出资置换后、转为个体私营企业。

由国家控股或参股的 12 家国有企业，通过改制后的股本金（实收资本）总额为 36184.152 万元，其中国有股本金为 4378.519 万元，占股本总额 12.1％；企业法人股、自然人股和外资股为 31805.633 万元，占股本金总额 87.9％。实现了镇海区国有经济的合理调整。12 家国有企业改制后的股权结构情况见下表 1—5：

表 1—5　　2001 年镇海区国有重组企业股权结构一览表

国有投资公司	企业名称	股本总额（万元）	其中：国有资本		国有股授权管理部门
			入股份额（万元）	股权比率	
工业公司	1、★意宁液压	82.892	4.1446	5%	工业国资
	2、★英特姆液压	274	95.869	35%	工业国资
	3、真源经贸	105.26	100	95%	工业国资
	4、国创电力	1000	500	50%	工业国资
	5、五星网印	100	75	75%	工业国资
	6、天臣印务	200	100	50%	工业国资
纺丝公司	7、宁波中汇	1000	250	25%	纺丝公司
	8、光华毛纺织	13408	925.20	6.9%	纺丝公司
招宝实业	9、★镇海热电	19620（2410 万美元）	2150（264.2 万美元）	18.6%	招宝实业
商业公司	10、商业物资	70	59.45	87.5%	商业国资
	11、饮食公司	124	93	75%	商业国资
	12、医药公司	200	30	15%	商业国资
合计		36184.152	4378.519	12.1%	—

说明：1. 企业名称前打“★”表示有外商参股的企业。
2. 本表数据 2001 年 12 月底止，由区经济体制改革办乏室年度总结提供。

二、实现了投资主体多元化，初步建立了现代企业制度

建立产权明晰、权责明确、政企分开、管理科学为特征的现代企业制度，是党的十四届三中全会《决定》提出的我国国有企业的改革目标。这一改革目标是对我国国有企业十几年改革的科学总结，也是深化我国国有企业改革的必然选择。

建立现代企业制度，其中最重要的是完善企业法人制度和有限责任制度，建立起科学的企业领导体制和组织制度。这是因为，现代企业制

度是一种制度体系，而不只是某些方面的一、两项制度，它涉及企业内部机制和外部环境的各个方面。这些制度体系，用来明确企业性质、地位、作用和行为方式，规范企业与出资者、企业与债权人、企业与政府、企业与企业、企业与市场、企业与社会、企业与消费者以及企业与职工等方面的基本关系。而这一制度体系，只有在建立起投资主体多元化的“股份制”企业中才能得到充分体现出来，进而实现现代企业制度这个目标。

镇海区正是为了实现该目标，在1993—2001年的产权制度改革时期里，坚持以公有制为主体、多种经济成分共同发展的方针，以实现投资主体多元化为重点，全区有144家国有、城乡集体企业实施了“股份制”改组改造。其中约占全区经济总量80%以上的71家区属重点骨干企业，按照《公司法》规范要求，由多个投资主体出资入股，分别组建了3家股份有限公司和66家有限责任公司，重新确立了企业性质、地位、作用和行为方式，彻底改变了企业投资主体单一的状况。初步建立了产权明晰、权责明确、政企分开、管理科学的现代企业制度。

三、实行了市场化的用工机制和分配制度

改革开放以前很长一段时间里，我国国有企业和大集体企业，在劳动用工上，实行的是固定工为主体的、单一的用工制度，企业用人由国家统包统配；在分配上，实行的是固定工资制，职工工资收入按工龄长短、八级工资制的格局进行分配。

随着经济体制改革的逐步深化，资源配置的市场化程度要求越来越高，旧体制下的企业用工制度和工资分配制度越来越不适应社会主义市场经济体制的要求。对此，镇海区在产权制度改革的同时进行了用工制度改革，对区国有、大集体性质的原固定制职工，采取了“转变身份、适当补偿、承认工龄、续接社保”的办法，改变了全区210家国有、集

体企业性质的12247名职工身份，理顺了劳动关系。彻底地破除了“进了工厂门，就是国家的人”的传统观念，改变了原国有、大集体企业职工，生老病死、妻儿老小依托企业的状况，使企业职工的身份由“企业人”转变为社会“自然人”。形成了企业可以根据生产经营需要决定用工数量和人员结构，职工则依据自己的特长和爱好选择就业岗位的良好局面；形成了企业与职工的双向选择、自主用工、自主择业、能进能出市场化用工机制。

对工资分配制度改革，镇海区自1988年全面推行工资总额同经济效益挂钩的办法起，依据国家有关规定，不再下达给企业指令性工资调整计划，实行了工资总额包干的办法，即在核定的工资基数内，企业可以自主分配。到1997年，随着企业产权制度改革的全面展开，一大批国有、集体企业实行了“股份制”改造，政府与企业的产权关系已经分离开来。由此，政府对企业采用了工资指导价位制度，工资指导线制度和最低工资制度进行宏观调控，微观放开的办法。企业可以在国家宏观调控的指导范围内，实行市场化工资分配办法。企业改制后的职工工资，一般都实行了领导干部年薪制、行政人员岗位工资制、生产工人计件工资制的分配方式。彻底地改变了按工龄长短、八级工资制分配方式，形成了市场化的按劳分配格局，彻底地改变了平均主义大锅饭的局面。

四、实行了政企分开，促进了政府职能的转变

以往政府的企业行政主管部门扮演着既是社会经济的调控者，又是企业的直接管理者的双重角色。政府角色的双重性，在政府为各类企业创造公平竞争环境的努力上大打折扣。镇海区实施产权制度改革后，随着企业法人制度、有限责任制度建立，原国有、集体企业的人、财、物和产、供、销的资源配置全部实现了市场化运作。由此，政府的企业行

政主管部门，也从直接管理企业的具体事务工作解脱出来了，“政企分开”也就此得到真正实现。

在政企分开的情况下，政府行政职能部门，如何在市场经济的运行过程中，进行有效的宏观调控，是一个必须面对的重要课题。1995年9月，党的十四届五中全会作出的《关于制订国民经济和社会发展“九五”计划和2010年远景目标的建议》中提出“按照政企分开的原则，转变职能。政府的经济管理职能要真正转变到制定和执行宏观调控政策，搞好基础设施建设，创造良好的经济发展环境上来，把不应由政府行使的职能逐步转给企业、市场和中介组织”的要求。这为转变政府职能在具体内容、方法、目的提出了明确的方向。镇海区在企业改革的同时，始终注重转变政府职能的配套改革。按照“宏观调控、中观指导、微观服务”的原则，在做好制订和执行宏观调控政策、搞好基础设施建设、创造良好的经济发展环境的要求下，较好地实现了政府职能的转变。

一是组织实施了国有资产管理营运体制改革。按照“政资分离”的原则，于1996年和1998年镇海区分别成立了工业、商业、粮食、物资4家国有资产经营公司。成立后的国有资产经营公司，代表国家行使投资入股的权力和承担国有资产保值增值的责任。此外，对区二轻局、区供销社的社有集体资产管理体制和镇（乡）、村集体资产管理体制，按照省、市有关规定，分别也作出了相应的改革。

二是随着企业改革的逐步深化、企业资源配置市场化程度的不断提高和自主经营能力的增强，2002年撤销了区工业公司、纺织丝绸工业公司、二轻工业公司、商业局、物资总公司、区供销合作社等一批专业性的企业经济主管部门，彻底地破除了由政府长期以来直接管理企业做法。

三是实施了劳动、工资分配制度和组织人事制度的配套改革。取消了劳动、人事、组织等部门直接对企业劳动力统配、工资分配、人事调动和干部任免的管理职能。

四是强化了政府对企业行政服务方式的改革。2000年成立了镇海区经济服务中心①，对工商、公安、外经、土管、房管等办证管理部门和政府采购、产权交易、建筑业招投标等20余个行政服务部门，实行了集中办公、一条龙服务，为镇海区创造良好的经济发展环境起到了积极的、有效的作用。

五、解除了企业历史包袱，轻装进入了市场

区属国有、大集体企业，由于诸多历史原因，存在着举债过多、机构臃肿、人员过剩和承担着众多社会职能的情况下，致使经济效益低下，活力严重不足的问题，而这些历史积累的问题，长期又得不到解决。对此，镇海区在产权制度改革期间，按照省、市有关文件规定要求，借鉴外地成功经验，结合镇海企业实际，于1997年7月9日，区委、区政府出台了《关于推进国有、城镇集体企业股份合作制改革若干政策意见（试行）》的文件。对解决国有、集体企业的历史积累的包袱问题，采取了在企业存量资产中可以提留职工保障费用，核销不良资产、剥离非经营性资产的三项措施。这一政策的出台，不仅具有解决企业历史包袱针对性强、力度大的特点，而且极大地调动了职工参与企业改革的积极性。以1997年7月1日，实施第一批“股份制”改革试点后的11家国有、城镇集体企业为例，经评估后的企业净资产2917.56万元，企业职工总数1177人（含离退休266人）。按照区里规定的，提

---

① 2000年10月24日成立宁波市镇海区经济服务中心，后于2004年12月改名为宁波市镇海区行政服务中心。

留职工保障费用[①]832.71万元（含退休人员医疗费411万元，富余人员补偿费305.95万元，遗属补助费41.73万元，工伤人员补偿费22.78万元，病残人员补助费40.25万元）和转制风险准备金510万元；核销不良资产（含历年坏账和“账销案存”的库存削价商品）283.62万元；剥离非经营性资产（含医务室、幼儿园、托儿所、文化馆等公益性事业资产和职工食堂、招待所等后勤服务性资产）580.84万元。提留、核销、剥离的三项资金总计为2197.17万元，占企业净资产总额的82.16％。其中用于职工的保障费用和转制风险准备金合计为1332.71万元，占“三项资金”总额66.65％。按试点企业职工人均计算，约为11318万元。

解决国有企业历史包袱，在一定程度上讲是解决国家对企业欠下的历史旧帐。它是一项产权制度改革中不可逾越的，而又不能回避的重要改革内容，是关系到企业能否顺利地走向市场的重要环节。但它具有牵动面广、难度大、政策性强、改革成本高的特点，涉及国家、企业和职工个人对企业存量资产再分配的问题。镇海区在解除企业历史包袱中，虽然政府在经济上和精力上付出了一定的改革代价，换来的却不仅仅是卸掉了企业沉重的负担，而是轻装跨入市场后，带来的巨大整体经济效益是无法比喻的。

六、规范了企业经营行为方式，加强了企业自主经营能力

企业行为方式，是受一定的企业经营机制所指配的。在旧的计划经济体制条件下，企业经营机制是从属于国家指令下进行的，企业没有独立的经营行为方式。因此，企业的兴衰与企业职工没有直接的内在联

---

① 提留的“职工保障费用”和“转制风险准备金”，于1999年8月实施对改制企业用工制度改革时，经清算后用于改变职工身份的补偿金。

系。改革开放后，国家为了增强企业活力，转换旧体制下的经营机制，先后出台了扩大企业自主权、承包经营、厂长（经理）负责制等“两权分离”为内容的经营权制度改革的一系列政策措施。应该说，企业在获取了相对独立的经营自主权的同时，也获取了相对独立的企业经营行为方式，在一定程度上或局部范围内，是起到了激励经营者和职工积极性的作用。但从整体上来看，企业在经营制度改革的条件下，所获取的行为方式，还是不能适应社会主义市场经济体制的要求。因为，这种行为方式是在国有制条件下，政府用“两权分离”的政策驱动行为方式，是以所有者失去对经营者约束为代价的情况下取得的，是一种不是企业自发的行为方式。正是在这种驱动式行为方式下，企业与职工的积极性所追求的目标是人均收入和工资收入的最大化，而不是企业利润的最大化。正如本章第二节《国有、大集体企业产权制度改革的必然性》一文中提到的“近些年来，有相当一部分国有、大集体企业，经济效益每况愈下，在获得经营自主权条件下，却没有自治、自控、自强的经营能力。”出现这种状况的一个重要原因是，在国有制条件下，所有者没有真正到位，企业法人制度和有限责任制度还没有建立起来，而致使企业经营行为方式扭曲所引发的。

产权制度改革后，区属国有、集体企业实施了公司制和股份合作制改组改造，建立股东会、董事会、监事会和以经理为首的经营管理层，完善了决策、执行、监督各司其职的法人制度及组织制度，实现了企业与出资者利益共享，风险共担的有限责任制度，改变了国有制条件下，产权边界不清、政企不分、所有者缺位、决策程序紊乱等制度落后的局面。从而，规范了企业行为方式，强化了企业自治、自控、自强的自主经营的能力。由此，企业驱动性的经营行为方式转变为自发性的经营行为方式。

第二章　企业经营权制度改革

镇海区属国有、大集体企业和乡镇企业，为克服计划经济体制下，国家对企业管得过多，统得过死的弊端，以“两权（所有权与经营权）分离”为主要内容，增强企业活力、转换经营机制为目的，分别于1983年6月至1997年6月和1984年10月至1993年7月，先后进行了经营权制度改革。并通过以政策调整的方式，围绕国家同企业经营权力和利益分配问题，分步推出了国有企业“两步利改税”、扩大国有企业（含大集体企业“下同”）自主权、实行厂长（经理）负责制、推行承包经营责任制、企业内部配套改革、国有商业小企业实施改租转和乡镇企业推行以“一包五改”为内容的经营权制度改革。

第一节　国有企业实行“两步”利改税

随着改革开放事业的不断发展，我国国有企业在1983年6月和1984年10月分别实行了利税并存过渡到完全以税代利的两步改革。其改革的核心内容是解决国家与企业的利益分配关系，主张用企业由过去以上缴利润改为上缴所得税形式固定下来。这一改革举措，为营造企业外部环境、增强企业活力、促进国有企业改革等方面起到了良好的作用。

镇海区国有企业利改税的两步改革是在国家统一政策的部署下进行的。

一、实行第一步利改税

1983年4月4日，国务院批准财政部《关于国有企业利改税试行办法》，并决定1983年6月1日开始进行利改税第一步改革。据当时镇海县统计局统计，全县85家独立核算国有企业中，至1984年8月，已有63家企业实行了第一步利改税。主要是对有盈利的国有企业征收所得税，即把企业上缴的利润大部分改为所得税的形式上缴国家。对小型国有企业在缴纳所得税后，由企业自负盈亏。少数税后利润较多的企业，再上缴一部分承包费；对大中型国有企业缴纳所得税后的利润，除了合理留给企业外，采取递增包干、定额包干、固定比例和调节税等多种形式上缴国家。这一步利改税，由于区属各级各部的密切配合和财税部门的积极努力，进展顺利，并取得了较好效果。实践证明利改税第一步改革，比以往采用的利润留成、利润包干等办法具有更大的优越性。

但是，利改税第一步改革还是存在着一定的缺陷，主要问题：一是还没有从根本上解决国家同企业的分配关系。由于第一步利改税，实行的是“利税并存”的办法，企业纳税后还保留一块税后利润，国家同企业还得用包干或分成等办法进行再分配。因此，不能真正体现企业的盈亏责任制。二是由于当时较为合理的价格体系还没有形成，行业与行业，企业与企业之间的利润水平悬殊，存在着苦乐不均的问题。第一步利改税正是在这种不平衡，不合理的基础上进行的。因此，还没有完全起到鼓励先进、鞭策后进的作用。三是企业所得税和税后利润分配，仍然是按照企业的行政隶属关系划分的，也就难以削弱“条条、块块”因自身经济利益而对企业进行不必要的行政干预，行政领导仍然是企业的真正主宰者。

二、实行第二步利改税

1984 年 9 月 15 日，国务院批准财政部关于国有企业推行利改税第二步改革的报告和试行办法的两个文件后，全区国有企业自 1984 年 10 月 1 日起，实行了第二步利改税。第二步利改税的主要模式是将国有企业原来上缴国家财政收入，分别改为 11 个税种向国家缴税。就是说，由“税利并存”逐步过渡到完全的以税代利。这一改革模式，对企业采用了适当的鼓励政策。对越是改善经营管理、努力增加收入的国有企业，税后留利归企业安排使用的财力就越大，反之则越小。就工商企业来说，第二步利改税，可分为产品税、增值税、盐税和营业税四个税种。国有企业只要缴纳上述四个税种后的所得的利润，按规定征收一定的数额的所得税后，剩下的就是企业留用的利润。国有企业所得税率，大中型国有企业按 55％的比率征收；小型国有企业所得税按新的八级累进税确定的税率（比原来下降了 3％～5％）征收。

1986 年 11 月 24 日，镇海区财税局为了更好地贯彻落实第二步利改税，按照国家财政部《关于调整部分企业第二步利改税实施方案的通知》和省财政厅〔1986〕财工 218 号的补充通知精神，对区属国有企业第二步利改税作了相应调整，并出台了镇财企字〔1986〕264 号《关于核定国有企业第二步利改税调整方案的通知》作出了相应规定。《通知》主要内容有：

（一）1985 年起征收城建税、批发环节营业税以及 1986 年 7 月 1 日起开征的教育费附加，均已按有关规定调整了原核定基期利润。从 1986 年 1 月 1 日起，所有企业在执行年度实缴的城建税、批发环节营业税，一律不再返回利润和抵扣调节税、所得税。

（二）根据国务院国发〔1985〕111 号文件中关于为使企业缴纳调节税的大中型国有企业增强自我改造能力，采取逐步减免调节税的精神，这次调整时，采用了核减基期利润形式相应调减的调节税税额部分，应全部用于企业的生产发展。

（三）经区财税部门批准，用企业新增利润在税前归还专项贷款按规定提取“两金”的比例，应按这次核定的福利和奖金占留利的比例率计提。但最高不得超过22.5％（其中福利基金占40％，奖励基金占60％）。

（四）企业基数留利五项基金的分配比例和增长利润的计算及增长留利的分配比例仍按原规定办法执行。

（五）经核定减征的所得税，系1986年度的减征额。以后年度仍需继续减征的企业，应向区财税部门提出申请，经批准后另行通知。

（六）棉毯厂仍确定为微利包干企业，包干上缴额及超收分成比例另行确定。

（七）电力公司86年仍按联营企业规定上缴税利。

（八）按规定办法工资总额同上缴税利挂钩浮动试点的镇海渔网厂，应按市工改领导小组〔1986〕26号通知规定办理。

镇海区部分国有工业企业、交通企业、医药企业第二步利改税调整方案核定情况见表2—1

表2—1　　镇海区部分企业利改税核定表　　单位：千元

项目／企业	基数利润	所得税率（％）	减征所得税额	调节税率（％）	企业留利（％）
机械厂	335	55	—	—	45
丝织厂	342	55	103	—	45
渔网厂	445	55	—	4.36	40.64
液压厂	176	八级	3	—	税后全留
汽车电器厂	223	八级	4	—	税后全留

续上表2—1

项目 企业	基数利润	所得税率（%）	减征所得税额	调节税率（%）	企业留利（%）
第三动力机厂	36	八级	2	—	税后全留
水泥厂	132	八级	3	—	税后全留
立新酒厂	213	八级	12	—	税后全留
印刷厂	152	八级	2	—	税后全留
运输公司	159	八级	23	—	税后全留
汽车修配厂	14	八级	3	—	税后全留
医药公司	243	55	—	19.1	25.9

国有企业实施两步利改税是我国财政税收制度的重大改革，同时也是整个城市经济体制改革的重要组成部分，是搞活整个国民经济的关键之一。这项改革不仅克服了第一步利改税的各种弊端，而且为促进国有企业改革开创了新的局面。其重要意义在于：

一是可以通过税收把国家与企业分配关系固定下来。这次改革之后，企业只需依法向国家纳税，税后利润留给企业安排使用。这样做，一方面可以保证国家财政收入的稳定增长，有利于国家重点建设和国民经济的计划管理。另一方面也有利于维护企业合法权益，体现了税制政策上的企业税后留利自我支配的自主权。

二是可以更好地发挥税收杠杆作用。这次改革，设置了几个新税种，调整了若干产品税率，征收办法也有所改进。因此，在一定程度上缓解了由于当时价格不合理所造成的矛盾，有利于企业大体相同的条件下开展竞争，同时还可以通过税收，对某些产品的生产进行鼓励和限制。较好地体现了税制政策上的公平性。

三是可以给企业增加活力和压力。这次改革，在国家财政还有困难的情况下，采取了若干扩大企业财权的措施。例如：放宽了对大中型国有企业减征调节税的政策，给企业增加了后劲；放宽了小型国有企业的划分标准，使享受优惠待遇的小型企业数目增加；实行新的八级累进税，降低了税负，给企业增加了留利水平。它对调动企业和职工积极性，进一步搞活企业具有重要意义。同时，加强了企业盈亏责任，也给企业增加了压力。改革后，企业经营得好的，留利就越多，发展也就越快，职工收入也会相应增加；而经营得不好的，留利就越少，发展也就越慢，职工收入也就会少。体现了税制政策上的鼓励先进、鞭策后进的作用。

第二节　扩大企业自主权

国有、大集体企业在旧的计划经济体制下，尽管国家几次下放中央的权力，但都是中央下放给地方，或收地方权力于中央，企业没有自主权。那时的企业，生产的产品由国家计划决定，原材料由国家统一配置，生产出来的产品由国家包销，企业领导按照企业规模或产品重要程度，由国家来确定行政级别，干部由组织部门任免，劳动用工和职工进出由劳动部门统一调配，职工按工龄长短实行 8 级工资制等等，形成了职工吃企业大锅饭，企业吃国家大锅饭的局面。由于计划不可能适应瞬息万变的市场，而且也不可能指导一个工厂，一个车间的生产经营，而企业又没有一点自主权，因此企业的效率非常低。

“扩大企业自主权”这项改革，镇海是在撤县建区前的 1984 年起，按照党的十二届三中全会《决定》要求和国务院《十条扩权规定》，在生产经营计划、产品销售、产品定价、资金使用、人事劳动管理等七个方面给企业以应有的权力（共 49 条）和 1985 年 1 月 4 日省人民政府颁发的《关于扩大企业自主权的若干补充规定》的基础上，在全区国有企业、集体企业和乡镇企业中全面展开的。

为了推进企业自主权有效地贯彻落实，镇海区委、区人民政府，根据国家和省、市在各个不同时期对简政放权的要求，联系镇海实际，适时地制定相关文件，不折不扣地贯彻落实。如 1985 年 3 月 15 日，在贯彻国务院《十条扩权规定》和省政府〔1985〕20 号文件精神的同时，及时地下发了《关于进一步扩大企业自主权的若干补充规定》；1991 年 4 月 15 日，为了使企业逐步成为自主经营、自负盈亏的社会主义商品生产者和经营者，根据《企业法》规定和市政府〔1991〕5 号文件精神，出台了《关于进一步落实企业自主权深化内部改革若干意见》；1993 年 6 月 4 日，镇海区根据国务院颁布的《全民所有制工业企业转换经营机制条例》和市人民政府〔1992〕283 号文件精神，结合镇海实际，又印发了《关于贯彻落实劳动用工和工资分配自主权的若干试行意见》。特别对涉及面比较广，政策性比较强，而企业自身又不具备条件启动的发展外向型经济自主权、横向经济联营权、劳动用工权和工资奖金分配权等单项性自主权，镇海区在组织协调、理顺外部关系的同时，制定相应的政策措施，惠顾于企业，以调动和鼓励企业落实自主权的积极性，为企业独立地行施自主权创造条件，搭建平台。

一、关于发展外向型经济自主权

区政府于 1988 年 1 月 30 日、1989 年 3 月 30 日，分别出台了《关于鼓励扩大出口创汇、发展外向型经济的若干规定的通知》和《关于鼓励扩大出口创汇、发展外向型经济的若干补充意见》。《通知》和《意见》的主要内容是：

（一）对出口创汇企业实行“五优先”的原则

1. 对列入国家出口计划收购的外贸企业，生产所需要紧缺原辅材料，除由要货口岸公司提供外，如仍有缺口的，由主管部门与外贸公司一起上报区计经委，给予优先考虑，尽可能做到计划与原辅材料配套。

2. 对外贸生产所需电力，给予优先安排供应；为完成外销合同所需的加班用电，保证供应。

3. 外贸生产所需的流动资金贷款，由开户银行优先安排。

4. 外贸生产企业为扩大出口能力进行技术改造、设备更新或实行工贸联营所需的固定资产投资，由区财政从技改周转资金中解决一部分，其余由银行优先贷款。

5. 对一些资金周转快、效益好的企业，允许向社会直接融资。全民所有制企业可以发行债券，集体所有制企业可以通过银行发行短期流动资金债券，经批准进行股份制试点的企业可以发行股票。向社会发行债券和股票都必须经人民银行批准。人民银行对外贸生产企业可给予优先审批。

（二）对出口创汇企业政策优惠

1. 出口创汇企业技术改造贷款，报经区财税局同意，可以在项目新增利润中税前还贷；缴纳的产品税、增值税比上年增长7％以上部分，按税收减免权限批准，可减税还贷，报财税部门批准减增或免征建筑税和能交基金。

2. 对新办出口创汇企业和外贸部门投资的工贸联营企业，报区财税局批准，可免征或减增产品税、增值税和所得税两年。

3. 对来料加工、来样加工企业，从取得第一笔加工费收入起，在三年内免征工商税和所得税；原有的来料加工装配企业，从1988年起免税三年。期满后，纳税有困难的，报经区财税部门批准，可以继续实行减免税；补偿贸易取得的收入，在补偿期间免征产品税、增值税。

（三）对外贸出口创汇和引进外资的奖励政策

1. 创汇奖中的一部分作为职工奖金，这部分奖金掌握在全年不超过人均一个半月（机电产品出口企业为两个月）的额度内，并免征奖金税。

2. 各创汇企业所有的外汇留成，均可在中国银行单独列户，并可通过外汇管理部门和市内外汇调剂市场进行有偿调剂。调出外汇的所得收入，作为企业税后留利使用，免缴能交基金；奖金来源不足的企业，经主管部门批准，参照同行业的奖金水平，可适当增加奖励基金的比例。

3. 乡镇企业外贸出口收购额，占企业销售额30%以上的，计税工资按高一档的标准计算。全民和城镇集体出口创汇企业，当年出口商品收购额在25万元以上的，可增加四分之一个月的加班工资额；50万元以上的，可增加半个月加班工资额；100万元以上的，可增加一个月加班工资额。加班工资列入生产成本。上述增加的加班工资额均不包括系统内原定的加班工资额度。

4. 外贸企业，因外销价格低于内销价格而影响企业利润，经主管局与外贸部门审核后，内外销差价部分可视同实现利润。因上述因素影响职工奖励基金，人均奖金不到四个月的，经批准可在生产发展基金中调剂。

此外，对出口创汇企业的厂长，外贸企业负责人和直接有贡献的特殊人员给予特殊奖励作出了相应规定。

二、关于横向经济联合自主权

1986年8月6日，区政府在贯彻了国务院颁布的《关于进一步推动横向经济联合若干问题规定》和省政府《关于进一步推动横向经济联合的补充规定》的同时，出台了《关于推动我区横向经济联合的几点意见》(以下简称“意见”)。《意见》对举办横向经济联合企业，从简化审批手续、改进物资供应、财政税收支持、固定资产投资所需贷款、流动资金贷款、奖励相关人员等9项政策措施。较好地调动了企业横向经济联合的积极性，一年后的1987年9月底全区横向经济联合得到了较快发展。据统计，全区当时已有横联项目 97 个，共引进资金 4800 万元，有 42 个项目已经投产发挥效益，上半年总产值达到 5904.57 万元，实现利润 714.68 万元。尔后，区政府于 1988 年 7 月 8 日和 1990 年 7 月 24 日，分别又下发了有关鼓励和推动横向经济联合的文件，使镇海区的横向经济联合走上了快速发展的轨道。这些文件的主要内容有：

（一）外地以资金、设备、先进技术、紧缺原材料与区联合新办企业，其外来投资或分利在 30%以上，联营时期在三年以上的，经区财税局批准，免征产品税、增值税、所得税二年，第三年至第五年减半征收所得税。联营在五年以上的，免征产品税、增值税三年、所得税三年，第四年至第七年减半征收所得税。

（二）外地与镇海区老企业联营，联营时间在三年以上，投资或分利比例在 20%以上的，在保证原企业税收比上年增长 5%～7%的前提下，增加部分免征产品税、增值税、所得税二年，第三年至第五年其增长部分的利润减半征收所得税。

（三）区属全民、大集体企业到区内经济不发达的乡村投资新办联营企业或与企业联营，在税收政策上享受有关优惠待遇。

（四）在本区新办工业企业，外地一方投资在 300 万元以上的，五年内缴纳的工商三税分别不同情况，按其投资或分利比例酌情给予返回；凡外来投资占总投资在 50%以上的，经财税部门批准免征建筑税，外来投资占 50%以下的，引进资金部分减免建筑税。

（五）联营企业所获利润，可实行先分后税。外地一方分得的利润投资上述企业，免征所得税。联营企业免税到期后，收回联营投资有困难的，报经财税部门批准给予减免税照顾。

（六）本区联营分得的超比例利润，经批准后可部分或全部用于开发和建立农副产品基地，为外地联营单位提供服务。对实行承包责任制企业，因参加联营影响承包基数的，经与发包方协商，有关部门批准，可以适当调整上缴税利的比例、增收分成的比例或者增收全留。

（七）联营企业出口创汇数，除按规定享受优惠以外，分得的外汇允许汇入投资方所在地，外地一方对创汇贡献大的，可以适当增加对方所分得的留成外汇。

（八）外地企业、事业、科研单位和个人科研成果、先进技术、优质名牌产品商标与区企业联营的，其分利方法可以灵活多样。

（九）外地大专院校、科研单位转让给区科研成果的收入，免征所得税；区内的企业、事业单位技术转让费收入 30 万元以内免征所得税；大中型企业 50 万元以内，免征所得税，超过部分减半征收所得税一至二年，贡献大的可以减免。

此外，经批准工程技术员、管理人员、经营者本人，到镇海联营企业工作的工资待遇，家庭分居两地的生活补贴，或愿意在镇海落户等方面作了相应的规定。

三、关于劳动用工和工资分配自主权

在企业推行承包经营和工资总额同经济效益挂钩后，对落实劳动用工和工资奖金分配自主权显得更为迫切。但这两项改革，不仅涉及社会各个方面，而还涉及了成千上万职工的直接切身利益，是一项落实企业自主权的重要内容。对此，1989 年 1 月 18 日，区委、区政府下发了《关于搞活固定工制度的通知》，在国有、大集体企业的固定制职工中，首次进行了优化劳动组合、下岗分流、减员增效的改革，把竞争机制引入企业劳动管理。通过一年多时间的努力，促进了劳动力的合理使用和合理流动，实现劳动与生产资料的最佳结合①等方面取得了明显成效。尔后，1991 年 4 月 15 日，区政府按照市政府〔1991〕5 号文件精神，

① 详见本章第五节“企业内部改革”。

针对当时存在的突出问题，出台了镇政〔1991〕33号《关于进一步落实企业自主权深化内部改革若干意见的通知》，在此基础上，于1993年6月，又出台了《批准区劳动局"关于贯彻企业劳动用工和工资分配自主权的若干试行意见"的通知》（以下简称"通知"）。《通知》对企业劳动用工、企业职工流动、企业工资总额管理、企业内部工资分配和转变职能、依法监督、强化服务等五个方面（22条）的自主权作出了详细的规定。

主要内容有以下四方面：

（一）企业劳动用工方面

1. 凡区属所有企业，可以根据生产经营需要，自行编制用工计划，自主决定招收，区城镇待业人员的时间和人员数量，区劳动部门不再下达职工人数计划和招工计划。

2. 企业招收区城镇待业人员，按照"面向社会，公开招收，全面考核，择优录用"和"先培训，后就业"的原则，可自定招工（生）简章，自主确定招工的条件和方式。

3. 企业招工（生）可在劳务市场内组织报名，自主组织考试（核）、政审、体检，按照国家招工政策和公布的招工（生）简章，自定并公布录用对象。

4. 企业招收农村劳动力或跨地区招收城镇待业人员，除纺织行业和苦脏累工种外，应报区劳动部门批准后招收。对退出现役的军人、少数民族人员、妇女、残疾人员特殊待业群体以及其他政府认为需要安置人员，企业应自觉接收和做好招收录用工作。

5. 企业自主用工应遵守国家法规和政策。

（二）企业职工流动方面

1. 凡区属企业之间的固定职工调动，经双方企业同意可直接办理调动手续，企业自行调动的职工，应及时办理好养老保险和待业保险等有关手续。

全民所有制企业根据生产经营需要，可调入县以上集体企业的固定职工。

2. 区属企业合同制工人，经企业与职工协商一致，并解除和签订劳动合同后，允许在区内流动，具体手续由区劳务市场办理。

3. 在区范围内的部、省、市属企业职工与区企业间发生调动的，由区劳动局按进出平衡的原则给予办理。

4. 全民、县以上集体所有制企业固定职工，经企业同意，可以流动到城镇集体企业、乡镇企业、私营企业工作，由区劳动市场提供办理流动手续、保留档案、参加养老保险和待业保险等服务。

（三）企业工资总额管理方面

1. 对实行工资总额同经济效益挂钩的企业，改以实现利税为主要的复合指标挂钩，将职工全部工资性收入纳入挂钩工资基数，根据劳动、财税部门核定的工资总额基数，经济效益指标基数和浮动比例，提取工资总额。

2. 对实行“比照三资企业”“税利分流、税收还贷”“投入产出总承包”等试点的企业，初始工资总额基数由劳动部门核定，按照“两低于”（即职工工资总额增长幅度低于企业经济效益增长幅度、职工实际平均工资增长幅度低于企业劳动生产率增长幅度）的原则，其年度工资总额由企业自主决定。

3. 经批准组建股份有限公司的企业，其工资总额由企业董事会决定，安排使用，报劳动部门备案。

4. 对企业素质好，领导班子强，没有亏损和潜亏，已改革会计制度并实行资产负债经营，按照“两低于”原则建立了工资增长自我约束机制的企业，经逐个批准，不再控制工资总额。

5．其他企业实行工资总额包干办法，由区劳动部门核定其可提取的工资总额，并实行包干使用。

6．企业应按以上提取和行使工资总额使用权。

（四）企业内部工资分配方面

1．企业可在提取的工资总额内，根据生产经营实际及职工劳动特点，自主确定工资制度，可实行岗位技能工资制，也可以实行适应本企业特点的其他工资制度，并有权确定和调整本企业的工资标准。

2．企业按规定留足工资储备金后，自主决定内部分配，自主确定采用具体分配形式，自主安排各类人员的工资关系，自主确定给职工增减工资的办法、时间和条件，按照多劳多得，少劳少得的原则，合理拉开分配档次，鼓励职工到责任重、技能要求高的和苦脏累险的岗位上去工作。

3．企业应按规定建立健全企业内部民主决策和民主监督程序，完善职工群众民主参与管理的制度，企业内部工资调整方案和奖金分配办法，应征求工会意见，并提请职工代表大会审查同意。

（五）转变职能、依法监督、强化服务方面

1．劳动部门在企业转换经营机制过程中，要按照政企分开、宏观管好、微观放开的原则，切实转变职能，向规划、协调、监督、服务的方向转变，逐步建立适应社会主义市场经济发展要求的劳动管理体制。

2．劳动部门应建立健全劳动用工、工资管理监察制度，建立监督队伍，依法对企业实施监察。同时，要逐步扩大劳动争议受理范围，建立仲裁员、仲裁庭制度，及时简便处理劳动争议，依法维护企业和职工双方的合法权益。

3．劳动部门要强化国家劳动安全监察，对易燃易爆、尘毒严重、危险性较大特种设备，建筑施工、矿山（采石场）和锅炉压力容器等事故多发行业进行重点安全监察，监督企业落实对有关劳动安全和卫生的法律、法规、政策，落实防范措施，最大限度地减少伤亡事故和职业病。

4. 劳动部门要强化服务功能，充分发挥就业服务体系作用。要进一步搞好劳务市场、待业保险、就业训练和生产自救等各项就业服务工作，同时要简化办事手续，提高办事效率，努力为企业自主用人和劳动者竞争就业提供优质服务。要健全社会保障体系，建立社会一体化的养老、待业保险制度，统一筹集标准，扩大保险实施范围。同时要按照国家、企业、个人三方共同承担的原则，实施职工个人交费制度，改进养老金计算、发放办法。

第三节　推行承包经营责任制

镇海区国有、大集体企业承包经营责任制，在 1994 年年初，前镇海县人民政府借鉴农村家庭联产承包责任制的成功经验，首先在全县工交系统中实行了经济责任制。根据当时统计[①]全县 567 家工交企业，到 1984 年 8 月底前，采用承包制、超定额计件工资制、联利计奖考核制、超定额利润分成制、利润分成制等多种方式经济责任制的已有 562 家，占企业总额的 97.7%。经济责任制的实行，为 1986 年全面推行企业承包经营责任制开了局，奠定了良好基础。此后，区委、区人民政府始终围绕以增强企业活力，不断深化和完善承包经营责任制这个主线，几乎每年或每个承包期都有相关的政策措施出台。

1990 年，第一轮多数企业承包满期，新一轮即将开始时，区人民政府出台了《关于全民、大集体企业继续推行和完善承包经营责任制的通

① 参见中共镇海区委党史研究室编写的《镇海历史大事记（1949—1995）》宁波出版社发行第 177 页。

知》（〔1990〕63号）。通知根据省府浙政〔1990〕3号文件和市府〔1990〕29号文件精神，对新一轮承包经营的指导思想、承包主体和期限、承包内容、承包基数、指标考核、经营者招聘、经营者收入、财务审计等方面作了相应规定，为规范和完善企业承包经营责任制，提供了一套具有可操作的、行之有效的规定。主要内容：

一、指导思想

推行和完善新一轮企业承包必须“稳定政策、兴利除弊、分类指导、多做贡献”的方针，兼顾国家、企业和职工三者利益，确保国家财政收入稳定增长，以达到有利于企业活力和后劲的增强，有利于贯彻国家产业、产品结构调整的要求，有利于调动经营者和职工两个积极性的目的，促进全区经济持续、稳定、协调地发展。

二、承包的主体和期限

新一轮承包的主体是企业。企业在签订承包合同前，应按《中华人民共和国企业法》有关规定，充分听取职工代表大会和广大职工的意见。代表企业同政府有关部门签字的，应是企业法定代表人。适合部门总包的，先由政府与企业主管部门落实责任总包，然后由主管部门对企业分包，主管部门在对企业落实具体方案时，可以适当调控，综合平衡，并要与财税部门加强协商。

新一轮承包一般为期三年，有条件的也可以包五年，使之与重大技改任务相衔接。微利、亏损或经营不稳定的企业，其承包形式由主管部门和财税部门另行商定。

三、承包的主要内容

企业承包的主要内容是“两包一挂”。“两包”即一包上缴利税、二包资产增值，“一挂”即工资总额同经济效益挂钩。承包的形式以“上缴利税递增包干，超收分成，歉收自补”为基本形式，全区年平均递增幅度确定为6.5%。

超收分成的比例，生产企业30%上缴财政，70%返回企业，流通企业35%上缴财政，65%返回企业。

企业超收分成资金应有70%用于技改或补充流动资金，其余30%作为集体福利和奖励基金，其中奖励基金不足的，经主管部门批准，可在不超过5%的幅度内列支。

四、基数确定

新一轮承包的企业上缴利税基数，原则上以上轮承包最后一年标的（不是实绩）加上一定增长率确定。具体落实时，本着一要稳定二要实事求是的精神，视企业情况合理确定。对于上期承包基数递增率明显偏低的，或技改贷款已基本还清，项目已发挥效益的，应适当调高基数或递增率；对需要重点扶持发展，技改投入多，还贷任务重的，在核定基数和递增率时，应予适当照顾；对于客观因素造成上年实绩比基数下降幅度较大，实行新一轮承包困难较多的，要参照同行业创利税水平适当降低基数；对于个别利润波动幅度大，经营前景不确定的，也可实行弹性基数承包，即基数确定后，在上下5%～10%的幅度内企业不分成不赔补，超过弹性幅度后再予分成或赔补。

鼓励企业有超基数利润归还贷款，但原则上不再执行税前还贷计提两金的办法，新一轮承包企业的还贷基数，应按财务税收的有关规定报经财税部门审批。在承包期内，超过还贷基数不调减上缴利税基数，少还技改贷款而使完成承包指标或超收部分不视作上缴利税。

五、承包考核指标

承包合同一般应明确如下指标：

（一）主体指标：上缴利税、实现利润。

（二）复合指标；工交企业主要是技术进步、产品质量（或服务）、产值（或营业收入）、计划产品产量、安全生产、物质消耗、环境保护等内容。商业流通企业主要是计划商品和物资供应、计划产品收购、地方产品推销、小商品经营品种和社会服务效益等内容。

上述指标由主管部门根据企业情况有重点选择确定，在承包合同中加以明确，并确定相应考核办法。

六、经营者的确定

要按照“大稳定、小调整”的原则确定经营者。上期承包经营者，主观努力，领导班子团结，能坚持社会主义方向，得到多数职工拥护，未到退休年龄，能坚持正常工作的，都可继续承包。需要更换经营者的，可以采取委任、招聘或民主选举的办法产生。实行招聘或选举的，必须按干部管理权限进行资格审查，充分征求职工意见，得到多数职工的信任，以保证经营者的政治业务素质。

七、经营者的收入

经营者的年收入在完成承包合同的前提下，应控制在高于本企业职工年平均收入的一至二倍以内，成绩特别显著的也不要超过三倍。如当年职工收入比上年下降，则经营者和企业领导班子其他成员的年收入也应同幅下降。新一轮承包经营者的收入不得实行超基数留成（一脚踢）或分成的办法。原来已订的这一类合同条款，也要通过协商改过来。

八、建立企业风险基金和推行风险抵押承包

为了增加企业的抗风险能力和承包经营者的自我约束机制，承包企业每年应从超收部分先划出10％～15％作为风险基金。风险基金要单独列账，平时可参与流动资金周转，但不得用于固定资产投资，完不成合同时，必须按规定赔补。承包期满，风险基金余额按规定比例上缴财税和留给企业。

承包班子成员要缴纳一定数额的风险抵押金，承包期满后，视实现利润完成情况，归还个人风险抵押金本息（按银行同期存款计提利息、摊入成本）。

九、审计和兑现

企业和经营者的奖赔要在审计和考核的基础上兑现，避免虚盈实亏。凡完成承包指标的企业，可根据审计和财务决算按合同兑现，未完成承包的企业和经营者，要按合同赔补，不能只包盈不包亏。

要认真贯彻镇政办〔1990〕25号文件，对上一轮承包届满的企业，按分级原则，实事求是对企业和经营者的经济责任进行评估，作出期终审计结轮。对新参加承包的企业或需要更换经营者的，审计部门和主管部门要按审计分工会同企业认真清产核资，核实利润，经确认的遗留问题，要明确处理办法。

十、承包企业要坚持实行厂长（经理）负责制

坚持实行厂长（经理）负责制，确立厂长（经理）的中心地位，是落实企业承包经营责任制的关键所在。企业党组织要加强党组织的政治核心作用和职工思想政治工作，要充分发挥企业工会和职代会的作用，维护职工民主权利，加强民主管理，积极推行“双保合同”，全心全意

依靠广大职工办好企业。企业内部要层层落实经济责任，严格考核。上级主管部门要帮助企业建立党支部工作目标和工会工作目标，使之与承包考核有机结合。

第四节　实行厂长（经理）负责制

强化国有、大集体企业厂长（经理）负责制，确立厂长（经理）在企业中的中心地位，发挥中心作用，是企业领导体制改革的中心环节，同时也是社会化大生产的客观要求。

实行厂长（经理）负责制以前的企业，实行的是党委领导下的厂长（经理）负责制。企业有关生产经营的具体事情，都要有由党委集体讨论决定，然后根据党委的决议，由厂长（经理）执行。由于企业在生产经营活动中，发生的具体内容包罗万象，趋于动态状况，所有问题都得要求党委来决定，对造成企业生产经营指挥失灵、工作效力下降、贻误决策时机等情形是常有的事。同时，由于事事都要党委集体讨论，事实上出现了人人有权过问，却是人人不负责任的状态。党的十二届三中全会《决定》中指出："现代企业分工细密，生产具有高度的连续性，技术要求严格，协作关系复杂，必须建立统一的，强有力的，高效率的生产指挥和经营管理系统，只有实行厂长《经理》负责制，才能适应这种要求。"

镇海区实行厂长（经理）负责制，是从1984年年底起，在贯彻党的十二届三中全会《决定》、国务院颁布工业企业三个条例和企业法的三个时期里，大体上经历了推行、完善、再完善的三个阶段：

第一阶段：贯彻的十二届三中全会《决定》，全面推行厂长（经理）负责制。1984年12月12日，前镇海县人民政府召开了全县工业交通工作会议。在认真学习《中共中央关于经济体制改革的决定》的基础上，县委、县人民政府对全面推行厂长（经理）负责制等项工作作出了周密部署。会后，通过以点带面，到1985年12月底，全区已有95%以上的国有、大集体企业中初步推行了厂长（经理）负责制。

第二阶段：贯彻《三个条例》，进一步完善厂长（经理）负责制。1986年起，区委、区人民政府按照中央、国务院颁布的《中国共产党全民所有制工业企业基层组织工作条例》《全民所有制工业企业厂长工作条例》《全民所有制工业企业职工代表大会工作条例》和省、市有关文件规定精神，结合区里实际，进一步完善厂长（经理）负责制。这一阶段工作，区里对完善厂长（经理）负责制主要采取了四条措施：一是配备企业领导班子。区委组织部门和企业主管部门，按照新体制的要求，对企业领导班子逐一摸底、领导成员逐一考核，从班子整体效能出发，将有的书记调任为厂长，有的厂长调任为书记，有的选拔新干部进行充实调整。从组织上保证了企业厂长、书记的干部合理配置。二是建立制度。根据《三个条例》，重新调整了党组织、厂长、职代会三者的各自职责和权限，分别制定了实施细则，确定了决策程序。逐步做到规范化、程序化和制度化。三是交流推广。通过培训班、座谈会、典型介绍、发简报等形式，运用电视、广播、报刊等新闻媒体，总结交流在完善厂长（经理）负责制，正确处理好“三者”关系的“三同”（共同的思想基础、共同的事业性和责任感、共同的改革创新精神）和“三不”（决策前不旁观、决策中不干扰、决策后不指责）的典型经验。四是始终坚持厂长任期目标制以及同其他改革同步进行。在完善厂长（经理）负责制的同时，区里制订了《任期目标暂行办法》《厂长任期目标审计办法》《招标选聘全民所有制企业承包经营者的暂行办法》等文件。确立厂长完成任期目标的奖惩办法，建立厂长任期目标考核档案，举行企业主管部门的行政领导与厂长签订任期目标责任书和颁发任命书的仪式。

第三阶段：贯彻落实党的十三大会议精神和按照全国人大颁布的《企业法》规定要求，全区再次开展了全面推行和再完善厂长（经理）负责制，搞好企业党政分开的领导体制改革。1988年1月，由区委组织部牵头，从区计经委、体改办、总工会、二轻局抽调了8名干部到镇海棉纺织厂（国有企业）、镇海玩具厂（大集体企业）进行改革试点。试点工作基本结束后，同年6月30日，区委、区人民政府专项出台《关于全面推行和完善厂长（经理）负责制搞好企业党政分开的实施意见》的通知。由此，镇海区以全面推行和再完善厂长（经理）负责制为中心内容的企业党政分开的领导体制改革工作，在区属国有、大集体企业中全面启动，并于1989年6月圆满地完成了这项任务。

为了全面推行厂长（经理）负责制、搞好党政分开的企业领导体制改革工作的顺利进行，区委、区政府，对学习宣传、调查分析、党政机构设置、人员配置、加强民主管理、精神文明建设、建立规章制度等六个方面，提出具体指导性意见：

一、关于学习宣传问题

全面实行厂长（经理）负责制，搞好企业领导体制改革重要的是把企业广大干部、党员、群众的思想统一到党的十三大精神和《企业法》上来。解决思想认识问题，着重讲清四个问题：

（一）企业党政分开，强化厂长（经理）负责制，不是主观随意的决定，而是社会化大生产和发展社会主义商品经济的客观要求，是深化经济体制改革和推进政治体制改革的客观要求。

（二）这项改革，既有利于强化厂长（经理）负责制，确立厂长（经理）在企业中的中心地位，发挥中心作用，又有利于改善和加强企业党组织的自身建设，发挥保证监督作用。

（三）党政分开，厂长（经理）对企业的两个文明建设是全面责任，管事、管人、管思想相统一，有助于克服企业生产经营管理与思想政治工作“两张皮”的问题，有利于责任与权力相结合，提高工作效率，适应现代化大生产的需要。

（四）充分肯定企业党务干部和政工干部在长期工作中取得的成绩，鼓励他们重事业兴衰，轻个人得失。积极投入这项改革，做出新的贡献。

二、关于工作部署问题

企业党政分开工作要同落实和完善企业承包经营责任制紧密结合起来。《通知》要求，企业党政分开工作全区分三批进行。即：对已经实行厂长（经理）负责制，落实了企业承包经营责任制，而条件比较具备的企业为第一批；其余企业由主管局根据不同情况确定，分两批展开。整个完善厂长负责制，实行党政分开工作要求用一年左右时间完成。

三、关于党政职能问题

企业党政分开，重要的是分清党政职能，理顺相互关系，这是企业机构设置的前提，总的原则是：厂长（经理）是企业的法定代表人，在企业中处于中心地位，对企业两个文明建设负全面责任，依法统一履行企业经营决策权、生产指挥权和人事决定权。企业中党组织应该行使保证监督职能，以主要精力加强党的建设，发挥党支部的战斗堡垒作用和党员先锋模范作用，协助厂长（经理）做好思想政治工作和群众工作，支持厂长（经理）按《企业法》充分行使职权，并对重大问题提出意见和建议。通过做好上述工作，保证监督党的方针政策和国家法律政令的贯彻执行，促进企业各项任务的完成。

四、关于加强民主管理问题

实行党政分开，实行厂长（经理）负责制，既要保证经营者具有管理权，实施集中统一的领导和指挥，严格劳动纪律，同时必须保障广大职工群众在企业中的主人翁地位和参加企业民主管理的权利，建立起经营者和生产者互相依靠，密切合作关系，调动广大职工的积极性和创造性。

企业经营者在对企业重大问题作出决策的时候，应召开管理委员会议、管理委员会组成人员对企业的大政方针充分表达意见，也可以其他形式征求职工群众的意见，使决策具有广泛的群众基础。

要健全职工代表大会制度，职代会要认真行使好审议、审查企业各种生产经营方案，决定同职工福利有关的重大事项，以及监督干部等职权；工会应当代表和维护职工利益，独立自主地开展工作，车间（分厂）民主管理日常工作，由车间（分厂）工会委员会主持，班组民主管理，由职工直接参加。通过落实民主管理，不断增强职工群众参与企业管理的意识，使之成为办好社会主义企业的管理群体。

五、关于企业精神文明建设问题

企业经营者要坚持两个文明建设一起抓，为了确保完成企业各项经济任务，要致力于建设有理想、有道德、有文化、有纪律的职工队伍，在规划、部署工作时，对两个文明建设，要统筹考虑，落实相应的措施，防止顾此失彼。

企业思想政治工作要从过去党组织统一领导，逐步转变好由厂长（经理）全面负责，厂长（经理）应充分尊重和依靠企业党组织及其他群众组织，调动各方面的积极性，主动支持它们的工作，逐步建立起由厂长（经理）负责，党政工齐管，以行政干部、管理人员为主体，以政工干部为骨干，充分发挥党员、团员、劳动模范、积极分子带头作用的思想政治工作队伍，形成群众性的思想政治工作网络，使思想政治工作真正“进车间，入班组，到人头”。做好思想政治工作是企业党组织优良传统，过去企业党组织在这方面做了大量工作，今后还要继续发挥基层组织和全体党员的作用，做好思想政治工作。

要坚持物资奖励和精神奖励相结合的原则。社会主义利益原则是正确处理国家、企业和职工个人三者关系，调动企业和职工积极性的一条基本原则。但是，不能靠奖金和处罚职工，忽视或者放弃思想教育。要把物资奖励和应有的政治荣誉结合起来，激发职工的主人翁责任感和献身精神。

要探索思想政治工作的新方法，做到善于疏导，富有吸引力，针对当前企业青年职工多，接受新事物比较快等特点，充分利用报刊、电视、广播等宣传工具；要多采用一些寓教于乐的形式，开展各种轻松、健康、高雅、文明的文体活动，使职工，特别是青年职工从中吸收先进思想，陶冶情操；要建立领导与职工对话制度，及时沟通思想，化解矛盾，增进相互了解，促进干群团结。

六、关于健全和制订规章制度问题

党政分开、机构调整以后，应及时制定相应的规章制度，以便各自有所遵循，确立规范化的工作程序。

一是制定厂长（经理）工作实施细则，完善厂长（经理）任期制，包括任期目标责任制、任期终结审计制。

二是建立或改进企业管理委员会（或党政工领导碰头会、办公会、联席会、汇报会等）议事制度，健全决策程序，使厂长（经理）的重大决策达到民主化、科学化。

三是根据《中华人民共和国企业法》和企业党的基层组织工作条例

的精神，制定企业党组织工作实施细则，建立企业党组织的工作目标和党务工作人员的岗位责任制；制订职代会工作的实施细则和工会工作目标、工会干部岗位责任制。

四是根据企业厂长两个文明全面负责的要求，制订企业思想政治工作条例和加强企业文明建设的规划。

区委、区政府为了加强对全面推行和完善厂长（经理）负责制，搞好企业党政分开工作的领导，区建立了企业领导体制改革领导小组，明确企业领导体制改革由区计经委牵头，区委组织部、总工会、体改办协助进行。要求企业各主管部门，在组织实施前，要专门组织力量，调查研究，明确分工，组织干部培训；在实施时，要根据本单位情况，搞好试点，抓好先行，边走边带；面上展开后，各局要经常指导，及时研究解决问题，保证这项改革任务圆满完成。

第五节　企业内部配套改革

镇海区国有、大集体企业内部配套改革是在国家与企业，通过“两权分离”、扩大自主权、推行承包经营责任制和工资总额同经济效益挂钩等一系列改革后，使企业基本形成了按照收益获取分配的格局，拉开了企业之间的收益分配差距，打破了企业吃国家大锅饭的局面，为企业增强活力，转换机制营造了良好的外部环境的大背景条件下展开的。

在旧的经济体制下，由于企业实行的是八级工资制和按工龄长短增加职工工资分配的制度，职工收入高低没有直接与劳动成果紧密挂钩。分配上的平均主义大锅饭和劳动用工上的机构臃肿、人浮于事、生产效益低下的状况十分严重，职工的劳动积极性和创造性得不到充分发挥。

镇海区企业内部改革，按时间分段，大体上可分为搞活固定工制度改革和深化“三项制度”改革的两个阶段：

第一阶段（1989年1月～1991年3月）为搞活固定工制度阶段；

1989年1月18日，区人民政府依据省政府颁发的〔1988〕53号文件精神，结合镇海区实际，出台了《关于搞活固定工制度的通知》。通知对搞活固定工制度，优化劳动组合的方法、步骤和对未组合的富余职工安置途径、具体政策措施等方面作出了周密计划和部署，并提出，这项改革要在今明两年内全面铺开的要求。企业通过这项改革，主要解决以下两个方面的问题：

一是优化了劳动组合，初步实现了劳动力与生产资料的有机结合。

在优化劳动组合改革的整个过程中，由于企业自觉地按照区政府提出的“四个结合”（即同全面落实企业承包经营责任制相结合；同搞好定岗定编、推行“满负荷工作法”相结合；同改革企业干部人事制度相结合；同改革企业工资福利制度相结合）和“四公开”（即优化劳动组合的方案公开、定员定编公开、选人标准和过程公开、有关政策待遇公开）要求，把竞争机制引入企业劳动用工管理，做到了择优录用，竞争上岗。从而促进了劳动力的合理使用和合理流动，初步实现了劳动力与生产资料的有机结合，较好地调动了职工生产（工作）积极性，增强了企业活力；初步消除了固定工制度所带来的机构设置重叠，人员过剩、闲散的状况。

二是企业与社会劳动力调节机构相结合，妥善地解决了富余职工的分流安置工作。

企业实施优化劳动组合，从始到终，对未被组合的企业富余职工，虽然没有作过专项调查统计，但可以估计到至少有1200人以上（按区属国有、集体企业在职职工总人数的6％计算）。在改革中，能否妥然安置好这些富余职工，是决定搞活固定工制度成功与否的问题。对此，由于全区上下紧密合作和企业认真贯彻执行区政府已出台的有关富余职工安置工作的政策措施（详见附录），在实际工作中，做到了优化劳动组合同安置富余职工两者同时并举，用足政策，工作到位。在原企业通过技术、资金、设备、经营场地等方面的扶持下，兴办劳动服务公司等单独核算、自负盈亏的小集体企业，重视饮食服务、修理、装配、建筑安装、装卸搬运、修缮及加工业等业务的办法安置富余职工取得了实质性成效。同时按照富余职工的意愿，经企业同意，可办理自主择业，停薪留职，辞职手续；对符合条件的富余职工实行离岗退养；以及组织离岗培训、厂内待业等多种途径进行分流。通过安置分流后，基本上达到了以企业消化为主，社会劳动力调节机构安置为辅、余缺基本平衡的要求，较好地完成了富余职工的安置（具体政策见“附件”）分流任务。

第二阶段（1991 年 4 月～1993 年 12 月）为深化企业内部用工、分配、福利（以下简称“三项制度”）改革阶段。

1991 年 4 月 17 日，镇海区根据全国人大颁布的《中华人民共和国企业法》和市政府甬政〔1991〕5 号文件规定精神，针对当时存在突出的问题，下发《关于进一步落实企业自主权强化企业内部改革若干意见的通知》和 1993 年 6 月 8 日根据国务院颁布的《全民所有制工业企业转换经营机制条例》及市政府甬政发〔1992〕283 号文件精神，又下发了《关于贯彻落实企业劳动用工和工资分配自主权的若干试行意见的通知》。区政府下发的上述两个通知对实现增强企业活力为目标，在继续做好外部文章的同时，重点做好企业内部的文章，深化用工、分配、福利的三项制度改革，探索企业转换机制，具有深远的历史意义。

一、劳动用工制度改革

推行了全员劳动合同制和岗位合同化管理。建立起企业与全体职工在平等自愿、协商一致的基础上签订劳动合同，明确企业与职工双方的权利和义务，以合同形式确定劳动关系，依照劳动合同进行劳动管理的新型用工制度，克服固定工和合同制并存的矛盾，解决了企业人浮于事和“留不住、出不去”的问题，初步形成了企业灵活用工、职工自主择业机制。具体改革内容：一是竞争上岗。在企业合理调整内部机构、劳动组织和科学定员定岗的基础上，按照每个工作岗位的要求，通过公开考核、公平竞争、择优上岗方式重新进行劳动组合，实现劳动力的合理配置，从而提高了企业整体效能。二是打破了干部与工人、固定工与合同制职工的身份界限。企业全体职工都要与企业签订劳动合同，企业职工在政治上完全平等，工作上各尽所能，工资上按劳分配、福利上一视同仁。三是依法进行劳动管理。企业职工与企业签订的劳动合同，明确企业与职工的劳动关系和工作责任，企业根据合同进行劳动管理。四是企业根据生产、经营需要自主灵活用工，做到职工能进能出、干部能上能下。

二、工资分配制度改革

主要通过试行岗位效能工资制，改革了企业的基本工资制度。以综合反映不同岗位劳动要素，体现工资分配多种职能的优点，具有较大的灵活性和适应性。具体改革内容：一是将工资分为技能工资和岗位工资两个单位。通过测评劳动技能、工作责任、劳动强度、劳动环境四个基本要素，结合考核劳动实绩，确定不同岗位、不同技术水平的工资系数，体现多劳多得。二是将副食品补贴和新增效益工资的结余部分纳入工资制度改革，加大改革力度。三是改革后的岗位技能工资与企业经济效益、承包责任挂钩，体现了企业收益随企业经济效益浮动。

企业通过实施岗位效益工资后，企业内部的职工收入初步拉开了差距，职工吃企业大锅饭的状况有所改变，但职工收入高低与劳动成果大小挂钩还有待于进一步探索。

三、保险福利制度改革

具体改革内容：一是劳动保险按照国家、集体和职工个人三方共同合理负担的原则，实行个人交费制度。二是实行企业补充养老保险，增强企业凝聚力。三是扩大待业保险范围，实行全员劳动合同制后，企业原固定职工流向社会时，享受待业救济。四是按照“加强管理，保证医疗，避免浪费”的原则，结合企业实际，改进对职工的劳保医疗管理和报支办法有新启动。

三项制度改革在推进过程中，区委、区政府加大了政策力度，采取了多项政策措施积极推进。主要政策措施：

一是企业可按原固定职工和劳动合同制职工工资总额的6%计提工资性补贴，列入成本，并计入工效挂钩的工资总额基数，由企业专项存储统筹使用。

二是企业对已上岗并签订劳动合同的职工，可实行补充养老保险，补充总额按每年不超过一个月的原平均标准工资确定。

三是允许将国家规定的两次副食品价格补贴（计15元）和按规定发放的工资性津贴、新增的效益工资中按上岗职工月人均划出不超过20元，纳入基本工资制度改革。

四是合同工、固定工制双轨并一后，原劳动合同制工人不再单独实行医疗期制度和工资性补贴，直系亲属可以享受家属劳保待遇。

五是企业下岗人员，劳动态度不好，又不服从分配的，或厂内待业满6个月以上仍不能上岗者，企业可在不超过原固定工人数1.5%幅度内，按规定与其解除劳动关系，介绍其到社会劳动就业机构实行待业，按规定享受待业保险基金。对实行岗位合同化和岗位结构工资制的企业，可根据企业情况，也可享受计提固定工资总额的2%作为待业风险基金。

六是对符合宁波市政府办公厅颁发的《预算内工业企业深化改革转换机制总体框架》文件规定要求的企业，经区深化企业改革领导小组批准，可在“八五”期间内比照中外合资企业的管理方式进行改革试点。

这次三项制度推进方式，采取试点先行，以点带面推进的方式。区委、区人民政府，首先选择了宁波液压马达厂（比照中外合资企业改革试点）、镇海电容器厂、镇海轻化工建材公司三家企业进行试点。试点改革的步骤和方法，大致分为三步进行：

第一步，组织宣传。建立由企业党政领导挂帅，劳动人事、工会、企管、财务等相关部门负责人和职代会代表参加的领导小组，并配备工作班子。

第二步，组织实施运行。按照“先干部后工人，先科室后车间，先关键岗位后一般岗位”的程序进行运行。对个别生产不够稳定、产销不能衔接的企业，按“先车间后科室”的程序实施。并根据不同企业的情况，先确定一定期限进行方案试运转，以便从中发现问题，经修改后再正式投入运行。

第三步，总结完善。主要是组织回头看，广泛听取有关方面和职工代表的意见，并对提出的按劳计酬、保险、福利等主要问题进行专题研究，提出完善措施。

附录：

安置富余人员政策措施[①]

一、企业组织富余人员兴办独立核算，自负盈亏的小集体企业，从事旅店、饮食、修理、装配、建筑安装、装卸搬运、修缮及加工业等业务，原企业应从技术力量、资金、设备等方面给予有偿扶持，报请区税务部门批准，按现行有关税收政策予以适当照顾。

二、新办小集体企业安置的富余人员可以保留原国有、大集体身份，继续参加社会保险统筹。开办初期安置的富余人员统筹费由原企业向劳动保险机构交纳，以后视小集体经济效益再定，并连续计算工龄。

三、富余人员中接近离退休年龄（离正常退休年龄不足五年）难以坚持正常工作的，经本人申请、企业批准，可以离岗退养。经达到离退休年龄时，再办理正式离退休手续。离岗退养期间可以计算连续工龄，待遇与正常的退休职工同等对待。

四、富余人员中的女职工因怀孕、哺育或家庭困难需要照顾的，经企业批准允许休长假，假期最长不超过企业承包期限。长假期除妊娠、产假、哺乳假的待遇按国家有关规定执行外，应酌情减发标准工资，具体由职工本人同企业协商确定，但减发部分一般不超过本人标准工资的40％。

五、允许富余人员自由择业。如本人找到接收单位，原企业应予以办理调转手续（办理调转手续时原企业应将其工资基金同时转到接收单位）。富余人员如需要劳动部门重新安置，应允许其在有社会招聘机会时参加报考，被录用后，其工龄可连续计算，工资标准可由用人单位和本人协商确定。原企业应将其原工资基金的50％转到接收单位。

六、如职工要求辞职，经企业批准，办理辞职手续。由企业发给辞职证明书，并可按其工资长短发给一次性生活补贴费，具体标准由双方协商确定，但最多不得超过本人12个月的标准工资。

---

① 摘录于镇海区人民政府〔1989〕12号《关于搞活固定工制度的通知》。

七、富余人员要求停薪留职，经企业批准后，签订书面协议，停薪留职期限一般不得超过两年。停薪留职期间可以计算工龄，但不享受原单位升级和各种津贴及保险福利等待遇，向企业交纳一定数量的保险和管理费，其标准由企业确定。企业应按在职职工标准工资总额定期向劳动保险机构交内统筹费用。停薪留职期满，要求继续停薪留职的必须在期满一个月前向企业提出，重新办理审批手续和签订合同。停薪留职期满后，在一个月内不回原单位报到的，企业有权予以除名。

八、组织富余人员离岗培训的，培训期间一般只发给基本工资，停发奖金。培训期满经考试不合格，可适当延长培训时间。再次培训期间，除停发奖金外，同时酌情减发标准工资，但减发部分一般不超过其标准工资的40%。

九、对暂时未被组合和安置的富余人员可实行“厂内待业”。“厂内待业”期限一般为一年。“厂内待业”期间停发奖金，并酌情减发基本工资（减发部分一般不超过本人标准工资的40%）。一年后仍未被组合又不服从分配的，企业可以辞退。辞退时发给一次性生活补助费（最多不超过本人12个月的标准工资）。辞退的富余职工数应控制在本企业固定工、合同工制工人总数的2%以内。

为了配合固定工制度的改革，要建立人才交流、劳务市场服务处，健全市场机制。对下列情况之一者，不能按富余人员辞退：

（一）接近离、退休年龄（男50周岁，女40周岁）的职工。

（二）患有职业病或因公负伤并经劳动签订委员会确认的职工。

（三）患病或非因公负伤，在规定医疗期内的职工。

（四）在孕期、产假和哺乳期间的职工。

第六节　国有商业小企业实施改、租、转

镇海区商业系统，认真贯彻国务院〔1984〕92号、市政办〔1996〕56号和区政办〔1986〕44号文件，自1985年1月起，对全区51家小型国有商业、饮食服务业和商办企业实施以改、租、转为内容的企业改革。到1987年1月，全区有20家小型国有零售商业、6家饮食服务业

和 2 家商业企业实行了改和租，其中 3 家饮食业和 2 家零售商业实行了集体租赁。其余 23 家实行了“国家所有、集体经营，照章纳税，自负盈亏”的经营责任制。

放开国有商业小企业进行改租转，是国有企业经营权制度改革层面向产权制度改革深层次层面上的改革和探索，是国有民营的尝试。通过改革，总的来说活力有所增强，效益有所提高。据 1987 年 11 月镇海区商业局提供的材料显示：1985 年营业收入总额为 2082 万元，比上年（改革前）增长 28.6%，1986 年按同口径计算营业收入为 2137 万元，又比 1985 年增长了 2.64%；实现利润按同口径计算，1985 年比上年增长 14.51%，1986 年比 1985 年增长了 1.5%；上缴国家税金 1985 年为 74.32 万元，比上年增长 15.72%，1986 年为 78.21 万元，又比 1985 年增长了 5.3%，86 年为 78.21 万元，又比 85 年增长了 5.3%。两年来改革后小型商业企业上缴国家所得税和能交基金 65.3 万元，企业新增公积金 78 万元，各项专用基金 20 万元。人均奖金 1986 年为 355 元，比 1985 年增长了 6.03%。达到了国家增收得大头，企业多留得中头，个人多得拿小头要求。两年来，实践证明，镇海区商业系统小型企业改革步子是迈得比较大的，发展是健康的，效果也是好的。

特别是在 1985 年 1 月，对国营镇海饭店、南街糕团店、四味馆 3 家企业（其中 2 家为亏损）和 1987 年 1 月对国营镇海第二百货商店、镇海家电商店 2 家企业（其中 1 户为亏损），分别实行了一定三年的集体租赁制后，通过调整承租企业代表人、更新部分设施、精减人员、装修门面等措施取得了较好经营效益。上述 5 家集体租赁企业，当年营业收入比上年增加了 18.17%，实现利润比上年增长了 2.05 倍，人均奖金增长了 1.21 倍。1987 年 8 月，商业局曾对集体租赁企业当年（1—7 月）

的经营情况作了一次专项调查[①]。其5家租赁企业，在经营业务管理上具有以下五个特点：

一、直接向工厂进货，减少流通环节，增加了毛利

租赁企业为了减少进货环节，提高经济效益，直接向工厂进货。家电商店1987年7个月来直接向工厂进货额为23万元，比上年同期增加8.6倍，二百商店直接向工厂进货，或替工厂代销商品计12万元，约占进货额的13.7%。因而使两家租赁企业的经营毛利率有了较大提高。家电商店毛利率达11.2%，比上年同期增加31.7%；二百商店毛利率达12.67%，比上年增加10%。

二、加强服务，扩大销售

1—7月五家租赁企业的销售总额为213.56万元，比上年同期增加了9.2%。其中家电商店的彩电、沪产自行车不列为国家计划供应商品，与上年同期对比，彩电减少131台，沪产自行车减少197辆，这二项销售额要减少21万元，占销售额20%左右的情况下，他们根据市场商品供求变化情况，自主决定，通过扩大商品经营范围，增加花色品种；改变等客上门销售，采取加强服务，延长营业时间，开设夜市供应，定期举行商品优惠展销，向重点工程建设单位上门推销商品，并加强售后服务；增设电视机、洗衣机、电风扇、收录机等修理业务的营销办法。销售额达到了116.28万元，比上年同期增加了1.3%。二百商店采取扩大商品花色品种，替工厂代销服装，通过各种渠道，积极向北仑港区和三航四处等单位推销商品15万元，到7月底止销售额达到79.15万元，

---

① 资料来源于：1987年8月镇海区商业局《关于小型商业实行租赁制的调查报告》。

比上年同期增加了29.7%，南街糕团店外设早点，到7月止销售额达到7.39万元，比上年同期增加5.6%。

三、精打细算，提高商店经济效益

租赁企业的费用开支，都能做到精打细算，过去商品进出装卸都要使用临时工，现在商店经理和职工自搬自运。5户租赁企业的费用率比上年下降了15.2%。实现利润6.83万元，比上年同期增加了1.64倍。其中家电商店利润3.61万元，比上年增加1.45倍；二百商店扭亏转盈，利润2.2万元，镇海饭店利润0.6万元，比上年增加10倍。

四、正确处理了国家、集体、职工个人三者利益

正确处理国家、集体、职工个人三者利益，实现了国家多收、企业多留、职工多得的要求。5家租赁企业，到7月底，照章征税上缴国家所得税23433元，比上年同期增加1.78倍，上缴主管公司租赁费29690元，比上年同期增加3.14倍，职工每月人均奖金67.20，比上年增加了1.35倍。

五、企业内部奖金分配上改变了平均主义的“大锅饭”的做法

承租企业内部职工的奖金所得与商店柜组的经济效益紧密挂钩，做到效益好多得，效益差少得或不得。如二百商店的针织柜组七月份经营情况较好，人均奖金达到84元，而百货零柜组人均奖金27.30元。又如家电商店七月份个人最高月奖达到123元，最低为77元。职工奖金分配上拉开了收入的差距，这在以前是不可能做到的。

镇海区对小型国有商业、饮食服务业的改、转、租三种改革形式中，实行租赁经营的方式，较适合于当时商业小企业的改革。其主要因素：一是企业租赁后，商店的经营权扩大了，经营者有了更大的经营自

主权，可以随时根据市场发展、变化，自主决定经营策略的方式，对企业内部以劳动组织、奖金分配等方面可以自主决定，开始摆脱了上级公司直接干预的状况；二是国家对租赁企业免征奖金税的政策，激发了职工积极性，只要经营得好，对职工奖金可以上不封顶。反之，如果企业经营不好，甚至发生亏损，租赁企业的经营者要承担相应的经济赔偿责任。由于动力和压力相结合，为搞活企业创造了极为有利的条件；三是租赁企业解决了“常败将军常挂帅”的问题。因为企业的兴衰关键，主要决定于企业负责人的素质高低。在这次实行由企业职工集体租赁经营的5家企业中的家电商店、二百商店和四味馆3家企业，通过职工民主推荐或毛遂自荐和严格的资格审核的办法，更换了承租企业代表人（经理），解决了常败将常挂帅的问题。

第七节　乡镇企业推行“一包五改”为内容的经营权制度改革

镇海区乡镇企业推行“一包（承包经营责任制）五改（改厂长、经理任命制为选举或聘任制，改固定工制为招考合同制，改固定工资制为浮动计件工资制，改封闭半封闭为开放经营型，改变相‘官办’为真正民办）。”为内容的改革，早在撤县建区前的1984年10月，由前镇海县委、县人民政府组团赴江苏常熟、沙洲、无锡等地参观学习后起动的。到1985年12月底前，在区委、区人民政府的统一部署下，全区各级各部门上下联动，把这项改革放在一切工作首位，在试点的基础上，全区12个乡镇（贵驷、湾塘、临江、俞范、清水浦、骆驼、庄市、蟹浦、河头、长石、汶溪、城关）的200家乡镇集体企业和410家村办集体企业基本实行了以“一包五改”为内容的企业改革任务，并取得了明显效果。特别是企业承包经营责任制和改厂长（经理）任命制为选举或聘任制；改固定工制为招考合同制；改固定工资制为浮动计件制的“一包三改”工作更为全面，效果更为显著：

一是乡镇（村）集体企业全部与主办单位签订了承包合同。其中由集体承包、厂长负责的占77%，合伙承包的占10%，个人承包的占13%。

二是改厂长（经理）任命制为选举或聘任制的占70%以上。还有一些承包企业的厂长（经理）是1983年年底通过民意测验，组织考察作了调整，延长承包期继续任用。

三是改固定工制为招考合同制，已全面组织实施。对一些原固定制职工与企业签订劳动合同后转为合同制；对新招收职工通过考核，符合招工条件的签订劳动合同。

四是改固定工资制为浮动计件工资制，已全部实施。其中全额计件或超定额计件的企业占82.6%。其余企业将任务落实到车间、班组，把工资、奖金与企业盈利挂钩进行分配，冲破了以往基本工资，平均奖金“大锅饭”的做法。

由于承包经营责任制和企业经营者（厂长、经理）选配、工资分配、用工方式的“一包三改”工作的全面落实，企业自主权随之进一步扩大。由此，改“官办”为“民办”；改封闭半封闭为开放经营的两项改革也随之得到体现。

“一包五改”为内容的企业改革，有力地推动了乡镇企业的经济大发展、大提高。据统计，1985年①乡镇企业完成工业总产值17706万元，比1984年11764万元，增长50.51%，占全区工业总产值35800万元的49.45%；销售收入、利润和上缴国家税金分别达到20240万

① 1984、1985年乡镇工业总产值的数据，来源于宁波市镇海区国民经济基本统计资料（1949—1990年）《镇海统计局》一九九一年六月编印。

元、2100万元和1621万元，分别比上年同期增长70.1%、121.5%和145%。全区税收总额中，乡镇工业占45.8%。贵驷、庄市、蟹浦三个乡镇企业工业总产值都达到3000万元，比上年增加56.19%。其中贵驷4000万元，比上年增加81.7%，利润400万元，比上年增长164%；全区工业总产值1000万元以上的乡镇工业企业有3家；100万元以上的工业企业由上年30家，增加到50家，增加了1.67倍。乡镇工企业经济增长比例之大、效益之好，这在镇海历史上从未有的。

为了更好地推动“一包五改”为内容的企业改革，镇海区及时总结经验，应势利导地提出了更高要求。于1986年1月9日，出台了《关于进一步完善乡镇企业“一包五改”责任制和有关政策问题的补充规定的通知》，提出了五个方面要求：

一、建立“基本稳定、适当调整”的承包责任制度

对承包指标合理、三者关系处理妥当的企业，按既定的方针，继续执行原承包合同；对少数承包指标明显偏低、三者关系处理不合理、问题较多的企业，特别是仗权承包、压价承包和“一脚踢”承包的企业，要有领导、有步骤地进行调整，进一步完善承包责任制，正确处理好上缴乡镇（村）、企业留成，职工奖金分配的关系。在调整中必须坚持：一是承包基数要合理；二是超承包基数企业留利部分要实行企业、承包人和职工合理分配，干部的报酬不仅要与企业经济效益挂钩，而且要与职工收入紧密结合，厂长和承包人的奖金一般应控制在职工奖金二至五倍；三是企业必须按照政策提取各项基金，列支各项规定费用，专款专用，不得作为利润列入分配；四是承包形式因厂制宜，要积极提倡集体承包，厂长负责。

二、完善利润分配关系，增强企业经济实力

在企业利润分配中，必须合理安排上缴乡镇（村）、企业留成、职工奖金三者关系。根据省、市人民政府的规定精神，乡镇办集体企业税后利润应在50%留给企业，对劳动密集型企业也应有40%留给企业，村办企业确有困难的，企业留成不得低于30%，用于扩大再生产，充实流动资金。企业补充的流动资金部分，一般要多于充实固定资产部分。企业所需的流动资金中，自有资金至少有30%。两年后，流动资金自给率要达到50%以上。低于上述比例的，企业要减少向乡镇（村）的上缴利润，还应压缩消费基金。上缴乡镇（村）的利润，应控制在30%以内（包括社会负担费和税前列支10%），并将其中一部分有计划、有重点扶持企业扩大再生产。职工奖金分配，应按国务院奖金税条例精神贯彻落实。

三、经济考核有章可循，完善承包合同书

承包合同要全面、明了、可靠，具有合理性、严肃性、法律性。1986年在完善"一包五改"经济责任制中，应把资金周转率、产品质量、单位成本、原材料、燃料消耗定额、产品销售及货款汇入等主要经济技术指标进行综合考核。同时把国家有关方针、政策和利润分配原则在承包合同书中明确表达，使乡镇（村）和企业都有章可循。按此要求，由区乡镇企业管理局统一制发经济承包合同书。

四、完善劳动分配形式，调动职工劳动积极性

一是继续推行浮动工资制（包括超定额计件、纯计件和小团体计件），彻底改变个别企业仍然搞固定工资、吃大锅饭、平均主义做法。实行计件工资制的企业，在达到产值、利润上缴税收三同步和成本中工

资含量不提高的前提下，报经区财税部门审批，按批准的数额列入生产成本。

二是在推行定额（包括超定额）计件工资的过程中，要坚持搞好定额管理，要以平均先进定额为好，经过努力，有产可超，坚决纠正有些企业实行低定额、高报酬即高工资的不正当做法。

三是要贯彻按劳分配，多劳多得的原则，坚持工资与经济效益挂钩，工资与职责挂钩，工资与产品质量挂钩，不断提高企业经济效益。

四是企业要尽可能地把承包指标分解到车间、班组、岗位个人，落实奖罚措施，实行企业内部多层次、多形式的承包制。

五是建立和健全规章制度，把计划管理、质量管理、物资管理、经济核算和财务管理等制度进一步建立和完善，建立各种台账、卡片、原始记录和计量、检测等基础工作。

“一包五改”为内容的企业改革，是一项贯穿于镇海区增强乡镇企业活力，实行经营权制度改革时期始终的工作，它的功绩不仅为镇海区乡镇企业经济快速发展起到了积极作用，而且为后来乡镇企业实施产权制度改革奠定了良好基础。即更为明显的是企业与职工关系上形成了干部能上能下、职工能进能出、分配能高能低的市场化格局。这就充分体现了企业在劳动用工、工资分配和干部使用制度上已与社会主义市场经济体制接轨的要求。

第三章 乡镇企业产权制度改革

镇海乡镇企业，有乡属企业[1]、村属企业和村以下个私企业组成。理顺乡镇企业产权关系，转换企业经营机制的改革，是经历了九年经营权制度改革的基础上进行的。各镇（乡）政府，在区委、区政府的统一部署下，遵循“宜股则股、宜卖则卖、宜租则租、宜并则并、宜关则关”的指导原则，于1993年8月5日，在全区乡镇企业开展以股份合作制为主要形式的试点工作，至1997年年底前，基本理顺了408家乡镇、村集体企业（其中，乡属企业186家，村属企业222家）的产权关系。

通过改制、改组，理顺产权关系的改革后，约占全区经济总量80%以上的乡镇企业，实施“股份制”改组的有62家，筹集股金总额达45681.30万元。其中，实行股份有限公司改组的3家，股金筹集20900万元，占“股份制”股金总额45.75%；改制有限责任公司17家，股金筹集19520.60万元，占股金总额42.73%；改制股份合作制42户，股金筹集4260.70万元，占股金总额11.52%。其余镇（乡）、村集体企业通过资产评固，实施议卖、竞卖的方式，经产权置换后转为个体私营企业。

---

① “乡属企业”按《镇海统计年鉴》口径命题。其中包括镇办企业，即：乡（镇）办企业。

第一节　股份合作制改革的政策和措施

1993年，镇海区出台了《镇海区乡镇企业推行股份合作制的暂行办法》。具体对乡镇企业产权制度改革的资产评估、产权界定、转制方式、股权设置等方面提出了可操作性的政策规定：

一、资产评估

股份制改制企业，可由乡镇工办组织初评，报区乡镇企业管理局审核后，送有资产评估资格的资产评估机构认定。企业要积极配合资产评估机构，如实反映资产情况，提供有关资料。资产评估要体现“真实、全面、公正、合理”的原则，以账面价值与资产现值相结合，单项资产与综合资产评估相结合，对企业资产包括固定资产、流动资产、无形资产及有价证券等进行评估和估算。

资产评估，一般先核实存量，后评估资产，再界定产权归属。对原辅材、产成品类、待摊物品类的资产，一般按现行市场价格评估；对债权、债务要逐项核实，无争议的，按账面认可；能立即收回的债权要抓紧催讨；对收回可能性较小的，可单独列出，作悬账处理，暂不计入折股范围；对无法收回的，按规定批准，列作坏账损失。对固定资产类的资产，按“升有度、降有实”原则，按重置价评估。考虑到地产、房产评估比较复杂，可从企业实际出发，有条件的应同时评估，其资产可以折价入股，也允许先搁置不评，待以后一并完善。凡地产、房产不作价入股或暂不评估的，经过协商，可按规定由企业分年缴纳土地使用费和房产租赁费。对企业无形资产的评估，主要按购入成本或实际耗费成本及该项资产具有获利能力确定重估价值。

二、产权界定

由乡镇、村直接投入和历年追加投入数资金，企业按规定应上交而未上交的款项；股份制改制前企业历年积累的，生产性专用基金（不包括按规定提取的职工福利、奖励、养老保险基金）；国家对企业的减免税和扶持资金所形成的资产，按企业隶属关系分别界定为乡镇、村集体所有。

三、股权设置

乡镇、村集体企业改制为股份合作制企业的，一般可设置乡镇、村集体股、优待股、职工个人股、社会法人股等，不设企业集体股。

（一）乡镇、村集体股：是指乡镇、村范围内农民集体共同拥有所有权的股份。分别由乡镇工办或乡镇资产经营公司和村经济合作社以股东名义，代表乡镇、村范围内农民集体参加企业入股。

（二）优待股：从乡镇、村集体所有的资产中划出一部分，用于企业职工现金配股。用于量化配股的资产份额，按改制企业的资产情况，由乡镇、村与企业协商确定，量化的优待股与职工现金配股一般不能大于1∶1。量化优待股的集体资产终极所有权不变，职工只享受分红权。

（三）职工个人股：职工出资向企业投入的股金。

（四）社会法人股：是指本企业以外的法人实体和具有法人资格的社会团体、事业单位，向企业投入的资金、设备、专利等形成的股份。

另外，对少数企业国家有直接投入的，可以设国家股。国有股由股权所有者代表委托有关机构持有；有外资投入且外商愿意折价入股的，可设外资股。

为了保证企业稳定发展，入股者原则上不得退股，但企业内部职工个人股可以转让和继承，具体应在企业章程中作出相应规定。企业视生产发展需要，经董事会研究，可决定扩股或增股。

四、转制方式

乡镇企业股份合作制为主要形式的试点工作基本结束后，1993 年 9 月 30 日，区委办下发的〔1993〕31 号文件，对企业转制方式提出了明确的指导意见。要求各乡镇（村），在企业改革中要十分突出地把握企业产权明晰化和利益主体多元化的两个方面的问题，从实际出发，力度宜大则大。只要有利于企业产权明晰，有利于激发企业竞争活力，有利于调动各方积极性，允许多种转制方式并举，不定模式，宜股则股、宜租则租、宜卖则卖、因厂制宜、一厂一策。

一是要积极稳妥地推行股份合作制，成熟一个推行一个，务求好不求多。从全区实际情况看，股份合作制，有限责任公司改制比较适合重点骨干企业的机制转换。要求各乡镇都应有新规划，确定转制方向，积极稳妥地开展这项工作。扩大职工现金股和经营者股份的比重，并可以大胆探索适合本企业转换机制的途径和形式，如外资嫁接、扩大横联、集团经营。

二是大力推进中小企业竞卖议卖的步子，使这些企业尽快增强灵活多变的经营方式，在激烈的市场竞争中站稳脚跟。通过这项工作，也能使乡镇集中精力、财力，抓好关系到经济全局的重点骨干企业，有利于乡镇政府的职能转变。中小企业要从实际出发，产权竞买后，凡有条件且企业经营者有要求的，要抓住转制时机，引导这些企业重组股份合作制。对一些发展无望的亏损和潜亏企业，要认真分析排队，按照宜卖则卖、宜租则租、宜并则并、宜关则关的原则，果断决策，尽快减少包袱。

三是对一段时间内未能在产权明晰上进行转制的企业，要注意做好稳定工作，及时完善好以资产增值为主的经营承包责任制，要以转制促完善，同时以完善促转制，督促和指导这些企业做好内部深化改革工作。

五、土地使用

为了进一步完善、规范乡镇（村）转制企业的土地使用方式，区府办出台了〔1993〕103号文件。对转制企业土地使用权出租、入股、联营和出让作出上相应规定：

（一）土地使用权出租。乡镇（村）企业使用的集体土地，在转换机制时，可以由企业租赁使用，与集体组织签订土地使用权租赁合同，明确租赁年限、租赁用途、租赁价值、缴纳租金办法及明确出租方与承租方的权利和义务。租赁合同不得违背国家法律、法规，并报区土地管理部门审查、登记备案。实行土地使用权出租的，应是生产规模较小企业，其租赁时间应在三年以上，土地租赁时其地上的集体建筑物、其他附着物应随之租赁。

（二）土地使用权入股、联营。乡镇（村）企业在原有基础上改组为股份合作制，并保持乡镇（村）集体企业性质，其已使用的土地使用权继续维持集体所有，其土地经资产评估机构评估后，折价入股，为乡镇（村）集体经济组织在企业中的集体股，并向土地管理部门依法办理集体土地使用权变更登记手续，但集体土地使用权不得转让、出租和抵押。

对优势骨干企业已使用的集体土地，在转换经营机制时，可以采用合作的办法，在合作期内，企业每年向集体经济组织缴纳相关的费用；也可以经评估机构评估后，把土地折价联营、共担风险。合作或联营企业必须签订有关书面合同，并向区土地管理部门办理登记备案手续。

（三）土地使用权出让。乡镇（村）企业通过拍卖、议卖重组股份合作制、有限责任公司或改组转为个私企业的，其使用的集体所有土地，必须征为国有土地，补办土地征用手续，由区土地管理局与企业签订国有土地使用权出让合同，企业补交土地使用权出让金（一般不低于评估地价40%），依法办理土地使用权变更登记手续，换发国有土地使用证，该土地使用权允许依法转让、出租、抵押。

六、相关政策

1993年6月10日，区委印发的〔1993〕39号档指出：“乡镇企业推行股份合作制改制，应搞好企业改制前后政策衔接，保持政策的连续性，以有利于机制平稳过渡，健康发展。”主要内容有以下几方面：

（一）实行股份合作制企业的企业，原经营者素质好，在遵循企业章程和聘任程序的前提下，原则上可继续担任厂长（经理），乡镇（村）主要做好对企业的引导、协调和服务，进行分配前财务审计。

（二）乡镇企业改组为股份合作制企业后其原来享受的税收、信贷等优惠政策一律不变。由国家减免税形成的企业资产、产权归兴办该企业的乡镇（村）集体经济组织所有。

（三）股份合作制企业根据国家对乡镇企业的有关规定，缴纳农业发展基金，教育附加等社会性开支和管理费。

（四）盈利企业个人现金股可以息红并存。允许按银行同期存款利率上浮一定比例计提利息进入成本。优待股只分红、不计息。为了做好同股同利，区委于1996年10月31号文件规定，对职工新增资入股的股权原则上只分红不计息。

（五）乡镇（村）参与股份合作制企业分红，要从有利于扶持企业发展，壮大企业后劲出发，根据不同企业的实际情况，可以协商确定固定分红率，可以将红利分得部分作为扩股，或一定比例作为借入资金留在企业发展再生产。其中乡镇（村）集体股实行固定分红的投资回报率一般不低于15%。

（六）股份合作制企业须报区体改办批准，并向工商行政管理部门办理变更登记手续。办理审批和变更登记时，企业应提供申请报告、企业章程和资产评估认定书等相关文件和资料。

（七）规范集体资产管理体制。（见本章第四节《乡镇（村）集体资产管理体制改革》）。

（八）乡镇企业实施股份合作制的，原有的承包合同年内应保持稳定，由董事会认可。在保持承包政策稳定性、连续性前提下，今后企业承包经营责任制办法由董事会决定。

（九）乡镇（村）企业实施股份合作后，可以发给持股者由区乡镇企业管理局统一印制股权证书。股权证书上记载股东姓名（单位）、股份种类、股金数额等内容，并经董事长签名，企业盖章生效。

（十）引导和鼓励企业职工特别是企业的决策层和管理层多入股，提高职工股在全部股金中的比重，以增强企业的生机和活力。

（十一）对资产拍（议）卖转制的企业，买卖双方须签订资产买卖合同，资产卖方应一次付清。对一次性付清有困难的，可按以抵押担保的方式，在两年内分期支付，分期支付的，首次支付一般不得少于40％。

（十二）对实施租赁企业的资产（含地产），出租方与租入方应签订资产租赁合同，资产租赁费用标准按有关规定由双方协商确定。

第二节　股份合作制改革试点

1993年8月2日，区委、区政府出台了《镇海区乡镇企业推行股份合作制改革实施意见》后，区里成立了镇海区乡镇企业股份合作制试点工作指导小组和办公室，抽调了区、镇两级机关80名干部，于1993年8月5日起，对全区13家乡镇企业（乡镇办企业10家、村办企业3家）

开展了以股份合作制为主要形式的改革试点工作，13 家试点企业职工总数 1600 人，净资产 5630.2 万元。由于各级领导重视，目标明确，措施方法妥当，试点工作进展比较顺利，机制转换的力度较大，到 9 月底止，已基本完成了预定的试点任务。

13 家企业试点，由区试点指导小组统一安排分三个阶段进行。第一阶段为准备阶段。主要是建立区试点领导班子和工作班子，组织乡镇和有关企业领导赴绍兴参观学习，拟定《乡镇企业股份合作制暂行办法》，组织培训，层层统一班子和骨干思想，摸清企业现实情况，商量适合企业职工承受能力的改革方案。第二阶段为清产核资确立方案阶段。主要是清产核资和资产评估，界定产权和协商确定股份设置比例，测算确定分配比例和资本收益，拟定企业章程和企业组织机构设置方案。实行议卖的企业主要协商价格、议卖方法，确定今后上缴镇村的各项费用比例。第三阶段为组织实施阶段。主要工作是召开股东会，选举企业董事、监事人选，建立企业董事会、监事会，审议企业章程作出决议，重新聘任企业厂长（经理），向工商行政管理部门办理企业变更登记手续。

通过试点 13 家企业以三种形式转换了机制：

第一种形式：改制为股份合作制企业。机电总厂、销子厂、微电机厂、庄市五金配件厂、蟹浦冷冻厂 5 家企业由镇（乡）集体和职工共同出资改组为股份合作制。5 家企业的总股本为 1759.04 万元，其中镇乡集体股 781.44 万元，占总股本的 44.4%；职工现金股 383.80 万元，占 21.8%；优待股（资产归镇乡集体所有，分红由企业职工享受）594.70 万元，占 33.8%。

第二种形式：租卖结合，先卖后股。骆驼荧光灯具厂、医疗器械配件厂和贵驷憩桥焊割工具厂 3 家试点企业，把部分集体资产通过议卖方式，由企业经营者和职工出资置换后，再重新组建股份合作制企业。有这 3 家企业实有资产 116.73 万元，其中议卖资产 60.26 万元，租赁资产 56.47 万元。

第三种形式：转为个私企业。即把原有集体资产部分或全部议卖给企业经营者经营。采用这种试点形式的有贵驷标牌厂、贵驷朝阳电刷厂、庄市绣服厂、河头电瓶厂、印刷制板厂 5 家企业。这 5 家企业经评估后的净资产 277.32 万元，其中议卖资产 196.92 万元，租赁资产 81.4 万元。

这项试点工作能达到预定的试点的目的，主要体现在以下三个方面：

一、思想统一，形成共识

这次试点工作，主要是以股份合作为突破口，明晰企业产权，形成多元化的投资主体，从而使企业真正成为自主经营、自负盈亏的利益与风险相统一的独立的商品生产者，经营者和市场竞争的主体，促进乡镇企业大发展大提高。因为这项改革是对企业经营机制一次重大变革，涉及各方的利益，因此在干部职工中必然会产生不同的思想认识。为此，在工作中坚持思想领先的原则，统一思想，形成共识，提高转制的自觉性，增强紧迫感，正确处理好改革进程中的利益调整。从区到镇乡到企业，层层进行教育和发动，开办专项培训班，弄清改革与发展、企业与职工、长远与眼前、利益与风险等关系，抓住重点，针对热点，突出骨干，把改革的目的讲清，试点的政策讲透，主要原则讲明。同时随着改革的深入，针对每阶段的突出任务，开展针对性的思想教育。由于坚持抓牢先进教育这一中心环节，干部、职工思想认识比较统一，企业稳定。为试点工作营造人人关心改革、人人参与改革的良好局面。

二、明确任务，因厂转制

为了切实完成这项试点任务，在工作中十分突出企业产权明晰化和利益主体多元化这一改革方向，并要求在这二方面从实际出发，力度宜大则大。为此在总体改革方案把握上，只要有利于企业产权明晰，有利于激发企业竞争活力，有利于调动各方积极性，允许多种转制形式并举，不定模式，宜股则股、宜卖则卖、一厂一策、因厂制宜：

一是股份合作制试点，可以从各乡镇实际出发，不局限于股份合作制单一形式，鼓励从实际出发确定转制的方案。这次试点的 13 家企业实施股份合作制转制的为 8 家占 61.5%；实行议卖后转为个私的为 5 家占 38.5%。其中，城关、蟹浦、骆驼都采用股份合作制；贵驷、庄市既有股份合作制改组，又有产权议卖；河头都采用议卖。

二是实施方案的具体措施可以形式多样。在转换股份合作制企业中，其中有 3 家先通过议卖后重组股份合作制。在处理镇（乡）村集体资产时，可以全部入股或全部议卖的计有 9 家企业；可以资产部分入股其余作为借贷资金给企业有偿使用有 1 家；部分资产议卖部分采取租赁使用的有 3 家。

三是把股权导向企业经营者和骨干，加大企业经营者的风险压力，促进企业增强竞争力和发展力。这次试点区里明确提出企业经营者入股数额必须高于职工平均入股数额的一定幅度以上。同时为有利于吸引干部和职工入股，把部分集体资产量化数额，由各企业按不同岗位的入股额度进行配比，入股多责任大的量化部分就多。庄市五金配件厂集体股占 33.14%，个人现金股占 33.3%，优待股按现金 1：1 的比例量化，促使了利益与风险的结合。销子厂在动员职工充分入股的基础上，企业领导班子股份额占全部职工个人现金股的 30%左右。有 6 家企业产权（除部分租赁外）全部由经营者出资置换。

三、抓住重点，把握导向

从试点中实践、从实践中规范，是明晰产权，形成利益主体多元化，进而实现企业经营机制转换，这在试点工作中须要抓住重点，把握导向的问题：

一是把好清产核资。清产核资是妥善处理各方利益关系的基础。镇海区对乡镇企业清产核资确定了“升有度、降从实、大体平衡”的资产原则，要求客观、全面、合理做好这一工作。在具体操作上，一般把握固定资产宜适当上评，流动资产宜适当下浮，升与降相抵补后与评估前差距不宜过多。同时强调评估基础在于清产核资，清产核资一定要从实。为指导好这一工作，区乡镇局专门下发了清产核资的暂行办法，组织财务骨干专题培训。由于原则明确，各镇（乡）、组织专门班子抓好这一工作。据统计13家试点企业评估前账面净资产为5630.20万元，评估后为5608.61万元，比评估前下浮0.38%，其中固定资产上浮6%，流动资产下浮6.38%。

二是按照“谁投资，谁所有”的原则，搞好产权界定。在产权界定中着重明确，企业历年积累和国家扶持资金及减免税归属集体所有；奖励基金、福利基金归企业职工所有。明确今后国家减免税按企业资本构成分别归属。考虑到企业职工的劳动积累因素，集体资产划出一定比例设立优待股，分红由企业职工享受（职工必须现金入股匹配）。5家股份合作制改制量化优待股占集体总股本的33.23%。为明晰企业产权，企业不设企业股，今后的利益和风险直接明确到利益主体。

三是从有利于企业经营长期化，有利于长远发展，引导企业处理好近期与长远、分配与积累的关系。在乡镇、村与企业关系上，以改制前的利益格局及参照，通过平衡后既照顾镇乡、村利益，又给予企业发展后劲；在积累与分配上，税后利润分配中的公积金和股本增值大体控制在30%～50%之间。每年度职工现金股红利率不超过投入股金的30%。优待股与现金股的比例，股本收益率低于20%的，可以适当增大优待股比例；股本收益率高于30%的按1：1的比例分配。今后国家减免税用于股本增值，发展企业再生产。

第三节　明晰产权关系，完善经营机制

镇海区乡镇企业的理顺产权关系、转换企业经营机制的改革工作，就当时来说，是在改革还处于起步阶段，省、市人民政府还没有正式颁发有关乡镇企业产权制度改革方面的规范性文件；周边县（市）、区也没有这方面成功的经验可借鉴的情况下展开的。

镇海区乡镇企业理顺产权关系、转换企业经营机制的改革工作，实际上经历了积极探索、规范完善的两个阶段。

第一阶段（1993 年 9 月—1996 年 8 月）为理顺乡镇企业产权关系的积极探索阶段。镇海区委、区人民政府，在基本完成乡镇企业股份合制试点工作的同时，经过精心策划，按照“抓大扶优、放小搞活”的战略方针。对小、微、亏企业采用企业股份合作制、产权出售和租卖结合等多种改制途径，实行放开搞活，转换机制；对区重点骨干企业，则按照“抓大扶优”，营造“实力工程”的要求，实施“公司制”改造的办法转换机制。通过这一改革办法的组织实施，一大批小微亏企业和一些重点骨干企业的转换机制工作取得了实质性进展。据区体改办 1996 年 12 月提供的有关数据记载①，乡镇企业按照“抓大扶优、放小搞活”的要求，机制的改革工作进展顺利：一是小微亏企业的产权关系已经基本理顺，转制工作基本完成。据统计，乡镇、村两级应转制的 332 家集体企业，通过以镇（乡）村集体参股、职工入股，资产竞（义）卖和租卖结合方式，改制股份合作制企业或转为个私企业的已完成 192 家，占应

---

① 注：资料来源于 1996 年 12 月 30 日，区经济体制改革办公室向镇海区第十届人大常委会第 29 次会议上《关于镇海区企业改革情况报告》中的有关节录。

转制企业总数的57.8%。其中组建股份合作制企业的为17家，占转制企业总数的8.85%；转为个私企业的为175家，占转制企业总数的91.15%。乡镇办小微亏企业产权出售总额为7931万元，截至1996年8月底前，已收回资金6923.76万元，占应收回资金总额的87.3%，达到了如期收回进度的要求。二是重点骨干企业，实施现代企业制度改造已经起步。全区332家乡镇企业中，除已转制的192家小微亏企业外，还有140家企业，大多数是区、镇（乡）的重点骨干企业，按照“抓大扶优”，营造“实力工程”的要求，到1996年年底前、宁波摩士、华通、中鑫、宝云、索莱尔5家乡镇企业分别组建了企业集团。其中1家已改组为集团股份有限公司、3家改组为集团有限公司。特别是宁波摩士集团股份有限公司，按照《中华人民共和国公司法》规范要求，由庄市镇资产经营公司等三家企业法人和以集团总裁李罡为代表的三名自然人，共同出资3330万元，以发起方式组建起来的，具有产权清晰、权责明确、政企分开、管理科学的集团股份有限公司的建立，为镇海区大中型企业实施“公司制”改造起到了示范作用。在这个阶段中，乡镇小微亏企业转制和重点骨干企业公司制改造的成功，为事后进一步明晰乡镇企业产权关系的机制完善工作奠定了扎实基础。

第二阶段（1996年9月—1997年12月）为理顺乡镇企业产权关系的规范完善阶段。镇海区委、区人民政府，按照省、市委有关文件规定精神，专项出台了《关于进一步做好乡镇企业转换经营机制规范、完善、提高工作的意见》。意见在充分肯定1993年以来，由点到面地开展乡镇企业理顺产权关系，转换企业经营机制所取得的实质性成效的基础上，对乡镇企业机制转换工作中一些亟待解决的实际存在问题、机制完善工作的重点和机制完善工作的组织领导等方面作了全面部署。通过一年多的努力，到1997年年底，基本完成了区里提出的关于转换乡镇企业经营机制提出的六项工作内容及五项工作重点的规范、完善、提高的工作要求。

一、机制规范六项工作内容

镇海区乡镇企业在转制中，反映比较突出，而须要规范的重要问题：一是转制后，相当部分企业未更改工商注册登记，集体仍有可能承担出资者的法律风险；二是部分产权关系尚未理顺，土地使用权处置不够规范，两证（土地证、房产证）办理滞后，权属缺乏法律依据；三是集体资产入股同股不同权，同股不同利，租赁资产租金不尽合理，集体资产回报率不高；四是技改投入不足，发展基础比较脆弱；五是不少转制企业内部管理工作薄弱，家族化管理倾向有所蔓延；六是镇（乡）、村对转制企业缺乏好的服务管理办法，不少企业放任自流。

二、机制规范五项工作重点

意见提出，做好乡镇企业转制经营机制规范、完善、提高工作，要以建立现代企业制度的目标，加快推进两个根本性转变为主线。体现“抓大扶优、放小搞活”的方针，立足于促进乡镇企业持续、快速、健康发展，从而进一步巩固壮大农村集体经济。机制规范的工作重点是：

（一）提高镇（乡）、村集体在优势骨干企业中的参股比例。

对乡镇、村集体企业中的优势骨干企业的经营机制转换工作，要加快进度，要按照《公司法》要求改组改造为股份有限公司或有限责任公司。镇（乡）村集体要占大股或控股经营。对已转制的优势骨干企业，在尊重原有转制合同基础上，可以通过协商，采取集体所有的土地资产经评估后折价参股，也可以将集体租赁给企业使用的固定资产评估后转为集体股本，也可以现金入股或增股。

（二）确保集体资产保值增值，合理确定集体资产的投入回报率

股份合作制企业股权设置，要符合省委办〔1994〕39 号檔的规定。

各种股权要做到同股同权，同股同利。职工新增资入股原则上只分红不保息；对镇（乡）、村集体股继续采取固定率分红的企业，投资回报率一股不低于15%；对租赁企业在集体资产租赁中，要综合考虑折旧和资金筹集成本等因素，明显偏低的要合理调整；合同到期继续租赁的，应对租赁资产经评估后确定租赁费；对转制拍卖款和租赁企业的租赁费，必须按原合同规定期限足额收回，对超期部分至少按银行一年期贷款基准利率支付利息；对经营困难确实难以回收的拍卖款或租赁费，要严肃按照违约性质进行处理，及时做好遗留问题的处置工作，防止集体资产流失。

（三）明晰企业产权和企业性质

对资产全额租赁的企业，要引导改组为有限责任公司或股份合作制或改组为租卖结合型企业，也可以产权出让转为私营企业。对固定资产租赁的企业，其中设备折价入股、或者转让给经营者。转制企业的房地产应依法办理房产证和土地使用证，其中对1995年底之前转制企业，在办理过程中手续从简，费用给予适当照顾。集体企业转制以后，应及时办理工商变更登记手续。已转为私营企业的，不得再挂靠镇（乡）、村集体企业的牌子。个别因行业关系仍需挂靠集体的，对由集体承担连带责任风险的，可以采取财产抵押收取一定的服务费用。镇（乡）、村集体经济组织不得为集体企业或非集体控股企业提供各种形式的担保，避免集体资产承担风险而造成经济损失。

（四）规范转制企业的土地使用方式

转制企业所占用的土地，除已办理土地出让手续或已办理土地征用，所有权属于国家的以外。其它土地均属镇（乡）、村集体所有。可以由企业租赁使用，土地租金按照土地级差和增值因素合理确定，明确租赁土地面积，规定使用办法，签订合同，逐年缴纳。对优势骨干企业，一般可将集体土地资产经有评估资格的机构评估折价入股，也可以依法办理土地使用权出让手续。村级集体企业及戴帽集体企业在转制时应积极倡导动产拍卖、不动产租赁或参股，使村级集体收入有可靠的来源。对集体土地无偿使用和低价一次性买断的，要予以纠正；对擅自搞土地买卖或非法转让的或享受转制企业土地处置优惠政策而擅自改变使用用途的，要坚决依法查处。

（五）理清国家减免税归属

由国家减免税形成的企业资产，产权归兴办该企业的镇（乡）、村集体经济组织所有。对净资产低于历年减免税总额的企业，转制时企业职工不得进行量化配股，已量化到个人的要限期收回。对挂靠集体的个体私营企业，转制时国家历年的减免税金（除国家政策法规另有规定的外），归所属镇（乡）村集体经济组织所有，留在企业使用。

三、完善产权关系的组织领导

意见要求各镇（乡）党委、政府要切实加强对机制完善工作的领导，主要领导要亲自抓工作中的重大问题必须集体研究讨论决定。有关的分管领导都要落实具体的职责和任务，并建立由工办、农办、财政所等专业人员组成的工作班子，集中一段时间做好这项工作。具体工作可先在镇（乡）办企业中进行，取得经验基础上，再抓好村级企业的转制完善工作。并提出镇（乡）级企业转制完善工作在年底前基本告一段落后，再规范村级企业的完善工作，争取到1997年年底前全面完成。

全区乡镇企业机制完善工作。由区发展壮大农村集体经济领导小组具体负责和指导。

第四节　镇（乡）、村实行集体资产管理体制改革

镇（乡）、村实行集体资产管理体制改革，是镇海区乡镇企业产权制度改革的组成部分。镇海区依照宁波市人民政府〔1994〕29号令和省、市农村集体资产管理体制改革座谈会议精神，根据“政企分开、政资分离”和合作制与现代企业制度相结合的要求，于1995年11月20日，“先点后面”的原则，抽调了9名机关干部，成立了区农村集体资产管理体制改革试点工作指导小组，对庄市镇和庄市镇所属的庄市村、万家村（以下简称“一镇两村”）进行试点改革。“一镇两村”试点改革工作基本完成后，区委、区政府于1995年12月20日，镇海区委、区人民政府在庄市镇召开了全区农村集体资产管理体制改革现场会议①。会上，由时任庄市镇党委书记汪卫国介绍了“一镇两村”试点工作情况和区委副书记周忠德代表区委、区政府对全区推行镇（乡）、村集体资产管理体制改革工作的指导思想、基本做法、组织领导和改革进程等方面提出了明确的要求。会后，区委、区政府于1996年1月21日出台了《关于镇海区农村集体资产管理体制改革实施意见》。通过试点经验的推广和区里文件的出台，为全区推行农村集体资产管理体制改革提供了典型示范和政策依据。

镇海区镇（乡）、村集体资产管理体制改革，由于上下思想高度统一，于1996年底前，全区6个乡镇（庄市镇、城关镇、骆驼镇、贵驷镇、蟹浦镇、河头乡）和152个行政村按照健全组织、清产核资、建立制度、探索路子的要求，基本完成了镇（乡）、村两级的农村集体资产

① 1995年12月20日镇海区农村集体资产管理体制改革试点现场会议结束后，庄市镇首次社员代表大会同时举行。

管理体制改革。从此，确立了镇（乡）、村集体经济组织对集体资产管理的主体地位。集体经济组织作为集体资产所有者代表行使对企业的出资者所有权，切实地解决了农村集体资产所有者缺位和集体资产权属不清、职责不明的问题。

回顾镇海区镇（乡）、村两级在推行农村集体资产管理体制改革中，重要的是解决了如下两个方面问题：

一、推进了镇（乡）集体资产管理体制改革

（一）建立了镇（乡）集体资产管理组织机构，明确了各自的管理职责。镇（乡）集体资产管理机构，有镇（乡）社区代表会议、镇（乡）集体资产管理委员会和镇（乡）集体资产经营公司三个层次组成。镇（乡）社区代表会议选举产生集体资产管理委员会，镇（乡）集体资产管理委员会行使镇（乡）集体资产的所有权。镇（乡）集体资产经营公司，是管委会授权范围内，专司镇（乡）集体资产的管理和投资经营的经济实体，实行独立核算、自主经营、自负盈亏、独立承担民事责任，具有独立的法人资格。为加强集体资产的监管，设立监事会，监事会是镇（乡）集体资产管理组织内部的监督管理机构，监事会由党委提名、社会代表会议选举产生。监事会职权在公司章程中规定。社区代表会议、管委会、资产经营公司的产生办法和主要工作。权限：

1. 社区代表会议

镇（乡）社区代表会议代表，一般由各村经济合作社社长、镇（乡）全资和控股企业职工代表、镇（乡）机关工作人员的代表三方面组成。镇（乡）社区代表会议代表每届任期三年，可以连任。首届社区代表会议代表，按上述要求，由镇（乡）党委确定。

镇（乡）社区代表会议由管委会召集（首届由党委书记召集），一般每年举行一次。社区代表会议主要职权：一是通过修改镇（乡）集体

资产管理委员会工作规划和镇（乡）集体资产经营公司章程；二是选举、罢免管委会成员和推荐、调整监事会成员；三是听取、审议镇（乡）集体资产管理委员会工作报告；四是决定其他有关重大事项。

2. 集体资产管理委员会

集体资产管理委员会组成人员（一般5～9人）由党委提名，经社区代表会议选举产生，一般由镇（乡）党政领导、社区代表和其他有关人员参加，管委会主任现阶段由党委书记兼任、副主任由镇（乡）长兼任。镇（乡）集体资产管理委员会工作职责在《镇（乡）集体资产管理委员会工作规则》中规定。

3. 镇（乡）集体资产经营公司

镇（乡）集体资产经营公司的法定代表人为镇（乡）集体资产管理委员会聘任的镇（乡）集体资产经营公司经理。经理对镇（乡）集体资产管理委员会负责，行使和履行镇（乡）集体资产管理委员会赋予的各项权利和义务。资产经营公司与其独资和控股企业要实行出资者所有权与企业法人财产权的分离，尊重企业的生产经营自主权，落实资产增值承包责任制。使镇（乡）集体资产管理和运行形成管理一体化，经营多元化格局。

镇（乡）集体资产经营公司是管委会授权行使镇（乡）集体资产经营管理机构，是管好、用好镇（乡）集体资产的关键所在。在这次改革中，应注重抓好：一是建立与公司经营管理相适应的投资经营、财务审计等内部管理机构，人员配备要求专业、精干。二是要以财团型经济实体的设想，来确定公司职能。把集体所有的实业资本的经营与投资、土地资产经营与管理、资金的管理与融通、非经营性资产的管理等职能要在公司章程中予以明确。三是收益分配，要体现民主决策和造福于社区群众的原则。四是要理顺镇（乡）政府与集体资产管理组织的关系。镇（乡）政府管理经济主要是运用经济的、法律的和行政的手段，为发展商品生产服务，尊重和支持行使集体资产所有权、经营管理权、重大决策权、收益分配权和对全资、控股企业经营者的任免权。

（二）对镇（乡）集体资产进行了全面的清产核资和产权登记，摸清了集体资产的家底。对此，区体改办专项印发了〔1996〕2号《镇海区农村集体资产清产核资操作要点的通知》。《通知》对资产清查、产权界定、资产价值重估、资金核实、产权登记和清产核资工作步骤方法六个方面问题，为规范镇（乡）、村清产核资、产权登记工作提供了较为明确的指导意见。

（三）建立了镇（乡）集体资产经营管理的各项规章制度。在这次改革中，各镇（乡）按照社会主义市场经济发展的要求，对资产经营公司普遍制定了镇（乡）集体资产经营公司章程，建立了财务管理、收益分配、资产增值承包、资金融通、土地有偿使用、民主管理等一整套规章制度。在镇（乡）集体经济组织内部形成了责、权、利相结合的动力激励机制和约束监督机制。

（四）积极探索集体资产增值的新路子。在这次改革中，十分注重对探索集体经济以实业资产、土地资产、货币资产等多种形态经营增值的新途径。要求镇（乡）集体资产经营公司的资产运作，提出：一是要切实加强实业资产经营，并根据市场导向，通过参股、租赁、拍卖、兼并等多种形式，实现实业资产产权的合理流动和优化配置，促进实业资产不断增长；二是要按照国家有关土地管理法规，加强对集体所有土地资产的经营管理，对占用镇（乡）集体所有土地的乡镇企业可根据不同情况按年收取土地使用金，以有利于节约土地、努力提高土地使用效益；三是认真管好、用活集体的货币资金，积极举办集体资产管理、融通增值和融通服务于一体的农村合作基金，把集体货币资产增值与农村经济发展提供资金融通服务有机结合起来。

二、健全和完善了村级集体资产管理体制改革

健全和完善村级集体资产管理体制和运行体制改革的基本任务：明

确村经济合作社作为村集体资产产权主体和管理主体，切实加强对村集体资产（包括村办企业资产、资金、土地）的规范化经营管理，建立一套行之有效的管理制度，确保村集体资产保值增值。进一步壮大村级集体经济。

健全和完善村级集体资产管理体制和运行机制，主要做了四个方面工作：

（一）健全组织。按照明确集体资产经营管理主体的要求，进行了村经济合作社的组织制度创新。一是民主制定村经济合作社章程，规范村经济合作社的社员资格、经济性质、工作职能、管理制度等。二是健全合作社的权力机构、工作机构。按照有关法规坚持社员代表会议制度，管理委员会是村经济合作社的工作机构。履行好“五大职能、九项任务”和组织实施社员代表会议的决议。社长是村经济合作社的法定代表人，由管委会选举产生，对村集体资产的保值增值负有主要责任。监察委员会或监察员是村经济合作社的监督机构或人员，对村经济合作社的工作和财务实行监督和监察。三是要进一步明确村经济合作社与其他组织的关系。村党支部与村经济合作社是领导与被领导关系。村民委员会行使村民自治职能，与村经济合作社不存在隶属关系，而是互相尊重、互相支持的关系。

（二）清产核资。对村集体所有的资产（包括经营性资产、非经营性资产及货币资金等）进行全面清理。按照规范要求，进行核实评估和产权确认。并进行登记造册，建立档案。

（三）健全制度。建立和健全村级集体资产管理的财务管理、收益分配、资产增值、承包、资金管理融通、土地有偿使用、财务收支预决算、民主管理监督等一整套规章制度。在农村集体经济组织内部形成责、权、利相结合的动力激励机制和约束机制，着力提高集体资产经营管理水平。

（四）探索路子。探索路子主要是要充分发挥经营主体的功能，合理运筹和配置集体资产，积极探索实业资本、土地资本和货币资本经营增值的新路子。对集体实业资本、村经济合作社要行使村办企业的出资者所有权，形成以资本经营为纽带的新型产权关系，通过公司制、股份合作制、兼并、拍卖、租赁等多种形式，来提高实业资本的运营效果。对集体所有权的土地，应根据其用途性质、依法采取不同的经营使用方法，通过收取土地使用费，努力提高土地使用效益；对集体所有的资金，总的是管好用活，要通过资金有偿使用兴办村合作基金会或向镇（乡）合作基金会参股方式使集体货币资本不断增值。

第五节　理顺“戴帽”企业所有制关系

1997 年年初统计，全区有 619 家名为集体，实为个体私营企业分布在各乡镇，他们在市场经济与计划经济新旧体制交替在一起的特殊历史条件下，逐步地成为戴“公有制”帽子企业。其中规模较大企业，如华通、宝云、摩士、中鑫等个私企业挂靠工业局代管，戴的是国有企业帽子，其余均为挂靠镇（乡）、村戴的是集体企业帽子。这些“戴帽”企业，虽然生产经营、收益分配完全由企业自主，但被挂靠乡镇政府或企业主管部门承担着一定风险。因为这些“戴帽”企业使用的土地、房屋、生产工具等产权或是银行贷款担保等，往往与挂靠乡镇政府或企业主管部门，有着或多或少权属关系，有的“戴帽”企业还享有国家减免税金支持。对此，1997 年年初，在理顺镇（乡）、村集体企业产权关系同时，与理顺“戴帽”个私企业所有制关系结合在一起，并通过明晰土地、房屋、生产工具等产权归属，终止贷款担保责任和明确企业历年减免税金归属等产权关系的前提下，恢复了个私企业属性。

第四章　国有、城镇集体企业产权制度改革

国有、城镇集体企业实施产权制度改革，要解决的核心问题：采用制度创新方式，理顺国家同企业产权关系和理顺企业同职工劳动关系，建立起产权明晰、政企分开、权职明确、管理科学的现代企业制度，最终使企业真正成为独立核算、自主经营、自我发展、自负盈亏的经济实体和市场主体。

列入产权制度改革的镇海区属国有、城镇集体企业（不包括乡镇办企业）共有210个，其中，国有企业77个、城镇集体企业133个，大都是竞争性工业、建筑、交通运输、供销、商贸（物资流通）等企业和实行企业化管理的事业单位的中小企业和小微亏企业。这些企业分布在区级17个行政主管部门，其中，区工业局、第二轻工业局、纺织丝绸工业公司、商业局、物资局、区供销合作社等6个行政主管部门，经济总规模约占全区80％左右。

第一节　产权制度改革的政策和措施

国有、城镇集体企业实施股份有限公司、有限责任公司和股份合作制（以下统称“股份制”）改制，是产权制度改革、转换经营机制的主要途径，也是创建现代企业制度的重要组织形式。镇海区委、区人民政府，为了推进区属国有、城镇集体企业产权制度改革的顺利进行，根据国家和省市有关规定精神，借鉴外地和乡镇企业改革的成功经验，结合

国有、城镇集体企业实际，于 1997 年 7 月 9 日出台了《关于推进我区国有、城镇集体企业股份合作制改革的若干政策意见（试行）》“若干政策意见”对股份制改制企业的资产评估，产权界定，资产提留、核销、剥离，国有土地使用权处置，股权设置等多方面作出了明确规定，为企业股份制改革提供了有力的政策依据。主要内容：

一、资产评估

（一）资产评估必须按照规定程序，坚持客观、公正、合理作价的原则。国有、城镇集体企业改制，其资产必须在进行财产清查和资金核实的基础上，由法定资产评估机构进行评估，并出具资产评估报告。

（二）在资产评估中，各企业必须如实地报告企业的资产状况（包括各种形式获得的账外资产），任何违反有关规定、隐匿资产、谋取私利行为，一经查出，追究有关人员及其责任人的经济、法律责任。

二、产权界定和确认

（一）产权界定必须遵循“合理区分、公平评判”和“谁投资、谁所有”的原则。

（二）国有企业经评估后的净资产，按照国资发〔1993〕68 号文件规定，全部界定为国有资产。

（三）区二轻集体企业和供销社所属企业的产权界定，可分别根据浙政办〔1995〕2 号和浙政办〔1994〕10 号文件规定的办法处理，其他城镇集体企业按本条第（一）款规定原则进行产权界定。

（四）企业产权界定后，属于国家或集体的资产，可以切出一块作为企业“转制风险基金”其终极所有权不变。“转制风险基金”的计提标准，一般不高于企业改制股份制时，职工出资入股总额的 1∶1（人均不超过 5000 元）的额度内计提。计提后的转制风险准备金，专项用于企业改制时，给职工量化配股；当企业发生关闭清算时，用于职工安置补偿金。

计提和使用“转制风险准备金”时，企业须制定方案，报经产权部门同意后组织实施。

（五）鼓励民政福利和校办企业改制，其改制前由国家减免税所形成的资产进入企业资本金。

民政福利和校办企业改制后，继续享受有关优惠政策，其国家减免税形成的资产为国有扶持基金，在公积金中单独反映，分别用于扶持企业发展再生产和学校教育设施建设。

（六）经资产界定属于企业职工共同所有的资产，可由改制企业设立的企业职工持股会或工会管理。职工持股会的设立，由企业申请，报区体改办批准后，经区民政局登记确认成为社会团体法人。

（七）国有资产由区国有资产管理部门确认；城镇集体资产由企业主管部门提出意见，报区财税部门确认。对资产界定中一时难以处理或有争论的资产，由区政府或政府授权部门裁定，再报上述部门确认。

三、资产核销、提留、剥离

（一）对企业中的未弥补亏损、住房周转金、应付福利费红字、应摊未摊及应提未提费用等，由资产评估机构提出，经主管部门审核，国有企业和集体企业分别报国资、财税部门批准，作冲销资本金处理。

（二）盘亏、报废、产品（商品）削价、坏账等各项财产损失，由资产评估机构和主管部门根据资产评估的具体标准逐项进行核实，经国资、财税部门批准，在企业净资产中予以核销，其中坏账实行“账销案存”。对难以核销的资产、先进公有股本，再按实际损失数额，在计算公有股红利时从基数中作扣除处理。

（三）股份制改制企业可从资产评估基准日上推5年，按上年年末应收款之和的3%，作为企业坏账准备金，冲销资本金处理。

（四）企业改制前所欠的职工医疗费、工资、社会保险统筹等，视作企业向职工负债、作冲销资本金处理。

（五）国有、大集体企业改制时，根据企业净资产的实际情况，允许从净资产中提留一块作为医疗保险金、提前退休职工安置费、富余人员补偿费及其他费用，由职工持股会或工会专项管理。其具体提留标准：（1）退休人员医疗保险基金按改制前一年全区企业退休人员人均医疗费支出1500元的10倍计算；（2）非因公死亡遗属的各项补助费用按改制前一年的实际支出费用的10倍计算；（3）非因公致残或患有难以治愈疾病而又不符退休条件的职工各项费用根据实际情况和劳动部门有关规定综合计算；（4）精神病患者的各项补助费按上年对其支付的费用乘以距退休年龄的实际工作年限计算；（5）工伤人员的工资费用按劳动部门有关规定计算；（6）富余人员补偿费按改制前月末在册职工人数的20%乘以市上年社会平均工资的2倍计算。

其他城镇集体企业改制时可根据企业原先对各类职工负担的实际情况，参照上述标准，酌情计提有关费用。

（六）改制企业的非经营性资产（包括职工食堂、宿舍、招待所、浴室、俱乐部、托儿所等），经资产管理部门批准可以实行剥离。非经营性资产剥离后，可建立独立经营单位，也可以委托企业实行专项管理，有偿使用。非经营性资产界定为国有、集体资产部分由改制按月息2.4‰的标准向资产所有者交纳占用费。为确保资产的完整和保值，非经营性资产使用单位必须足额提取折旧，非经营性资产处置收入应上交资产所有者。

（七）为使国有、城镇集体企业产权制度改革有序进行，区政府和相关部门制订了《企业提留、核销、剥离资产的财务处理工作程序》，《办理国有土地使用权处理工作程序》和《办理房产登记发证、转让、抵押工作程序》的相关规定。

四、股权设置和管理

（一）股份制改制企业可设立国家股、集体股、法人股和职工个人股，具体可因企之宜设置。职工个人出资入股应坚持“入股自愿”原则。

（二）企业的股权设置应相对集中，形成控股核心，除与人民生活密切相关的公益事业和宜由国家集体控股的企业外，一般竞争性企业的股权设置，可按照“职工控股、经营者入大股、国有集体少参股或不参股”的原则。即：企业职工持股总额可超过总股本的50%；企业骨干持股总额可超过职工持股总额50%；企业经营者持股总额可超过企业骨干持股总额的50%。其中，单个职工出资入股金额一般不少于5000元。

（三）企业改组股份制时，原有应发未发的职工工资、奖金，经职代会同意，可以职工持股会持股的方式转为职工股金。

（四）股东入股后不得退股，但个人股有特殊原因（死亡、调离、退休、辞职、开除）确实需要转让股份的，经股东会同意可在股东内部转让。股东入股资本金应按企业《章程》规定及时到位。

五、产权出售、债权债务和职工安置

（一）企业在资产评估和界定确认的基础上，可将全部或部分净资产出售给企业经营者、骨干和职工，也可以向社会法人、自然人出售，并由受让者承担原企业全部债权债务。

（二）产权全额或部分出售的企业，计提企业“转制风险准备金”和核销、提留、剥离的国有与集体资产，按上述有关规定执行。企业原职工的安置和离退休人员的管理、医疗等费用由改制后的企业承担。

（三）对整体购买公有资产且购置时一次性付清价款的，给予10%

～20％价格优惠，对购买价款数额较大，受让者一次性付清有困难的，可进行分期付款。凡分期付款的，出让与受让方须签订还款协议，还款协议不得超过三年。凡实行分期付款的价款（不包括首期交付的价款）不享受10％～20％优惠，并受让人应向出让方有财产抵押作保证，具体可在协议中阐明。

（四）公有资产出售价款的收缴，采取“先收后借、留三借七”的办法，即先由出让方全额收缴，然后再由出让方按70％的价款在三年内有偿借给受让方（企业）使用，并由借、贷双方签订财产抵押协议。其借款使用费，可按月息4.8‰计算，列入企业财务费用。为了简化手续，对借给企业的价款也可以采取账户划转处理。

国有资产出让收入，由区国资委授权的国有资产经营公司收缴和管理；城镇集体资产出让收入，由创办的主管部门收缴和管理；属于改制企业集体所有的资产，由企业成立的职工持股会或工会专项管理。

国有、集体资产转让收入要专项用于支持企业调整结构等生产性再投入，一般不得用于非生产性支出。

（五）对部分出让产权的企业，其未出让部分的资产，必须是明确的房屋、建筑物、设备等整体、完整的固定资产。这部分资产可由产权所有者出租给企业，并由出租方与受让方订立租赁合同，其租赁费可按企业改制前综合折旧率计算，由受租方按季交付出租方。

（六）企业全部或部分资产出售后，可依照有关规定程序重组股份制企业。

六、相关政策

（一）对核销、提留后的负资产国有企业，在承担债权债务的前提下，可用剥离的非经营性资产和土地资产的价值冲抵负资产。未冲抵部分仍可剥离使用；冲抵仍不足的，实行负资产挂账，“零”资产改制。

二轻集体企业改制时，企业按规定计提、核销、提留资金不足的，可先用联社资产弥补，联社资产弥补仍不足的，再用土地资产弥补。

对负资产挂账，“零”资产改制的企业，由区政府统一平衡后，在改制风险基金中和以后年度安排的技改资金中提出一块作适当弥补。

（二）企业难以整体改制的，经主管局（公司）和区授权部门同意，可以划出车间，分厂（商店、经营部）吸纳内部职工入股，实行分块改制。同时按划出的存量资产比例相应承担企业债务，企业经营者原则上不得到实行分块改制企业中入股。

（三）企业改制时原欠各单位的债务，经协商可转为债权单位对改制后企业的债权转股权、并办妥有关手续。

（四）股份制改制企业职工初始出资入股，在2000年年底前可按银行同期一年期居民存款利率计息，列入企业财务费用，在年终分配时，实行保息分红。

（五）股份制企业分配给个人的红利，按现行税收管理权限报经批准后在2000年年底前，免缴个人所得税。

（六）股份制改制企业，视区财政收入状况，经区财税局批准，对所得税负超过15%以上的部分，在2000年年底以前分年以返还或其他形式留给企业，专项用于发展生产。

对微利企业（指净资产利润率5%以下，所有权者权益在100万元以下），自改制之日起到2000年年底前上缴的所得税全额经区财税局批准后，以返还或其他形式留给企业，专项用于发展生产。

对负资产挂帐，“零”资产改制企业，经区财税局批准，五年内上缴所得税金额以返还或其他形式留给企业，专项用于发展生产。

（七）改制企业应与金融部门重新签订借款合同，其流动资金贷款和固定资产贷款利率高于国家规定的基准利率的，按基准利率执行。企业原欠银行的利息，加息和罚息，经银行同意，给予挂账，在三年内企业按计划归还欠息后，经金融部门同意，给予免去原加罚息。负资产挂账，“零”资产改制的困难企业，经银行同意，原银行贷款金额的全部或部分，给予三年挂账付息的优惠政策。

（八）国有、大集体企业改制时，职工距法定退休年龄不足二年或连续工作年限男满40年，女满30年，经本人申请，企业同意，区劳动局核准，报区政府批准，可提前办理退休手续。

（九）企业改制时发生资产评估、验资、公证和产权转让变更登记等费用，按现行收费标准减半收取，特困企业收取工本费。

（十）国有、城镇集体企业进行股份制改制时，应编写可行性报告，经区产权制度改革办公室批准后组织实施。股份制（股份合作制、有限责任公司）设立时，须报送《股份制设立报告》，经区体改办批准后进行工商登记。

第二节　理顺企业产权关系的基本做法

镇海区委、区人民政府为了积极、稳妥、有序地推进国有、城镇集体企业产权制度改革，在制定企业产权制度改革政策措施的同时，对产权制度改革的组织领导、实现目标、改革范围、工作步骤等方面，提出了具体实施要求，其主要做法：

一、企业改革的组织领导

镇海区对国有、城镇集体企业产权制度改革，区里成立由区委、区政府主要领导、计经委、体改办、劳动局、财政局、总工会、土管局、贸易局等相关部门领导成员参加的镇海区企业改革领导小组。领导小组下设办公室，办公室由计经委、体改办、总工会、宣传部、工商局、财政局、劳动局、工商局、区委办、区府办派员专业人员组成的工作班子，实行集体办公（办公地点设在商业大厦九楼）。

二、企业改革的范围

区属国有、城镇集体竞争性企业都要进行产权制度改革，包括工业、建筑业、交通运输业、商贸服务业等和实行企业化管理的事业单位。按照上述改革范围，依据1997年6月底统计区属国有、城镇集体企业总数为231家，其中，国有企业85家、集体企业146家。改制企业分布情况见表4—1：

表4—1　　1997年镇海区国有、城镇集体企业分布情况一览表

主管部门		工业		商贸服务业		建筑业		交通运输业	
		国有	集体	国有	集体	国有	集体	国有	集体
序号	合计	32	38	56	36	0	6	4	4
1	工业公司	11	1	1	—	—	—	—	—
2	纺丝工业公司	4	4	2	—	—	—	—	—
3	二轻工业公司	—	16	—	—	—	—	—	—
4	计经委	—	1	4	3	—	—	—	—
5	商业局	2	1	11	1	—	—	—	—
6	物资局	—	—	11	10	—	—	—	—
7	粮食局	4	—	15	—	—	—	—	—
8	水产局	1	1	1	1	—	—	—	—
9	交通局	2	—	4	—	—	—	4	4
10	城建局	2	—	—	—	—	6	—	—
11	供销合作社	—	2	—	16	—	—	—	—
12	民政局	—	—	—	2	—	—	—	—
13	外贸局	—	—	4	1	—	—	—	—
14	乡镇企业管理局	—	—	1	2	—	—	—	—
15	水利局	—	12	—	—	—	—	—	—
16	农业局	6	—	2	—	—	—	—	—

三、对改制后企业的基本要求

实施产权制度改革的所有企业，应按如下要求开展工作：

1. 摸清存量资产，卸掉历史包袱。在清产核资、资产评估的基础上，经相关部门批准，通过核销、提留、剥离解决企业部分历史包袱。

2. 明晰产权，建立新制度。企业通过改革，要改变原先投资主体单一和产权管理职责不清的现状。使企业形成投资主体多元化，职工股金到位，股份制企业建立，企业法人财产权落实。

3. 建立新的企业管理体制，将长期袭用的工厂制管理模式改变成由股东会、董事会、监事会和经理层组成的新的企业管理体制。使权力、决策、执行、监督机构有机结合、互相制衡、职责分明、有序进行。

4. 优化企业领导班子结构。企业高层领导要按照《中华人民共和国公司法》等法定程序和企业《章程》规定产生；车间、科室中层管理干部按照“公开、平等、竞争、择优”的原则，实行竞争聘任上岗，形成能上能下，动态管理。

5. 深化企业内部劳动、人事、分配制度改革。各科室和车间，实行定岗定员定责定利，打破“大锅饭”，消除人浮于事，稳妥推进减员增效。

6. 强化管理，从严治厂、建立修订或重申各项规章制度，抓好设备、技术、质量、安全等基础工作，落实经济责任制和工作目标责任制，并严格考核。

7. 推进技术进步，调整产品结构。以市场为导向，引进开发新产品，加快技术改造，提高产品质量，努力拓展市场，使企业不断发展壮大。

四、工作步骤

全区国有、城镇集体企业改革工作的总体部署是：1997 年 7 月起对已确定的 5 家区级试点企业和 6 家局级试点企业分别进行以“股份制”为主要形式的产权制度改革，争取 9 月底前基本完成首批试点任务。10—12 月再推进 20～30 家企业实施第二批改革试点。到 1998 的春节后全面铺开，争取 1998 年底前全区国有、城镇集体企业转制计划达到 85％以上。对单个企业改革的工作步骤安排，一般分三个阶段进行：

第一阶段为宣传发动阶段：主要工作是成立企业改革领导小组，召开不同形式的座谈会和职工大会，利用广播、板报等工具，广泛宣传区委及区政府出台的企业改革的方针、政策、改革目的和本企业各个阶段的具体做法，广泛听取和征求职工意见，把全厂干部职工的思想统一起来，形成人人关心改革、人人参与改革的氛围。

第二阶段为企业改制方案制定阶段。主要工作是清产核资、资产评估、盘活存量资产；通过核销、提留、剥离解除历史包袱；确定改制方案，拟写可行性报告、企业章程等文件材料。

第三阶段为组织实施阶段。主要工作是吸纳股份、产权重组，以法定程序召开股东会议，选举产生董事、监事人选，审议通过企业章程；分别召开董事会、监事会，选举董事长和监事会召集人，董事会聘任经理、副经理、财务负责人等企业管理层人员，建立法人治理机构。进行企业内部人事、劳动、工资分配制度改革，强化企业各项基础管理，制订落实以经济责任制为主的岗位责任制。确定企业技术开发和企业发展计划。

第三节　企业产权制度改革试点

在区委、区政府的统一部署下，按照“先点后面、先易后难”的原则，自1997年7月起，对镇海机械总厂、镇海毛线二厂、镇海工业缝纫机零件厂、宁波轻工机械厂、镇海机电总厂等42家国有及城镇集体企业分两批（第一批11家，第二批31家）实施有限责任公司、股份合作制（以下统称“股份制”）改革试点。于翌年1月底42家企业全部实现了股份制试点任务。并取得了明显成效。

一、试点工作成效

一是解脱了企业历史包袱。42家股份制试点企业共有职工3455人，其中在职工为2626人，离退休人员829人，分别占职工总数76%和24%。经评估后的企业所有者权益（净资产）为8766.45万元（不包括土地资产）。按照区委、区政府〔1997〕31号《关于推行国有、城镇集体企业股份合作制改革的若干政策意见》规定，提留了职工保障费用（包括离退休人员医疗费、病残人员补助费、富余人员补偿费、遗属补助费、工伤人员补助费、精神病人员补助费等）为2251.20万元；提取转制风险准备金、待处理资产准备金和核销历年坏账等费用为2750.38万元；，2045.09万元（其中国有资本368.78万元、社有集体资产1676.31万元）。经提留、核销、剥离和退出公有资本后，企业改制资本余额为814万元（包括部分负资产改制企业的弥补资产146.85万元）。改制企业，通过提留职工保障费用、核销无效资产、剥离非经营性资产从企业公有净资产中分离出来后，基本了解脱了企业长期积累的历史包袱，提高企业改制的积极性。

二是改变了投资主体单一的格局。42家国有、城镇集体企业，通过股份制试点改组，按照《中华人民共和国公司法》和《宁波市镇海区国有小企业改组设立股份合作制意见（试行）》的通知（镇政办发〔1997〕38号文件）规范要求，由企业法人和职工共同出资，成立有限责任公司21家、股份合作制企业21家，形成了投资主体多元化，建立了企业法人制度，形成了利益共享、风险共担的有限责任制度，彻底地改变了投资主体单一、风险独家承担的局面。

三是筹集了股金。42家股份制试点企业，分别改组设立了有限责任公司和股份合作制各21家，共筹集股金4522.71万元。其中国有股为760.88万元，社有集体股为1477.27万元，企业职工股为2284.56万元，分别占股金总额16.82％、32.66％和50.52％。有限责任公司和股份合作制的股权结构情况见下表4－2：

表4—2　2001年8月止镇海区属试点企业股份制持股一览表　单位：万元

股份制改制方式	企业家数	股金总额	股权结构			其中：经营者股
			国有股	社有股	职工个人股	
有限责任公司	21	2213.39	607.64	357.45	1025.40	222.90
股份合作制	21	2309.32	153.24	1119.82	859.46	176.80
合计	42	4522.71	760.88	1477.27	2284.56	399.70

二、试点工作特点

企业实施股份制转制改组，不仅具有上述解除历史包袱、改变单一投资主体和筹集股金的功能，而更重要的是企业经营机制适应了社会主义市场经济体制的要求。但它是一项牵涉面广、情况复杂、政策性强的系统工程。镇海区这一次国有、城镇集体企业的两批股份制改革试点工作，能在不太长的时间内圆满地完成了42家企业改制任务，是得益于全区党政各部门上下紧密合作，社会各界左右协调联动共同努力的结果。总结回顾改革试点工作，主要呈现以下几个特点：

一是领导重视，思想统一。这次股份制改革试点工作之所以进展顺利，首要的是区级四套班子思想高度统一。区人大、政协领导多次召开区级有关部门负责人会议，了解全区企业改革进展情况和下工厂听取职工群众意见，对推进改革、保持社会稳定起到了积极作用。区属各级部门与区委、区政府保持高度一致，坚定改革必胜的信念。把企业改革列入经济工作重中之重，摆上重要议事日程。两批股份制改革试点的42家企业涉及工业、纺丝、二轻、交通、商业、物资、城建、供销、粮食、外贸、计经委等14个经济主管部门。这些主管部门都能根据区委、区政府工作要求和政策规定，结合本部门本系统和本单位的实际情况、通盘考虑、认真研究、精心组织、明确责任、制订切实可行的改革方案和落实政策的各项措施。各部门各单位的一把手，作为第一责任人，做到改革工作亲自部署，改制方案亲自制订，发现问题亲自协调解决。

二是组织保证，指导有方。为加强全区产权制度改革的领导，区里专门成立了国有、城镇集体企业产权制度改革领导小组。由区长任组长，工业副区长任副组长，区计经委、体改办、财税、国税、银行、劳动等部门为领导小组成员。并分别从计经委、体改办、总工会、区委办、区府办、宣传部、劳动局、工商局、财税局、贸易局等部门抽调了12名干部成立区产权制度改革办公室，集中办公，负责指导全区产权制度改革的日常工作。与此同时，为了规范股份制试点工作程序，统一政策法规等需要，区产权办在区委组织部和企业主管部门的协助下，在区级机关中共抽调了50多名干部，通过集中培训学习，组成改革工作组，分别到试点企业或经济主管部门帮助指导改革工作。

三是目标明确、规范运作。1997年7月10日，区产权办按照区委、区政府要求，及时地出台了《镇海区国有、城镇集体企业产权制度改革总体目标及工作意见》的通知。通知对镇海区国有、城镇集体企业产权制度改革的指导思想、改革范围、改革的实现目标、改革工作的具体内容和单个企业实施股份制改制的工作步骤等作出了周密部署。这一文件的出台，为镇海区国有、城镇集体企业以股份制为主要形式的产权制度改革起到了改革目标明确、操作有序、指导严密、规范运作的作用。

四是政策配套、措施有力。1997年7月9日，区委、区政府下发的《关于推进国有、城镇集体企业股份合作制改革若干政策意见》，为镇海区国有、城镇集体企业产权制度改革提供了充分的政策依据。意见对股份制改制企业的资产评估，产权界定和确认，资产提留、核销、剥离，国有土地使用权处置，股权设置和管理，产权出售，债权债务和职工安置等七个方面，提出了具体政策规定和实施办法。这一政策的出台，极大地调动了企业干部、职工参与改革、投身于改革的积极性。业内人士一致认为在区委下发的企业改革政策具有规范性、激励性、稳定性和可操作性的四个特点。

五是部门配合、左右联动。企业产权制度改革，不论采取何种形式转制，需要处理和解决企业与外部的问题，都会涉及财税、劳动、人事、工商、民政、信访、城建、金融等行政管理部门；涉及工会、妇联等群众团体；涉及房产、地产、资产评估等中介机构的各个部门。他们各自在国家授权的范围内，不同程度地分管着国家法律、法规的组织实施和监督管理职能。镇海区包括股份制试点在内的产权制度改革全过程中，在区委、区政府的统一领导下，各部门以主人翁姿态投身于改革、服务于企业。区里出台的社会保障，下岗职工再就业、职工安置、国有土地处置、工商变更登记、产权转让、资产评估等一系列配套政策和措施的文件，能贯彻始终、落实到位，起到了推进改革、社会稳定、经济发展的目的，这是与这些部门站在其中、主动参与是分不开的。此外，区产权制度改革办公室的组成人员，来自区经济体制改革办公室、区计划与经济管理委员会、区财贸局、区财税、区工商、区劳动、区总工会等行政群体管理部门，自身具有“横向联营”的功能和解决改革难点的优势，它既是左右联动协调的联合体，又是上下连接的载体，在镇海区产权制度改革中起到了不可替代的作用。

六是舆论引导、造就良好氛围。整个产权制度改革过程中，从区委、区政府到区属的各个部门，从经济主管部门到各个企业的主要领导，都能把改革的宣传发动工作作为企业改革的起跑线，抓住机遇，紧紧围绕为什么要改革、改什么、怎样改的三个问题进行层层发动来提高广大干部职工对改革紧迫性、必要性和责任感的认识。区委、区政府还通过新闻媒体广泛宣传企业改革的典型事例，据不完全统计，在第一批股份制试点的两个月时间里，《镇海报》共刊登了企业产权制度等方面的专题、评论等新闻稿 47 篇，照片 3 幅；镇海电视台选播改革题材 30 次，其中专题 4 次，新闻 26 次；镇海电台共播出各类稿件 45 篇。在全区形成了人人关心改革、参与改革，增强了搞好企业改革的信心和决心，随着改革的步步深入，改革的氛围越来越浓厚。

七是企业主动，职工参与。产权制度改革的主体是企业。企业改革成功与否是取决于职工参与改革、投身于改革的积极性高低。这次实施股份制改革的企业职工，基本上形成了人人关心改革、参与改革、投身于改革之中的良好气氛。特别是企业党政领导班子成员对企业改革的必要性、紧迫性认识统一；制定和组织实施企业改制方案，工作到位；依靠企业职工充分调动职工群众的积极性坚定不移。全区一、二批实施股份制改制的 42 家企业，共筹集总股本金为 4523 万元。其中，职工出资入股为 2285 万元，占企业总股本金的 50.52％，人均入股额为 8701 元。经营者出资入股为 404.26 万元，占职工入股总额的 17.68％。

第四节　破产企业职工分流和社会保障

在产权制度改革期间，镇海水泥厂、镇海盛滋记酒厂、镇海华甬动力机械厂、镇海粉煤灰建筑材料厂、镇海外海航运公司、镇海电子电器元件厂、镇海纺织机械厂、镇海浙东电热器厂、镇海昌海钢管厂、镇海二轻供销公司10家国有、大集体企业，由于亏损严重、扭亏无望、资不抵债的原因，报经区政府同意后，于1998年7月，分别向镇海区人民法院申请破产。经区人民法院受理公告、资产清算、终结裁定等法定程序和通过区相关部门的共同努力，于翌年3月底，基本解决了10家破产企业职工分流安置和社会保障工作。

10家国有、大集体企业在产权制度改革的同一时期内申请破产，解决职工分流和社会保障问题，确实是一项十分艰难但又不能回避的工作。主要难点：一是企业产品缺乏市场、难以维持正常生产。由于10家企业已在较长时期内都不同程度地存在着停产或半停产的问题，致使职工处于待岗或半待岗状态。二是职工工资不能按月足额发放，医疗费得不到按规定报支，严重地影响了职工正常生活。据统计，10家企业共有在职职工972人，离退休人员492人，截至破产清算期止，企业已拖欠职工工资和社会保险等费用高达742.7万元，人均约为7600元，相当于当时职工一年的工资水平。三是企业亏损严重，资产负债高，变现余地小，偿债能力弱。经法院破产清算，10家企业需要偿债给付的资金总额为3216万元（包括银行抵押贷款2017万元，应缴未缴税金125万元、拖欠职工工资及劳保费用742万元，破产评估、诉讼等费用116万元、一般债权人偿债96万元，归还职工集资款120万元），而企业可变现资产仅为1547万元（包括固定资产1219万元，流动资产329万元），资金缺口约为1670万元，企业自身偿债能力仅为48.1%。四是企业职工再就业缺乏新的工作岗位，分流安置难度很大。五是在当时社会保障制度还不很完善，职工医疗统筹还未启动的情况下，资金筹集任务十分繁重。按照区政府已有的政策规定，10家破产企业需要安排职工分流安置费用高达2525.87万元，其中医疗费为616.69万元。破产企业职工分流、安置补偿费用见表4—3和续表（4—3）。

表 4—3　　镇海区 10 家破产企业“职工分流、安置补偿费用”一览表　　单位：万元

企业名称	企业性质	职工和其他人员分流补补偿补助费用合计	“职工分流、安置补偿费用”合计		职工“分流安置补偿”费用										
					原固定职工自谋职业补偿费		医疗补助费	合同制职工补偿费		带资调动职工费用		提前 5 年办理退休养老交纳保险金		下岗托管费用	
			人数	金额	人数	金额		人数	金额	人数	金额	人数	金额	人数	金额
镇海粉煤灰建筑材料厂	国有	213.00	91	129.80	69	114.53	—	22	15.27	—	—	—	—	—	—
镇海外海航运公司	大集体	566.89	192	418.55	160	345.62	46.94	31	23.32	1	2.67	—	—	—	—
镇海电子电器原件厂	大集体	167.00	80	125.00	28	50.00	—	—	—	—	—	38	48.00	17	27.00
镇海二轻供销公司	大集体	51.00	18	39.00	14	35.00	—	2	1.00	—	—	2	3.00	—	—
镇海昌海钢管厂	大集体	18.22	11	18.22	5	12.00	—	3	1.00	2	4.22	1	1.00	—	—
镇海纺织机械厂	大集体	579.00	208	424.00	149	337.73	34.27	27	4.00	—	—	30	45.00	2	3.00
浙东电热电器厂	大集体	283.54	137	226.00	88	180.00	—	25	11.00	—	—	24	35.00	—	—
镇海水泥厂	国有	393.78	156	289.47	105	227.44	28.08	38	22.80	—	—	13	10.70	—	—
镇海盛滋记酒厂	国有	156.42	43	90.24	35	76.55	9.45	5	2.54	—	—	3	1.70	—	—
镇海华甬动力机械厂	国有	97.02	36	63.78	22	48.15	5.95	9	6.98	—	—	1	0.90	1	1.80
合　　计		2525.87	972	1824.06	675	1427.02	124.69	162	87.91	3	6.89	112	145.30	20	31.80

续上表 4—3

企业名称	企业性质	“其他人员补偿、补助费用”合计	其他人员“补偿补助”费用									
			离退休人员医疗托管费用		土地征用工带资补偿费		职工遗属补助费		独生子女补助费		因工负伤补助费	
			人数	金额	人数	金额	人数	金额	人数	金额	人数	金额
镇海粉煤灰建筑材料厂	国有	83.20	2	2.00	39	78.00	—	—	55	0.20	6	3.00
镇海外海航运公司	大集体	148.34	130	130.00	2	1.00	49	14.70	59	1.64	1	1.00
镇海电子电器原件厂	大集体	42.00	39	39.00	4	1.60	3	0.90	17	0.50	—	—
镇海二轻供销公司	大集体	12.00	12	12.00	—	—	—	—	—	—	—	—
镇海昌海钢管厂	大集体	—	—	—	—	—	—	—	—	—	—	—
镇海纺织机械厂	大集体	155.00	151	151.00	3	1.50	4	1.00	60	1.50	—	—
浙东电热电器厂	大集体	57.54	56	56.00	2	1.00	—	—	36	0.54	—	—
镇海水泥厂	国有	104.31	52	52.00	45	31.50	8	20.21	15	0.60	—	—
镇海盛滋记酒厂	国有	66.18	28	28.00	4	2.80	14	35.38	—	—	—	—
镇海华甬动力机械厂	国有	33.24	22	22.00	4	2.80	3	7.58	9	0.36	1	0.50
合　计		701.81	492	492.00	103	120.20	81	79.77	251	5.34	8	4.50

为此，区委、区政府十分重视，按照区政办已出台的〔1998〕29号《关于区属国有、大集体破产、终止企业职工安置和社会保障有关问题的意见》规定精神，对10家破产企业在调查摸底、弄清真实情况的基础上，制定了职工分流、职工社会保障和解决职工分流费用的具体政策支持的办法。其政策支持的主要内容有：

一、职工分流政策

（一）自谋职业。对1984年6月30日以前，企业招用的原固定制职工（包括土地征用工），职工本人同意自谋职业的，按每满一年工龄发给一个月宁波市上年社会平均工资标准一次性安置费。

（二）合同制职工依法解除劳动合同关系。对1984年7月1日以后招用的合同制职工，根据有关规定，按本人在企业工作时间，每满一年发给本人一个月上年月平均工资，如本人月平均工资低于企业平均工资的，按企业月平均工资发给。同时办妥解除劳动关系手续。

（三）提前办理退休。对男满55周岁、女满45周岁的原固定职工，经本人申请、劳动部门核准、区政府批准，可以办理提前退休手续。办理提前退休的职工，由企业补交社会养老保险金，补交标准计算的公式为：（法定退休年龄－实际退休年龄）×市上年社会平均工资×统筹率（按1999年提前退休办理退休的每一年补交养老金额为＝709×12月×20％＝1701元/年）。

（四）带资调动。破产企业职工自行联系，要求进行调动工作的，可以按照“自谋职业”的安置费计算标准，以带资调动的方式，将安置费带入调入单位。

（五）再就业服务中心托管。按上述渠道不能分流的职工，可进入企业主管局（公司）再就业服务中心托管。由服务中心负责按宁波市规定发给基本生活费，交纳社会养老金和失业保险金。医疗费用实行包干办法，每人每月20元随基本生活费发给职工本人，超支自负。职工在托管时期，服务中心要采取生产自救、劳务输出、转岗培训等切实有效的措施，努力安排职工重新就业。职工实现再就业后应解除托管关系，停止享受托管待遇。

（六）离退休人员可委托区离退休职工管理活动中心（简称“退管中心”）管理，也可以企业主管部门自行托管。委托“退管中心”管理的，必须由企业或企业主管部门为职工交纳医疗费和管理费，交纳标准为每人1万元，其中医疗费9000元，管理费1000元。在企业主管部门与劳动社保部门办妥托管手续后，托管中心负责做好以下管理服务工作：①及时足额为离退休职工发放退休金；②按规定报销医疗费，医药费实行包干和超支分档报销办法。包干基数全年每人360元，节余归己。超支按如下分档报销：超包干数在1000元以内的个人自理、超过1000元至5000元部分报销50%、超过5000元至10000元部分报销60%、超过10000元至30000元部分报销70%、超过30000元以上部分自理。除上述管理服务以外的离退休职工管理工作仍由企业主管部门负责。

（七）土地征用工实行带资补偿费。对土地征用工带资进企业工作的，可按原始带资凭证的带资额返还给本人，不计息；无原始凭证或未带资的土地征用工，1989年12月31日前进企业工作的，按最高不超过5000元补偿给本人；1990年1月1日以后进企业工作的，按最高不超过10000元补偿给本人。

二、社会保障政策

（一）破产企业职工失业后，可按失业保险条例规定享受失业救济金，保险期满仍无法重新就业的职工，符合社会救济条件的，由民政部门按照规定发给社会救济金。破产企业职工在领取一次性安置费后，不再享受失业救济金。

（二）破产企业职工终止劳动关系后，如本人要求自费参加社会保险的，可申请委托区就业管理服务处代办有关社会养老保险手续。

（三）要求自费参加社会保险的职工的养老保险金每年征交一次，时间为当年7月1日至9月30日，逾期不交的，由社会保障部门，按国家有关规定执行。

（四）破产企业职工终止劳动关系前的缴费年限和按本规定应参加社会养老保险统筹后的实际年限可以合并计算。

三、职工分流等费用的政策支持

10家破产企业有职工972人，需要支付职工分流安置费用1824万元；离退休人员492人、土地征用工103人、享受独生子女费职工251人、享受遗属补助费职工家属81人、因工负伤职工8人，需要提留的医疗费用和支付的补偿补助费用为702万元。上述两项合计共需要支付2525.87万元。

解决这项费用的主要途径是破产企业拥有的17171平方米的国有土地出让收入和免交破产企业向税务部门拖欠的税金、财政借款，以及破产企业结余的自有专用基金等用作职工分流费用。

第五节　优势企业兼并弱势企业

为了推动企业结构调整，促进存量资产合理流动，优化资源配置。镇海区在1994年至1998年产权制度改革期间，按照区人民政府〔1995〕49号《关于转发宁波市鼓励企业兼并的若干意见》的规定精神，以优势国有、集体企业（不含系统内部兼并企业）以承担弱势企业债务、职工安置等划归方式，被兼并的有镇海内河航运公司、镇海盛滋记酿造二厂、宁波棉毯厂、宁波皮件厂、镇海兴宝玩具厂、镇海制革厂、镇海三鑫曲轴厂、镇海第二运输公司、镇海第三运输公司、镇海汽车修配厂等10家企业，分别被宁波轻工机械厂、浙江光华纺织集团公司、镇海棉纺织厂、镇海公路运输总公司、镇海水处理厂、宁波敦煌织造有限公司、宁波液压马达厂等7家企业兼并。其中玩具厂、制革厂被镇海棉纺织厂兼并后的第三年（1998年），被跨区域的浙江中汇集团（股份）有限公司收购兼并，企业被兼并后，于1998年3月由浙江中汇集团控股，浙江中策公司、镇海纺织丝绸工业公司参股，共同出资1000万元，重组成立宁波中汇纺织有限公司。区属国有、集体兼并与被兼并企业状况、兼并方式、批准文件等见表4—4。

被兼并的11家企业中，有国有企业4家，在职职工3857人，离退休780人；集体企业7家，在职职工297人，离退休27人。在政策处理过程中存在着兼并与被兼并企业情况各异，债权、债务和职工安置等情况复杂，政策性比较强难点。为此，在企业兼并过程中按照区人民政府〔1995〕49号文件规定精神，结合兼并与被兼并企业的实际情况，一般都由区政府召集企业主管部门和体改、劳动、财政、税务、工商、银行、审计等有关部门负责人以及兼并企业双方参加会议进行协商讨论确认，实行一厂一策兼并的办法。企业兼并的具体政策和操作办法[①]：

一、企业兼并，系指一企业取得其他企业产权，并使其他企业失去法人资格或改变法人实体的行为。企业兼并一般通过承担债务、出资购买或控股等有偿转让的方式实现。根据企业实际情况，也可以通过划归的方式实现。

① 按区人民政府〔1995〕49号《关于转发宁波市鼓励企业兼并的若干意见》摘录。

表 4—4　镇海区企业兼并与被兼并国有、城镇集体企业一览表

序号	被兼并企业					兼并企业		兼并方式	批准或会议纪要	兼并企业改制情况
	企业名称	企业性质	职工人数	退离休人数	说明	企业名称	企业性质			
1	镇海内河航运公司	集体	37	7	—	宁波轻工机械厂	集体	成建制划归	区体改〔1994〕8号	1998年8月4日改制股份合作制
2	镇海盛滋记酿造二厂	国有	25	3	—	镇海水处理厂	集体	成建制划归	区政办纪〔1995〕4号	1998年改制股份合作制
3	宁波棉毯厂	国有	133	18	—	浙江光华集团公司	国有	成建制划归	区政办纪〔1995〕11号	1900年改制有限公司
4	宁波皮件厂	集体	58	9	—	宁波敦煌织造有限公司	有限公司	资产划归 人员分流	区政办纪〔1995〕21号	—
5	镇海兴宝玩具厂	集体	—	—	—	镇海棉纺织厂	国有	成建制划归	区政办纪〔1995〕22号	—
6	镇海制革厂	集体	—	—	—					
7	镇海三鑫曲轴厂	国有	62	7	—	宁波液压马达厂	国有	成建制划归	区政办纪〔1996〕60号	1997年改制有限公司
8	镇海第二运输公司	集体	109	8	—	镇海公路运输总公司	集体	成建制划归	区政办纪〔1997〕11号	1997年10月行业归口划入宁波市公路运输集团公司
9	镇海第三运输公司	集体	46	3	—					
10	镇海汽车修配厂	集体	47	—	—					
11	镇海棉纺织厂	国有	3637	752	玩具、制革两厂	浙江中汇集团（股份）有限公司	上市公司	成建制划归	区政府〔1998〕35号	1998年3月改制宁波中汇纺织有限公司
合计		—	4154	807	—	—	—	—	—	—

二、兼并前必须由被兼并企业的主管部门会同财税、银行、审计部门对被兼并企业的资产及亏损进行清理。跨所有制的兼并，应按规定进行资产评估。

三、优势企业兼并亏损企业，财政按兼并当年弥补被兼并方原亏损额度的50%，在征收所得税时予以照顾，作抵扣处理；或对兼并企业弥补亏损的利润，经财税部门批准，在一定期限内对所得税实现先征后返。

四、对被兼并企业的期初存货中冻结的应扣税金，在冲抵其欠交的增值税后，允许予以抵扣。

五、经批准，兼并企业可免交水利建设基金和产业结构调节基金三年。

六、区级财政安排的财政补亏资金及技改贴息资金，可切出一块用于鼓励优势企业兼并其他企业作启动资金使用。

七、被兼并企业所欠的金融机构债务，包括贷款和利息，由兼并企业承担并负责归还。兼并企业要制定分期偿还债务的计划，经贷款金融机构同意后实施。

八、对优势企业兼并亏损严重、负债率高、贷款本身确实难以归还的被兼并企业，经贷款金融机构核查同意，可以按有关规定免收被兼并前所欠贷款的加罚息，并可部分或全部免收原欠银行贷款利息，在兼并企业承担并落实的计划还贷期内，对被兼并企业的贷款本金可在一定期限内实行停息挂账。

九、对因兼并行为导致经济效益下降的兼并企业，经贷款金融机构核查同意，可酌情减收贷款利息。

十、被兼并企业所欠财政和政府其它部门的贷款，按上述原则处理。其中固定资产投资所形成的历史债务本金部分，可按“贷改投”的办法处理。

十一、被兼并企业职工（含离退休职工）原则上应转入兼并企业。在职职工按先培训后上岗的原则，由兼并企业酌情安排，被兼并企业职工按兼并企业的用工形式管理。

十二、被兼并的亏损企业的富余职工，距法定退休年龄不足两年的，由本人申请，企业同意，经劳动部门批准，可一次性办理提前退休手续，纳入社会统筹。

濒临破产的被兼并企业少数确实难以安置的富余职工，距法定退休年龄不足五年的，由本人申请，企业同意，劳动部门审核，报区政府批准，可以一次性办理提前退休手续，纳入社会统筹。

十三、鼓励兼并企业职工自谋职业。对自谋职业的，经本人申请，企业同意，可按工龄长短，发放一次性补助费，不再保留国有或大集体企业职工的身份。一次性补助费最多不超过宁波市企业职工上年平均工资收入的三倍。自谋职业者如按规定继续参加养老保险，原有工龄视同养老保险费年限合并计算。符合法定退休条件时可办理养老手续。

十四、企业兼并后为解决富余职工兴办的独立核算企业，安排被兼并企业职工有50%以上的，三年免征所得税。

十五、企业兼并涉及土地使用权和房产的依法转移，应按规定办理有关手续。兼并中涉及被兼并企业的划拨土地使用权，可按宁波人民政府办公室〔1995〕6号文件规定的批租、租赁、参股三种土地资产处置方式任选一种，经土地管理部门批准后实施。兼并企业通过批租或国家参股方式得到的土地使用权，属于企业法人财产，可以转让、出租、抵押。国家以土地资产参股的股权，由区政府指定的授权部门持有。

第六节　理顺企业同职工劳动关系

镇海区理顺改制企业同职工劳动关系，改变原国有、大集体性质职工身份的用工制度改革是在深化产权制度改革的基础上组织实施的。1999年8月，镇海区委、区政府，根据省、市有关规定出台了《关于推进和深化国有、城镇集体企业产权制度改革若干补充意见》。补充意见对深化改革、理顺改制企业劳动关系等方面提出了一系列具体实施办法和政策措施。并明确规定："企业进行产权制度改革时，原国有、大集体性质的职工身份不再保留，企业单位中的国家干部，除保留干部身份外，其余与企业职工一视同仁。改变身份的职工在改制后企业就业的，应与企业重新签订劳动合同。"这一改革政策的出台，标志着镇海区由单一产权制度改革转为理顺产权关系与理顺劳动关系相结合的两项改革已经同步进行。

全区应理顺劳动关系的国有企业、城镇集体企业，涉及14个经济主管部门和城关镇、校办企业公司，下属191家企业。应改变国有、集体性质身份的职工为12247人（不包括5家企业，已被跨区域兼并的镇海棉纺厂和行业归口管理的镇海公路运输总公司、镇海石油公司须理顺劳动关系的2937人国有、大集体身份职工）。

该项改革，通过两年的努力，到2001年8月底止，圆满地完成了这项改革任务。改革后的国有、集体企业户数和改变职工身份人数的分布情况[①]见下表4—5：

① 改变国有、大集体企业职工身份的企业户数和人数，根据区产权办2000年《企改简报》第二十一期摘录。不包括已被跨区域兼并的镇海棉纺织厂，行业归口管理的镇海公路运输总公司、镇海石油公司。

表 4—5　　镇海区改变国有、城镇集体企业职工身份人数一览表

经济主管部门		企业数（家）	职工数（人）	经济主管部门		企业数（家）	职工数（人）
1	工业公司	13	1183	9	外贸局	6	58
2	二轻公司	15	1723	10	交通局	8	402
3	纺丝公司	8	2486	11	物资局	13	280
4	计经委	9	380	12	商业局	18	1096
5	民政局	11	221	13	城建局	8	657
6	农业局	11	249	14	粮食局	3	160
7	供销社	17	1531	其他	城关镇	49	1720
8	贸易局	2	101		校办企业公司		

1997年以来，镇海区对国有、城镇集体企业，通过以最终实现转换企业经营机制，建立现代企业制度为目标的产权制度改革已取得了重大突破，对一批本来就缺乏生机和活力的企业，经过有限责任、股份合作制改制后，明晰了产权、理顺了产权关系、完善了企业法人治理结构，初步实现了企业组织制度上的创新；对一些产品结构不合理、长期处于亏损、而扭亏无望的企业，实施兼并、出售、关闭、歇业、破产等改革措施，摆脱了企业困境，制止了资产无限度流失等项改革。但是，改革的实践告诉我们，企业要真正成为市场主体、经济实体、实现政企分开，最根本的是要理顺企业产权关系和劳动关系的二个方面的改革。前一阶段，镇海区在产权制度改革中产权关系是基本理顺了，达到了产权归属清晰、出资者所有权、企业法人财产权和股东会、董事会、监事会的各自权责明确了。可是企业与职工的劳动关系（除破产、终止企业外）还没有得到理顺，致使用工制度没有搞活。因为我们在企业产权制度改革时，由于当时种种原因，对企业职工采取的是“保留身份”的做法，即原是全民企业、集体企业、事业单位的固定职工的身份不变。不

改变职工身份的做法，确切地说，只是在改制的股份制企业里打工，这些改制企业，要是在市场冲击下败下阵来，保留国有、集体身份的职工还得找政府来解决问题。用工制度搞不活，企业的分配制度、人事制度也搞不活，就更谈不上形成职工能进能出，分配能高能低，干部能上能下的竞争激励机制和企业与职工双向选择的用工机制。中共十五届四中全会《决定》指出："在企业内部要形成人员能进能出的机制，要积极规范和发展劳动力市场，形成市场导向的就业机制，要进一步理顺劳动关系"的新思想、新观点，为我们解决改制企业人的问题提供了理论依据。

理顺改制企业劳动关系，改变职工身份的用工制度改革，是一项涉及社会各个方面千家万户的大事，具有政策性强、社会影响面广、改革支付成本高的特点。对此，区委、区政府根据以往已出台的镇区委〔1997〕31 号《关于推进国有、城镇集体企业股份合作制的若干政策意见（试行）》文件和镇区府办〔1998〕29 号《关于印发"区属国有、大集体破产、终止企业职工安置和社会保障有关问题的意见"》的通知，以及按照"转变身份、适当补偿、承认工龄、续接社保"的办法，于 1999 年 8 月和 2001 年 4 月，区委办分别又出台〔1999〕38 号、〔2001〕20 号两个文件，对理顺改制企业劳动关系，改变国有、集体企业职工身份，在政策措施上提出了具体意见。主要内容有以下几个方面：

一、企业改制或深化内部改革时，企业与职工重新确定劳动关系。对于到 1999 年年底，距法定退休年龄不足五年的职工，原则上企业应与职工续订劳动合同，直至退休年龄止。

二、为平衡负担，今后破产、终止企业原固定职工（指 1984 年 6 月 30 日前参加工作，并与企业签订无固定期限劳动合同的职工"下同"）自谋职业的分流安置费，继续按每满一年工龄 810 元计发。合同制职工

（指 1984 年 7 月 1 日以后参加工作的职工）提前终止合同的经济补偿金按现行有关劳动政策法规计发。

三、鉴于宁波市医疗制度改革方案即将出台，原改制企业离退休职工计提的人均 15000 元医疗费（含非统筹部分的费用）改作医疗准备金，由主管局管理，待医疗改革方案出台后，按新规定作相应调整。

四、未改制企业改制时，不再计提人均 5000 元的改革风险准备金及富余职工补偿费，而改提职工安置费。安置费的提取标准：原固定职工按每年工龄 810 元、加 100 元医疗补助费计提；合同制职工按每人每年本企业上年月平均工资加 100 医疗补助费计提，本企业月平均工资高于 810 元的，按 810 元计提。医疗制度改革方案出台后，职工医疗补助费不再计提。已改制企业改革劳动用工制度时，经主管部门批准，也可按上述办法计提职工安置费，同时将原计提的有关费用作相应调整。

计提的安置费在财务上视作企业对职工的负债。计提安置费后的企业应与职工终止劳动合同关系，并采取以下几种办法使用安置费：

（一）以现金支付的方式一次性或以分期付款的办法发给职工，并办好相应手续。

（二）以实物形态分配给职工个人或自愿组合起来的职工群体，由其实行自主。

（三）凡企业与职工重新签订劳动合同的，安置费归企业无偿使用，今后企业与职工解除合同的，安置费如数发给职工；职工退休享受社会劳动保险时，安置费归企业所有；职工在劳动合同期内因个人原因终止劳动合同的，不发给安置费。

本条以上办法也适用于国有、集体资产全额出售给个人的企业。

五、计提职工安置费后资产有盈余或负资产的企业，由主管部门自行平衡。

六、企业以各种形式进行改革时，职工退休政策按国务院有关文件规定办理。

七、企业用于理顺劳动关系的职工安置费、补偿金和其他应计提支付的费用先由企业自有的存量资产解决；如有缺口的，由主管局系统内调剂安排；仍有缺口的，经区改革领导小组审核，按下列弥补：（1）划拨土地的使用权出让金返还；（2）国有直管非住宅公房出让收入；（3）区下拨的企业改革风险基金；（4）区财政税收抵补。其中税收抵补（指上交所得税情况下）的期限原则上到2005年年底。期限内尚未抵补完负资产的，到时另行商定。企业一经抵补到零资产时，不再享受上述政策。

八、凡企业转制时，其承租的直管非住宅公房，资产能分割或置换的，由转制企业的主管局和房管部门各按50％比例进行结算。结算给企业主管部门50％部分，主要用于企业所需支付的安置费或补偿金缺口，由主管局统一平衡，调剂使用。对不能分割或难以分割的公房，从2001年1月起至2003年12月底止，房管部门凭区改革领导小组办公室批复文件，按国家标准租金减半收取。

九、改制企业原行政划拨土地的使用权出让时，主管局应向区土管局上交20％或30％的土地出让金，其申报审批程序按区政府有关规定执行。

十、2001年12月31日前，企业改制时连续工作时间女满30年，男满35年，领取经济补偿金后与企业解除劳动关系并办理失业登记手续的失业职工（不包括转制企业已办理内部退养的职工），在按规定领满两年失业保险金后仍未就业的，经本人申请，劳动部门核准，可继续按甬政〔1996〕3号文件有关规定享受失业保险待遇，失业保险金领取期限可延长至法定退休年龄。

十一、对于改制企业中已参加住院和大病医疗保险并已进入区“再就业（托管）服务中心”的职工的门诊医疗报销按照镇海区退休管理活动中心“关于托管退休（职）职工基本医疗管理办法”执行。在各主管局“再就业（托管）服务中心”的职工以及挂靠的部分退休人员的门诊医疗费报销，由主管局自行规定，也可以参照区退管中心“关于托管退休（职）职工基本医疗管理办法”执行。

十二、原国有、大集体企业中享受供养直系亲属遗属生活困难补助对象，企业转制时，可以一次性给予补偿，与原企业协商办妥有关手续。具体标准由各主管部门确定。对于那些确实达不到城镇居民生活最低保障线的人员，由区民政部门按照有关规定办理。

第五章　企业劳动和社会保障制度配套改革

劳动和社会保障制度配套改革是搭建和保驾企业转换经营机制、进入市场的重要平台；是加快改革、发展经济和营造镇海区市场经济微观基础的内在要求；是改善人们生活、稳定社会、实现长治久安的社会保障性制度。镇海区在转换企业经营机制改革的实践和探索过程中，对企业劳动用工、劳动工资、职业技术培训和社会保险等四个方面配套制度进行了改革和完善。

第一节　劳动用工制度改革

20世纪80年代以来，镇海的用工制度主要有固定工、合同工（长期工、短期工）、临时工、轮换工等，其中又以固定工、合同工等用工制度为主体，这些用工制度之间既相互联系又相互区别，与全区的改革进程交相呼应。

一、搞活固定工制度

改革开放前的很长一段时间内，我国从上到下都是实行以固定工为主体的较为单一的用工制度，这种制度是计划经济体制下对劳动者的“统包统配”，用行政手段把劳动者分配到企业，一次分配定终身，“只能进不能出”，使劳动者与企业保持终身不变的劳动关系。这种制度在历史上曾起到一定的积极作用，但随着社会经济的发展和改革开放的实施，也暴露出诸多弊端，严重影响了企业的活力和职工的主动性、积极性、创造性。

1982 年，固定工制度开始有所限制，在部分国有县属集体企业招用新职工时，开始采取“新人新办法，老人老办法”的方式，国营、县以上集体单位除按国家规定统一分配的人员为固定工外，新招人员全部实行劳动合同，但占企业职工总人数（不包括临时工）80%以上的原有职工仍然实行固定工制度。这种两轨并行的局面，影响了劳动合同制度的推行，而且难以改变企业内部机构臃肿、人浮于事、效率低下的状况。针对这种情况，镇海区积极进行用工制度的探索与改革。1989 年开始，先后在镇海印刷厂、轻工机械厂、电容器厂等 20 余家企业进行了深化劳动用工和分配制度改革的试点。试点企业职工实行全员劳动合同制度，打破了干部与工人之间的身份差异，实行能上能下，竞争上岗。

1994 年《中华人民共和国劳动法》颁布，从法律层面上取消了固定工制度。1995 年 4 月，宁波市以第 35 号政府令的名义发布《宁波市劳动合同制度实施办法》，对老职工劳动合同的签订期限作了一些特殊的规定，部分符合条件的老职工可以签订无固定期限的劳动合同。为了加强对劳动制度改革的领导和协调，镇海区建立了劳动制度改革领导小组。这些有利条件的存在，都促进了全区劳动用工制度从固定工制度平稳过渡到劳动合同制度。

二、推行劳动合同制度

20 世纪 80 年代，由于在以固定工为主体的用工制度下，合同工近似于临时工，不但没有“铁饭碗”，而且生、老、病、死也没有像固定工那样优厚的福利保障。作为沿海经济开放区域，镇海区在全省率先进行了用工制度改革，在企业试行劳动合同制度。1982 年 12 月，地处骆驼团桥的宁波棉毯厂从社会上新招了 150 名合同工，此后，合同工形式的用工制度得到了推广。1996 年 10 月，区人民政府制订了《宁波市镇海区镇（乡）村办企业和私营企业劳动合同制度实施办法》，规定年产值在 500 万元以上或职工人数在 100 人以上的企业实行劳动合同制度。

《中华人民共和国劳动法》颁布实施后，劳动合同制度得到了广泛的实施。1997 年年底，全区有 100 余家企业的 14500 余名职工签订了劳动合同。1997 年至 2000 年，镇海区对 148 家国有、集体企业进行改制，在理顺了劳动关系后，也实行了劳动合同制度，补签了劳动合同。改制中，国有企业职工达 9852 人，集体企业职工达 5691 人。到 1998 年底，镇海区各类所有制企业全部推行了劳动合同制度，劳动合同签订率也得到了提高。

截至 2005 年年底，镇海区区属单位已签订劳动合同职工人数达 8.39 万人，劳动合同签订率为 90.5%。

2008 年，《劳动合同法》及《实施条例》颁布后，劳动合同制度进一步完善，劳动合同签订率大幅提高，至年底，区属各类单位共有 18.6 万人签订了劳动合同，基本实现了应签尽签。用工管理行为进一步规范，维护了稳定和谐的劳动关系。

三、推行平等协商和签订集体劳动合同制度

随着镇海区社会主义市场经济体制的逐步建立和经济结构调整力度的不断加大，劳动关系主体逐步确立，其利益关系呈现出多样化、复杂化的发展趋势，协调稳定劳动关系的任务日益繁重。从 1996 年起，镇海区劳动局和镇海区总工会积极推行平等协商和集体合同制度，即形成企业中工会与用人单位的平等协商关系和签订集体劳动合同的制度。企业集体合同草案须交职工代表大会或者全体职工讨论通过，并报劳动行政部门审查。1996 年年底，全区有 10 家企业签订了集体合同。

1999 年 1 月，省人大常委会审议通过了《浙江省集体合同条例》，

对集体合同的订立内容和审核、变更、解除、终止等作出了规定。此后，镇海区的集体合同签订工作进一步规范化，企业职工代表（工会）与企业代表之间的平等协商权利也进一步增强，工会方可以就企业内部工资分配制度、工资分配形式、工资收入水平等事项和企业方平等协商。2001 年年底，全区签订工资集体协议的企业达到 230 家。

2002 年 11 月，镇海区委、区政府出台了《关于在全区建立职工集体协商机制的通知》，有力地促进了全区的集体协商制度和集体合同制度。2004 年，全区共有 1034 家企业签订了集体合同，1111 家企业签订了工资集体协议。到 2008 年，签订集体合同和工资集体协议的企业扩大到 1458 家，涉及职工 6.88 万人。

第二节 劳动工资制度改革

改革开放后，随着经济体制的转型，原有统一划一的工资等级制度已经越来越显得不合时宜。从 1985 年起，镇海区企业工资制度进入全面改革阶段，由集中统一管理，转为统一领导、分级管理，企业与机关事业单位的工资制度逐步脱离开来，分别实行了不同的工资制度。企业试行了岗位技能工资制，采取“工效挂钩”的办法，为搞活企业内部分配创造了有利条件。形式多样的工资分配制度的出现，进一步克服了平均主义带来的弊病。1994 年后，镇海区进入工资制度改革深化阶段，开始推行企业最低工资保障制度、劳动力市场工资指导价位制度和工资指导线制度，全区企业职工工资分配方面的保障机制、激励机制和约束机制逐步形成。

一、工效挂钩办法

企业工资总额同经济效益挂钩是处理国家与企业工资分配关系的一

种形式，通过核实企业工资总额基数和经济效益指标基数以及挂钩浮动比率，使企业工资总额随企业经济效益指标完成情况而浮动，企业有自主分配的权力。政府主要通过征收工资调节税等经济手段控制和调节其工资增长幅度。

1985 年，经省工资改革领导小组批准，开始在镇海渔网厂进行工效挂钩试点，试行企业工资总额与经济效益相挂钩。实行工效挂钩办法后，镇海渔网厂企业和职工的“两个积极性”得到了增强，试点的成功为在全区范围内推开工效挂钩办法提供了经验。1988 年年初，镇海区开始在国有、大集体企业中全面推行工效挂钩办法，当年底就达到了 113 家（其中，国有企业 42 家，占全区国有企业的 75%；大集体企业 71 家），挂钩期限定为 1～3 年。实行工效挂钩办法的企业当年工资总额平均增长了 24%。

1991 年，结合新一轮企业经营承包责任制开始，对企业工效挂钩办法作了进一步完善，挂钩基数按比例作了调整。1995 年，镇海区对没有实行工效挂钩办法的国有、大集体企业实行工资总额包干办法，即：实行工资总额包干的企业，在核定的工资基数内，企业自主决定分配。1998 年，随着国有、大集体企业产权制度的改革，对转制后仍属于国有、大集体控股的企业继续实行工效挂钩的办法。2004 年年底，全区仍有 9 家企业实行工效挂钩办法。

二、最低工资制度

根据宁波市劳动局关于《实行〈宁波市城镇企业最低工资暂行规定〉的通知》，镇海区从 1994 年 9 月 1 日起开始实行企业最低工资保障制度，实施范围为本区城镇的各种所有制企业（除乡镇企业外）和雇请帮工的个体工商户。企业最低工资保障制度是一种遵循公平原则、保障职工基本生活等合法权益的有效措施。

1994年年底，镇海区企业最低工资标准为每月210元。1996年，镇海区乡镇企业也纳入最低工资保障制度范畴。1996年年底，镇海区城镇企业最低工资标准为每月270元，乡镇企业最低工资标准为每月200元。从1999年起，企业最低工资标准不再区分城镇企业和乡镇企业，当年企业最低工资标准调整为每月380元。2001年，企业最低工资标准提高到每月440元。2003年9月，镇海区企业最低工资标准为每月520元，非全日制工作的最低小时工资为4.7元。从2003年至2008年，根据市人民政府文件通知，镇海区职工最低工资标准年年进行了调整，2008年9月1日起，镇海区职工最低月工资标准调整为960元，非全日制工作的最低小时工资标准调整为8.0元。15年间，镇海区职工最低工资标准提高了近4.57倍。

三、工资指导价位制度

宁波市的劳动力市场工资指导价位制度是从1998年下半年着手调查、研究，并于1999年进行首批公布实施的。镇海区作为宁波市的一个市辖区，参与了其中的信息收集和相关调查研究，并按照市里公布的工资指导价位统一执行。

劳动力市场工资指导价位制度是劳动保障行政部门定期向社会发布各类企业中的不同职位（工种）的低、中、高三档工资价位，用以指导企业合理确定职工工资水平和工资关系，调节劳动力市场工资价格的较为宏观的分配调控制度。随着经济的发展，镇海区劳动力市场工资指导价位项目数从1999年的47个逐步增加到了2008年的338个，对国民经济分行业工资、初次就业大中专毕业生工资、分专业技术等级、分登记注册类型、分学历工资以及小时工工资指导价位也进行了分类公布。

四、工资指导线制度

从1998年起，镇海区开始试行企业工资指导线制度。工资指导线制度是社会主义市场经济体制下，国家对企业工资分配进行宏观调控的一种制度。其目的是在国家宏观指导下，促使企业工资的微观分配与国家的宏观政策相协调，引导企业在生产发展、提高经济效益基础上，合理确定工资的增长水平。

根据该制度，1998年镇海区企业工资指导线制度规定：企业货币平均工资增长基准线为8%，下线为0及以下，上线为12%；其中，实行下线工资增长基准线的企业必须使职工工资达到最低工资标准，各类企业应按工资指导线标准，合理安排在岗职工工资的增长。2005年，企业工资指导线制度规定：企业货币平均工资增长基准线为10%，适用于生产正常发展，经济效益有所增长的企业；企业货币平均工资增长上线（预警线）为15%，适用于经济效益有较快增长的企业；企业货币工资增长下线为零增长或负增长（但不得低于最低工资标准），适用于经济效益不明显或出现亏损的企业。

企业工资指导线制度在镇海区的实施，对全区企业职工工资起到了一定的指导和调控作用，较好地抑制了部分职工工资增长过快的行业、企业，也对企业工资集体协商提供了参考依据。

第三节　职业技能培训服务

职业技能培训直接为经济和社会发展服务，同时受到经济和社会条件的限制。随着经济结构的调整，职业技能日益成为社会的需要。从20世纪80年代中期开始，镇海区委、区政府高度重视职业技能培训工作，有步骤地开展了就业前培训和初级工、中级工、高级工的培训，建立了培训和考核鉴定机构，形成了二级培训网络。迈入21世纪后，镇海区按照职业技能培训市场化、社会化的改革发展方向，加快了职业技能培训的工作步伐。

一、就业前培训

1985年，镇海区贯彻执行“先培训，后就业”的方针，全民、区属以上集体企业招用人员由原来的直接招工改为招收经过职业培训的人员或先招培训生，经培训后再择优录用。当年，全区招收就业前培训人员294人，专业为财会、烹调、电器、机械等。此后，全民、区属集体企业招工，基本上只招收经过就业前培训的人员。从2005年起，对未升学的初高中毕业生经过为期一年的免费职业技能培训，取得职业资格证书后，再走上相应的就业岗位。就业前培训工作实行多渠道、多形式的办法，主要由职业学校、区劳动服务公司（就业管理服务处）、乡镇成校招收。

二、等级技术培训（职业技能培训）

1986年后，镇海区开始实行技术等级培训。最初参加技术等级培训的重点对象是企业班组长和业务骨干，具体的培训承办工作主要由企业及各企业主管局工会的职工学校、区职业学校等，多渠道、多层次培训，培训合格后由区劳动行政部门考核颁发相关等级证书。进入20世纪90年代后，企业主管部门自办的各类培训机构逐年萎缩，出现了职业技术培训社会化办学的趋势，各类社会组织和公民个人开办了一些市场紧缺工种的职业技能培训班。根据这种情况，区劳动保障部门整合了全区的教育培训资源，积极组织和引导社会力量规范办学、科学培训，并将符合一定条件的社会办学机构同各街道（镇）成校一道纳入统一规范管理，到2008年，区劳动保障局设立的定点职业培训机构达到了21

家，形成了以区劳动保障局职业技能培训中心、区职教中心龙头，各街道（镇）成校、社会（民办）培训机构共同参与的城乡职业技能培训网络，日常开展的计算机操作、服装裁剪、家政服务、维修电工、烹调、面点制作、保安培训等专业将近40个，基本上满足了区内各类人群职业技能培训的需要。等级技术培训情况见下表5—1：

表5—1　　1986—2008年镇海区职工等级技术培训一览表　　单位：人

年份	培训人数	年份	培训人数	年份	培训人数	年份	培训人数
1986	588	1993	1529	1999	1952	2002	2332
1987	500	1994	1699	2000	2457	2006	1005
1989	145	1995	1090	2001	1915	2007	2520
1990	260	1996	1203	2002	2332	2008	2530
1991	522	1997	924	2000	2457	—	—
1992	790	1998	1300	2001	1915	—	—

2002年，镇海区制订了面向下岗失业人员的培训补助政策。政策规定：对劳动保障部门组织和委托再就业培训基地举办的下岗失业人员参加的创业培训、社区服务类技能培训和职业指导培训项目，给予培训考核费全额补助；对参加市场用工需求量大、培训周期长的就业准入职业（工种）培训的下岗失业人员，其培训期间，应给予一定的生活费补贴；对参加其他项目再就业培训的，也予以必要的减免培训费支持。

第四节　企业社会保险制度改革

镇海区企业社会保险制度改革，根据国家和省、市的法律、法规、规章，结合本区实际逐步建立和发展起来的，企业社会保险制度主要有：企业职工基本养老保险制度、城镇职工基本医疗保险制度、城镇职工失业保险制度、企业职工工伤保险制度、企业职工生育保险制度。

一、企业职工基本养老保险制度

为配合企业劳动制度改革，解决“老企业”养老负担过重和合同制职工老有所养的问题，1986 年 10 月，镇海区建立了统筹范围为区属全民企业、自收自支全民事业单位和外资企业的养老保险制度，按照“以支定筹，略有结余”的原则，合同制职工养老保险费主要从个人工资中扣除，单位只缴纳小部分。从 1988 年 1 月起，企业职工养老保险制度的统筹范围扩大到县以上集体所有制企事业单位。1988 年 7 月，乡镇聘用退休干部纳入养老保险范围。1995 年 5 月，将城镇县以下集体企业和各单位使用三个月以上的临时工也纳入了统筹范围，并允许曾在小集体企业工作的职工通过补缴养老保险费的方式折算为视同缴费年限，已退休人员也可以根据其年龄、原领取退休费等情况补缴一定额度的费用后，移交给社保机构统一发放养老金。

1997 年 6 月，区政府出台《镇海区城镇私营企业、个体工商户职工基本养老保险实施办法（试行）》，实施对象为在本区城关镇注册的私营企业主及其雇员、个体工商经营者及其帮手；个体工商户按本人缴费基数的 17%缴纳养老保险费，其他企业则分为两块缴纳：企业按职工缴费基数总额的 20%缴纳养老保险费，职工个人按本人缴费基数的 4%缴纳（由企业代扣代缴）。

1998 年后，镇海区的城镇企业职工基本养老保险制度作了重大调整：一是职工个人缴费比例每两年提高一个百分点，最高为 8%（从 2004 年 5 月起，企业职工个人缴纳基本养老保险费的比例已提高到缴费基数的 8%）；二是职工基本养老保险个人账户统一按本人缴费基数的 11%记入（2005 年底则调整到 8%，即个人账户部分全部由个人缴费部分构成）；三是单位和个人应缴纳的养老保险费，原由社会保险机构征收改为由地税部门按月代为征收，以保障养老保险费的按时缴纳，提高基金征缴率（从1998年起，镇海区养老保险基金征缴率每年均达到了100%）；四是在1998年1月1日以后参加工作的职工，其缴费年限必需满15年及以上，并按规定缴费，到达法定退休年龄后才能按月领取养老金；五是建立了退休（职）人员最低基本养老金生活保障制度，最低基本养老金标准按当地职工上年社会月平均工资的40%确定；六是开设了“养老保险基金财政专户”，养老保险基金收入全部划入财政专户。根据区政府《关于对原有国有、大集体改制企业职工遗属生活困难补助费实行统筹管理的通知》文件精神，从2004年5月份起，将原有国有、大集体改制企业职工遗属生活困难补助费纳入了统筹管理。1998年12月1日起，对全区企业离退休人员全面实行养老金社会化发放，社保机构委托银行向离退休人员发放养老金。

2000年1月起，镇海区实行了社会保险基金会计制度，对社会保险基金预算、筹集、支付、基金决算、监督与检查等均按规范操作。养老保险基金的监督贯穿于养老保险制度运行的全过程，是确保基金安全完整、维护劳动者合法权益、实现基金保值增值的重要保证。是年4月，镇海区开展了企业职工离退休人员基本信息登记工作，将基本信息输入计算机信息库，企业离退休职工的管理服务也得到了完善。2003年7月，企业离退休职工管理活动中心迁址到南大街281号，新装修的活动场所约650平方米，宽敞明亮的健身、阅览、棋牌、台球等活动室为企业离退休职工提供了老有所乐的有利条件。企业离退休老同志也在镇海区离退休职工管理活动中心的领导下，每年都开展了一些有益身心的娱乐活动。2004年5月起，个体工商户的缴费比例从17%调整为20%，2005年5月提高到24%。

2007年2月，市政府出台了甬政发〔2007〕14号文件，进一步完善了企业职工基本养老保险制度，规定从2006年5月起，调整城镇个体工商户和灵活就业人员的缴费比例和缴费基数，个体工商户的缴费基数按不低于上年社平的80%确定，缴费比例调整为20%。同时，做实基本养老保险个人账户，个人账户的计帐规模从原来的11%调整为8%，全部由个人缴费形成，并改革了基本养老金计发办法。其镇海区职工养老保险收支情况见下表5—2：

表5—2　1987—2008年企业职工基本养老保险情况一览表　单位：人，万元

年份	参保人数（在职）	参保人数（离退休）	基金收入	基金支出	基金结余
1987	8013	801	144.5	77.8	66.7
1988	16970	2910	422.42	308.92	180.2
1989	17855	2962	584.64	427.90	336.94
1990	19268	3027	681.51	492.34	526.11
1991	20299	3077	811.23	534.67	802.67
1992	21722	3317	1081.86	1208.11	676.42
1993	21710	3784	1652.23	1362.44	966.21
1994	20691	3972	2259.71	1794.18	1431.74
1995	22842	4427	3853.39	2521.68	2763.44
1996	19519	5004	3760.08	2712.28	3811.24
1997	18763	5334	3472.86	3113.44	4170.66
1998	17328	6005	4190.37	3768.77	4592.26
1999	21633	6358	4417.33	4571.59	4438.00
2000	25386	6723	5994.53	5036.53	5396.00
2001	28157	7129	8720.85	6332.79	7784.06
2002	32355	7582	9900.10	7640.81	10043.35
2003	37945	8043	10012.23	8229.64	11825.94
2004	46600	8674	15001.62	9289.74	17537.82
2005	52198	9333	18770.48	11061.57	25246.73
2006	59482	10158	24261.16	13667.87	35840.02

续上表5—2

年份	参保人数（在职）	参保人数（离退休）	基金收入	基金支出	基金结余
2007	69303	11157	29229.21	15998	49071.22
2008	120451	12138	42547.06	20190.02	71428.26

二、城镇职工基本医疗保险制度

在城镇职工基本医疗保险制度实施以前，镇海区医疗保险制度主要是公费医疗制度。公费医疗享受范围是全区机关事业单位工作人员及其离退休人员、二等乙级以上革命伤残军人。从2001年年初，建立了镇海区城镇职工基本医疗保险制度，区内所属企业、国家机关、事业单位、社会团体、民办非企业以及城镇个体经济组织、自由职业者均纳入了医疗保险范畴。城镇职工基本医疗保险费由用人单位和在职职工共同按月缴纳，保险基金实行宁波市市级统筹。2003年1月，镇海区又将城镇职工门诊医疗纳入基本医疗保险。基本医疗保险费由用人单位和在职职工共同按月缴纳，政府适当补贴：用人单位按在职职工缴费基数（缴费基数均须在社会平均工资的60％～300％之内）之和的11％缴纳基本医疗保险费；在职职工按上一年度本人月平均工资作为缴费基数，由本人按缴费基数的2％缴纳基本医疗保险费；政府按本年度参加基本医疗保险的职工缴费基数之和的0.5％予以补贴。医疗保险实行市级统筹，对参保职工“看病难”的问题了一定的缓解作用。

2008年，建立了城镇居民基本医疗保险制度，将城镇职工基本医疗保险制度覆盖范围外的城镇居民（老年居民、非从业人员、婴幼儿、未入学未成年人、学生）纳入保障范围。城镇居民基本医疗保险费根据经济发展水平和各方面承受能力，合理确定筹资标准和保障水平，采取个人缴纳与财政补助相结合的办法筹集，保险基金实行区级统筹。参保人员的基本医疗保险待遇包括住院和特殊病种规定治疗项目的治疗待遇。

2008年1月，建立外来务工人员大病医疗保险制度，区内各类企业、国家机关、事业单位、社会团体、个体经济组织、民办非企业单位等组织以及与其建立劳动关系的外来务工人员均纳入保障范围。保险费统一由用人单位缴纳，外来务工人员个人不缴费。缴费基数为统筹地上年度在岗职工月平均工资的60%，缴费比例为2.5%，另按每人每月5元标准缴纳重大疾病医疗救助金。5月起对缴费作了调整，取消每人每月5元重大疾病医疗救助金。外来务工人员参加大病医疗保险，不建立个人账户，不计算缴费年限。大病医疗保险待遇包括住院和特殊病种规定治疗项目的治疗待遇。其城镇职工医疗保险情况见下表5—3：

表5—3　　2001—2008年镇海区职工医疗保险一览表　单位：人，万元

年份	医疗保险人数		基金收入	基金支出
	在职人数	退休人数		
2001	20142	8244	2544.28	1775.16
2002	25073	9613	3879.32	3093.65
2003	33495	8503	6936.20	5601.70
2004	36845	11479	8956.90	6373.59
2005	43662	12332	11389.99	9280.32
2006	54762	13211	14247.73	10462.75
2007	70971	14357	17960.83	12258.36
2008	122365	15460	23421.84	14407.93

三、建立城镇职工失业保险制度

镇海区于1986年10月1日，实施失业保险制度，当时称职工待业保险制度。职工待业保险的参保对象：国营、集体企业中的固定职工和劳动合同制工人，机关、团体、事业单位中的合同制工人。参保人员每月按工资总额的1%缴纳保险费。1996年1月，对失业保险制度作了调整，参保对象扩大为国有、集体、股份制、联营、合作、私营、外商合资、独资企业等的合同制工人；保险费由单位和职工分别按缴费基数的1%和0.5%缴纳。1999年1月后，失业保险再次作出调整，事业单位职工亦纳入参保对象，缴费标准统一调整为单位按缴费基数的2%、职工按缴费基数的1%缴纳。2004年1月1日，新的《浙江省失业保险条例》开始施行，参保范围扩大到社会团体、民办非企业单位、有雇工的城镇个体工商户及其形成劳动关系的职工、雇工，国家机关及与其形成劳动关系的合同制职工，失业保险费由地方税务部门负责征缴。失业保险情况见下表5—4：

表5—4　　2000—2008年镇海区失业保险一览表　　单位：人、万元

年份	参保单位数	参保人数	当年收入	当年支出
2000	483	26963	609.4	585.1
2001	477	29054	672.27	1834.48
2002	647	29573	748.01	2290
2003	840	29586	871.61	1654.2
2004	1005	31605	1200	1352
2005	1199	34617	1345.61	971.58
2006	3127	35953	1880.90	674.41
2007	3559	44468	2640	609.4
2008	3728	83702	3722.1	1262.63

四、实行企业职工工伤保险制度

工伤保险又称职业伤害保险，1998年10月之前，镇海区一直沿用国家相关政策，由企业承担工伤保险职责。1998年年底，镇海区建立了工伤保险制度，职工受工伤后的赔付主体逐步从企业中脱离开来。国务院令375号颁布《工伤保险条例》后，镇海区于2004年1月起顺利实施新的工伤保险制度，完善了工伤保险参保、赔付办法，使全区的工伤保险制度进入了一个新的时期。工伤保险的参保范围为区属各类企业，企业每月按缴费基数的不同缴费费率缴纳保险费，职工个人不缴费。工伤保险费率实行 0.4%～1%不等的行业差别费率，每 5 年根据企业不同的受工伤率调整一次。从 2006 年 10 月 1 日起，进一步扩大了工伤保险的参保范围，将行政区域内的事业单位、民间非营利组织及其全部在职职工也纳入参保范围。企业职工工伤保险情况见下表 5—5：

表 5—5　　1998—2008 年镇海区职工工伤保险一览表　　单位：人、万元

年份	参保人数	基金收入	基金支出	滚存结余
1998	16045	25.90	0.06	25.84
1999	16113	99.21	7.95	117.10
2000	16475	121.81	58.40	180.51
2001	17700	157.52	47.34	290.69
2002	17531	192.97	81.51	402.15
2003	20174	210.90	113.62	499.43
2004	23148	204.11	204.39	499.15
2005	34279	223.41	281.49	441.07
2006	57871	401.55	467.78	374.84
2007	75324	618.37	784.75	208.46
2008	99629	833.15	1014.92	26.69

五、建立企业职工生育保险制度

生育保险是一项专门保护女职工的社会保险，是社会保险的重要组成部分。镇海区的生育保险制度是为适应新时期发展的需要，于 2003 年 5 月开始建立的。凡是区内的城镇各类企业（民办非企业视同企业）及其职工，均应参加城镇企业职工生育保险，并按规定履行缴费义务。用人单位以在职职工缴纳基本养老保险费的基数作为缴纳生育保险费的基数，按0.5%缴纳生育保险费。生育保险基金和其他社会保险一样，实行收支两条线管理。截至2008年年底，全区区属企业参加生育保险职工96724人。

面对镇海区女职工在工作中出现的新情况、新问题，镇海区要求各企业单位在改革中要切实注意女职工的正当利益，落实女职工的特殊保护；实行浮动工资时，不应扣除或减少女职工“四期”[①]中各种休假工资；在减少孕期、哺乳期女职工工时的同时，应相应地减少工作量。并进一步依法加强监察力度，督促各类企业认真贯彻落实国家有关法律、法规，严肃查处侵犯女职工合法权益的案件。

从2007年5月份起，为了确保生育保险基金收支平衡，生育保险平稳运作，保障职工合法权益，根据市政府有关规定，生育保险基金缴费比例由原来的0.5%提高为0.7%。其企业职工生育保险见下表5—6：

表5—6　　2005—2008年职工生育保险一览表　　单位：人、万元

年份	参保人数	基金收入	基金支出	滚存结余
2005	27829	190.07	154.88	100.51
2006	34644	247.74	166.83	181.62
2007	44710	426.77	350.82	257.57
2008	96724	899.55	494.22	662.90

① 注：保护女职工“四期”是指妇女生理机能变化过程中的保护，一般指女职工的经期、孕期、产期、哺乳期的保护。

第六章　企业改革影响深刻的六大问题

企业改革是城市经济体制改革的中心环节，它既是一场解放和发展生产力的大革命，同时也是一场所有制结构变革的大革命。它具有社会震撼面最广、利益调整面最大和人们思想观念转变最直接、影响最深刻的特点。镇海区18年的企业改革，经历了经营权制度改革和产权制度改革两个时期的实践和探索，人们从中得益匪浅。其中，在创建现代企业制度、维护国有集体资产权益、转变政府职能、实施再就业工程、理顺国家同企业产权关系、理顺企业同职工劳动关系等方面重大改革探索过程中，无论是成功实践还是经验教训，给人们留下了深刻影响。就此，笔者提出一些企业改革问题的思考意见，分节录如下，与读者共同探讨。

第一节　制度创新是转换企业经营机制的必然选择

1994年11月，中共十四届三中全会作出的《关于建立社会主义市场经济体制的若干问题决定》中提出："企业改革的方向是建立产权清晰、权责明确、政企分开、管理科学的现代企业制度。"这就标志着中国企业改革，已由政策调整型的经营权制度改革，转变到制度创新型的产权制度改革新时期。这一转变不仅是经营权制度改革实践与探索的结果和延续，同时也是转换企业经营机制的必然选择。为此，镇海以此为契机，在全区实施了产权制度改革。从而使企业走出了远离行政效力、紧贴市场、自我生存与发展的新路子。

1983年6月至1997年6月，镇海国有、城镇集体企业实施了长达14年的经营权制度改革（其中乡镇企业1984年10月至1993年7月9年）。在改革过程中，镇海区为增强企业活力，克服旧制体制下国家对企业管得过多、统得过死的弊端，以实现政企分开、两权（所有权与经营权“下同”）分离为目标，采用政策调整的方式，在经营权制度改革的层面上，对国有企业利改税、扩大企业自主权、实行厂长（经理）负责制、推行承包经营责任制等方面出台了一系列改革举措。从中有一部分企业，以外部改革为契机，对劳动用工、工资分配和保险福利等方面进行了企业内部配套改革，从而较好地确立了企业同职工的分配关系，调动了职工积极性，使企业充满了生机和活力。但是，有相当一部分国有、大集体企业，由于众多因素，却难以为继，经济效益每况愈下，困难重重，他们同样在获得自权的条件下却没有自治、自控、自强的能力。不仅影响了企业自身的生存与发展，更严重地阻碍了镇海社会经济的发展。

诸如本书第一章“第二节国有、城镇集体企业产权制度改革的必然性”中，例证的全区有三分之二以上企业存在着利润逐年下降、投入产出比例失调、潜亏严重、资本收益低等影响企业生存与发展的四个方面问题，以及经营成果被转移和流失、经营行为扭曲、历史包袱沉重等影响企业生存与发展的三个方面的制约因素。从表面上看，是由企业经营不作为所引起的，但从改革的深层次来分析，影响企业生存与发展的内在经营机制，在营运方式上还存在着不能适应市场经济体制的要求。其实，镇海经营权制度改革中，推行政企分开、“两权”分离、利改税、扩大企业自主权，承包制、租赁制等一系列政策和措施，无可否认在一定的时期和范围内有成功方面的经验，但从总体上来说，还没有达到

"使企业充满生机与活力"的目的。诸如承包制在实行初期确实起到了一些积极的作用，但经过几年的实践，也暴露出其本身性质所带来的缺点或问题，主要存在着短期行为、包盈不包亏等，这是必然的，因为承包制等经营权制度改革并没有实现企业经营机制根本转换，可以说只是对传统经济体制的初步改良，是旧体制向新体制转换中的一种过渡性措施。还没有从根本上真正触及公有制企业（指国有企业和集体企业）的经营机制。企业经营机制是与企业体制直接联系的，机制是体制的产物，有什么样的体制，就有什么样的经营机制，而机制是企业"内在的机能"，单靠外界环境或行政命令之类是转换不了企业经营机制的，如果能转换，也不叫机制了。不同所有制形式的企业，有不同形式的经营机制，公有制企业有它自身固有的经营机制，股份制企业必然存在自已的经营机制，个体户也必然有个体户的经营机制，合资企业有合资企业的经营机制，是与企业所有制形式密切相联系的。

实行"股份制"，是转换公有制企业经营机制的有效途径。镇海区在产权制度改革的过程中，占全区经济总量80％以上的146家企业，按照产权明晰、政企分开、权责明确、制度创新的方式和公司法规范要求，改组设立股份有限公司、有限责任公司和股份合作制企业，使企业生机与活力得到充分体现。这是因为：一是市场经济需要产权边界，但公有制企业中的产权边界不清，难以形成独立核算的经济实体，而股份制企业产权边界清晰，形成了独立核算的经济实体；二是市场经济建立在利益与风险对称的基础上，但公有制企业负盈不负亏，不能形成自我约束机制，而股份制企业利益由股东共享、风险由股东共担，形成了自我约束机制；三是市场经济运行以市场为依托，成败由市场作评价，但公有制企业以行政效力为基础，企业的前途与命运由长官意志左右，而股份制企业经济运行由股东选举的董事会执行，使两权分离真正落实到实处，企业命运由股东自己决定。由此，从企业改革的实践中提示我们，企业制度创新，是转换企业经营机制的必然选择，要转换企业经营机制，必须先转变所有制组织形式，实行股份制改组。

第二节　维护国有、集体资产权益是产权制度改革的重要内容

维护国有、集体资产权益，是指产权制度改革中，对国有、集体企业改组时的资产重组管理和重组后对国有、集体的资产运行管理（以下简称“两项管理”）。资产重组管理内容主要包括资产评估和界定，资产提留、核销和剥离，资产转让和置换；资产运行管理内容主要包括建立国有、集体资产管理体系和投资经营。“两项管理”的主要任务，前者为防止资产流失，后者为资产保值增值。镇海区“两项管理”与企业产权制度改革，基本上做到了同步进行、规范运作、工作到位、管理有效的要求。

一、企业资产重组管理

从1993年起，镇海区为了有效地推进乡镇企业和国有城镇集体企业产权制度改革，从有利于维护国有、集体资产权益和有利于调动企业改制积极性出发，在企业资产重组管理中主要做了以下工作：

一是政策引导。对乡镇企业和国有、城镇集体企业实施产权制度改革的资产评估、产权界定、股权设置、产权出售、债权债务处理、土地处置、房产过户和资产提留、核销、剥离等方面，区委、区政府在1993年8月2日和1997年7月10日，分别出台了相关文件，并在定性和定量上提出了具体工作要求，为企业资产重组，理顺产权关系提供了政策依据。

二是操作规范。区政府相关职能部门，根据区委、区政府和国家规

定要求，对涉及改制企业提留、核销、剥离资产的财务处理和土地、房屋不动产的运作上，分别制订了相关工作程序。其中：财务处理方面：对企业计提和核销的盘亏、报废产品（商品）削价、坏账（指“账销案存”资产）的财产损失，未弥补亏损、住房周转金、应付福利费红字，应摊未摊、应提末提费用，坏账准备金，改制前欠职工医疗费、工资、社保统筹金和医疗保险金，富余人员补偿费，风险准备金，职工工资、奖金余额，待处理固定、流动资产损失，职工安置基金，离退休人员医疗费，职工遗属补助费，工伤、长病人员工资、医疗费用、独生子女费等10多项会计科目，在财务记账方式上都一一作了规定；国有土地处置方面：主要包括土地使用方式、划拨土地改办租赁、土地使用权登记和办证、土地出让、租赁、评估和入股等在操作上作出规定；房屋过户方面：主要包括房产登记发证、转让、抵押和评估、交纳税费等方面提出了明确的要求。

三是审批有序。为了有效地贯彻落实资产重组的各项政策和规范资产重组行为，区里建立了国有、城镇集体企业资本金划分的申请审批制度。即改制企业在资产评估、界定确认的基础上，由企业按照区财税部门预先设定的《改制企业资本金划分审批表要求》，由企业填写后报企业主管部门审核，再按国有、集体不同经济类别，分别报送区国资办和财政税务局批准后组织实施。“资本金划分”主要内容有企业评估确认资产，提、核、剥资产和改制实有资本三方面组成。其中，评估确认资产是指资产评估、界定确认的总资产、总负债和所有者权益；提、核、剥资产是指提留的职工各项安置费用，核销的不良资产和剥离的非经营性资产；改制实有资本是指所有者权益减提、核、剥资产后的剩余资产。

二、国有、集体资产运行管理

1995年和1996年，镇海区分别推行了镇（乡）、村农村集体资产管理体制改革和国有资产运营管理体制改革。其中，镇（乡）、村农村集体资产管理体制改革中，按照健全组织、清产核资、建立制度、探索路子的要求，在庄市镇（村）试点的基础上，向全区全面推开。通过改革，镇（乡）级建立了社区集体资产管理代表大会、管理委员会和资产经营公司三级网络；村级完善了村社员代表会议、管理委员会和村经济合作社的组织制度。并在清产核资、产权登记的基础上，相应地建立农村集体资产的运行管理的规章制度。国有资产运营管理体制改革后，形成了区国有资产管理委员会（下设国有资产管理办公室）、国有资产经营公司和投资企业三级网络体系。全区成立的工业、粮食、商业、物资国有资产经营公司，由国资委授权进行投资经营，并实行独立核算、自负盈亏。与此同时，对区供销社、区二轻局联社集体资产管理体制也作了相应改革。由此，为镇海区国有、集体资产运行管理和实现保值增值提供了组织和制度保证，达到了政资分离和政企分开的要求。

三、“两项管理”再思考

根据前面谈到的资产重组和运行的两项管理，从改革的实践来看，所取得的效果是显而易见、有目共睹的，这是人们最基本的评价一面。但另一面，对产权转让公正性问题、剥离资产的后续管理问题和资产运行管理问题等，有不少人对此存在一定异议。

一是产权转让公正性问题。有人认为，产权全额或部分以议卖、竞买的方式出售给个人经营的企业，多为由所有者与经营者，以议卖方式实现的。存在着所有者与经营者一对一谈判，讨价还价，卖方一让再让，买方得寸进尺，最后让经营者受益的暗箱操作现象，缺乏产权转让的公开、公正、公平的竞争机制。而产权出让当事人认为，在产权转让中采用公开、公正、公平竞争，无疑是正确的。但考虑：（一）在当时法律还不健全、市场还不完善和人们资本积累小的历史条件下，用“拍卖”的方式转让产权时机还不成熟。（二）出于保持产权转让后企业的生产经营连续性需要，选择原经营者为买方较为合适。（三）产权转让企业多为小微亏企业，养起来不如卖出去，长痛不如短痛。（四）在卖与买，虽然没有引入竞争机制，但产权出让方也有一定的审核审批程序，如资产评估、对买方综合素质考核、卖买双方谈判、签订转让协议、集体讨论决定等。

二是剥离资产的后续管理问题。剥离资产是指理顺国家同企业产权关系期间，镇海区为了减轻改制企业负担和调动改制企业积极性需要，企业按照规定剥离后，由企业有偿使用的非经营性资产和土地资产。为了加强对企业剥离资产的管理，区财政局曾于2005年，按照区国有资产管理委员会下发的《关于进一步加强区属国有改制企业剥离资产管理的若干意见》文件规定要求，对改制企业剥离资产的类型、数量、价值、运作、占用及收入等方面进行了清理核实，基本掌握了全区改制企业剥离资产的情况。但由于这些剥离资产与改制企业历史遗留问题纠缠在一起而情况比较复杂，解决或执行起来有相当难度。至此，原工业、粮食、城建等系统中，仍有某些企业的剥离资产管理还存在着价值不清、无偿占用、运作不规范等状况。对此，有人认为，镇海区理顺产权关系已经多年，剥离资产的后续管理，应当面对历史现实，区别不同企业实际情况，通过再清理的办法，按照国家有关规定，依法办理产权出让手续，或收归国有后，再委托资产经营公司折价入股或租赁经营。

三是国有资产运行管理问题。1996年7月至2001年8月，镇海区国有资产管理体制改革以来，从投资经营角度上来看，运行较为正常，在资产保值增值等收益方面已取得了良好效果。近年来，镇海区随着社会经济的不断发展，国有资产投资范围得到了不断扩大，由原来只对改制企业投资经营已延伸到对新建企业的投资经营；投资规模也得到了不断壮大，据区国资部门提供的资料显示，到2006年镇海区专营国有资产投资公司已从原来3家增加到7家，投资规模已达14.5亿元。其中工业、商贸、粮食3家老的国有投资公司的国有资产约为1.7亿元，近年新注册的镇投、新城、海江和蟹浦（化工区）4家投资公司的国有资产约为12.8亿元。国有资产投资范围的扩大和投资规模的壮大，就如何进一步完善、规范国有资产运行管理，已成为镇海区稳定社会经济可持续发展的重要内容。对此，有人认为，镇海区国有资产运行体制上已建立了国有资产管理委员会（下设国有资产管理办公室）、资产经营公司和投资企业三个层次的运行管理框架，为国有资产的投资经营、监督管理起到了积极的作用。但按照制度化、规范化、法制化要求还有较大差距，有待于进一步完善和规范。主要表现：（一）对国有资产所有者（国资委）与经营者（投资公司）的各自职责还没有真正到位；（二）对国有资产营运中的风险预警机制和实时监控机制尚未建立；（三）对投资公司自身一些对外投资、对外提供担保等方面，在操作上还有待于进一步规范；（四）对国有控股（参股）企业法人治理结构的运作上不尽完善，股东会、董事会、监事会和经营层各司其职也没有完全到位；（五）对资产监管与行业管理相结合的监管新路子还有待于探索和实践。

第三节　转变政府职能是推进企业改革的重要环节

以往政府的行政主管部门扮演着既是社会经济的调控者，又是企业的直接管理者的双重角色。随着产权制度改革不断深化，企业的人、财、物和产、供、销的资源配置，已逐步地实现了市场化运作。行政主管部门，也从直接管理企业的具体事务工作逐步地解脱出来，转变政府职能已成为政府必须面对的重要课题。对此，镇海区始终坚持把转变政府职能，作为推进企业改革重要环节与企业改革紧密地结合在一起，审时度势，在剥离行政审批权限、经济主管部门转体、建立行政服务体系等方面取得了较好效果。

一、剥离了行政审批权限

一是干部任免权。改革前，企业的领导干部采用分级管理的办法。即国有企业的厂长（经理）由区政府任免；集体企业的领导干部由企业主管部门任免。从 1997 年企业产权制度改革起，企业陆续实施了股份制改组。改组后的股份制企业，按照公司法规范要求，设立了股东会、董事会、监事会制度。企业的董事、监事改由股东会选举或罢免；董事长改由董事会选举或罢免；经理改由董事会聘任或解聘。

二是人事调配权。改革前，国有企业的干部和大中专毕业生，统一由区人事管理部门进行管理和调配。后随着企业改革的逐步深化和人事管理制度的改变，由此区人事部门适时地由管理型转变为服务型，建立了区人才服务中心。人事管理制度的改变和区人才服务中心的建立，不仅使企业获得了按照生产需要自主招聘的权力，并为企业自主招聘提供了方便。

三是职工调动权。改制前，职工劳动就业，国家实行的是高度集中的“统包统配”的用工制度。劳动者一旦分配工作后，企业间调动、异地工作，都有一套严格的、烦琐的调动制度。有的职工要求调动工作，一辈子也不能解决问题。镇海区从 20 世纪 80 年代开始，随着企业劳动合同制的逐步完善和市场化用工机制的逐步建立，到 2001 年起，按照“制度化、专业化、社会化”的要求，建立了劳动力市场，形成了企业与职工的双向选择、自主用工、自主择业、能进能出的市场化用工机制。由此结束了长期以来职工调动由国家“统保统配”的用工制度。

四是职工工资调整权。改革开放以前很长一段时间里，我国国有、大集体企业，在工资分配上，实行的是固定工资制，职工工资收入按工龄长短、八级工资制的格局进行分配。在改革开放后的1988年起，企业逐步地推行了工资总额同经济效益挂钩的办法，给企业在核定的工资总额内，有了分配自主权。到1994年以后，镇海区进入工资制度改革深化阶段，开始推行企业最低工资保障制度、劳动力市场工资指导价位制度和工资指导线制度。由此，企业逐步地形成了，可以在国家宏观调控下，按照工作的易难程度，企业可以自主确定生产工人计件工资制、管理人员岗位工资制、领导干部年薪制等多种工资分配形式。

二、企业主管部门转体改革①

1997年产权制度改革初期，镇海区承担行政执法与企业管理双重职能和承担企业管理单一职能的部门共有17个。其中承担行政执法与企业管理双重职能的有区城建局、交通局、粮食局、农业局、外经贸局、计经局、民政局、贸易局、教育局、水产局和乡镇企业管理局11个政府工作部门，结合机构改革时，采用精简机构与职能扩、并、撤相结合的方式转换了体制。对承担企业管理单一职能的区工业公司、纺织丝绸工业公司、二轻工业公司、商业局、物资局、供销合作社6个企业主管部门结合国有及城镇集体企业产权制度改革时，与企业理顺产权和劳动两个关系后，于2002年9月，按照镇海区经济主管部门转体改革要求，重组新建工业、商贸、供销3家国有（集体）资产投资发展有限公司，转为企业性质的法人实体和投资主体。

---

① 6个专业经济主管部门转体改革的具体做法，详见第八章丛录第三节专业经济主管部门转体改革。

三、建立行政服务体系

为了适应经济主管部门转体和政府对企业行政服务方式的转换需要，于2000年10月24日成立了镇海区经济服务中心（2004年10月更名为镇海区行政服务中心）。对全区工商，公安、外经、土管、房管等办证管理部门和政府采购、产权交易、建筑招投标等20余个行政服务部门，实行了集中办公，一条龙服务，使全区形成了较为完善的行政服务体系。为企业搭建了服务平台和改善镇海区经济发展外环境起到了积极、有效的作用。

第四节　理顺企业同职工劳动关系是实现市场化用工机制的必然要求

理顺企业同职工劳动关系，是指对1984年6月底以前参加国有、大集体企业工作的固定制职工的用工制度改革。这项改革，在产权制度改革中，与理顺国家同企业产权关系具有同等重要的两大支柱，是转换企业经营机制的重要载体，是实现市场化用工机制的必然要求。

一、旧体制下的用工制度不适应市场经济体制要求

随着经济体制改革的逐步深化，资源配置市场化程度要求越来越高的情况下，而旧体下形成的企业职工一次分配定终身，只能进、不能出的用工制度和“进了工厂门，就是国家的人”的传统观念越来越不适应社会主义市场经济体制的要求。对此，镇海区在经营权制度改革期间，对理顺企业同职工劳动关系，曾采用搞活固定工制度、实施企业内部“三项制度”（用工、分配、福利）改革、推行了全员劳动合同制和岗位合同化管理等多项举措，虽然在一定期限和逐步范围内起到了一定促进

作用，并取得了阶段性成效。但是，这些改革，由于具有一定局限性等原因，都没有从根本上解决旧体制下，职工就业一次分配定终身的用工制度。

二、改变职工身份是理顺企业同职工劳动关系的核心内容

镇海区为了实现市场化用工机制和企业职工由国家的人转变的社会“自然人”的指导原则下，在深化产权制度改革过程中，认真总结以往10几年用工制度改革的经验教训基础上，自1999年8月起，按照“理顺关系，适当补偿，承认工龄，续接社保”的要求，对1984年6月底以前参加国有、大集体企业工作的固定制职工（即与企业签订无固定期限的合同制职工）为主要对象，以理顺企业同职工劳动关系为目的，全区开展了改变职工身份的用工制度改革。为此，镇海区经过调查研究，精心策划，对深化产权制度改革、理顺劳动关系等方面出台了一系列具体操作办法和政策措施。并明确规定“企业进行产权制度改革时，原国有、大集体性质的职工身份不再保留，企业中的国家干部，除保留干部身份外，其余与企业职工一视同仁。改变身份的职工在改制后企业就业的应与企业重新签订劳动合同”。

此项改革，由于全区上下密切配合和企业职工高度理解，到2001年8月底前，全区应理顺劳动关系的国有、城镇集体企业，涉及16个经济主管部下属204户企业的12281名职工（不包括1999年7月底以前，被跨区域兼并的镇海棉纺织厂和被省、市行业归口划转的镇海运输总公司、镇海石油公司等企业的2937名职工，以及已实施关闭歇业、破产的企业），按照有关规定要求，改变了职工身份，理顺了劳动关系。

通过改革，最终使企业劳动用工管理纳入了市场化运行轨道。从此，企业可以根据生产经营需要决定用工数量和人员结构，职工则可依据自己的特长和爱好选择就业岗位的良好局面。形成了企业与职工双向

选择，自主用工，自主择业，能进能出市场化用工机制。

三、严格执行和把握政策是理顺企业同职工劳动关系的关键

理顺企业同职工劳动关系，是一项具有政策性强、社会关联度大、关系复杂和操作要求细密的特点。为此，镇海区为了积极、稳妥、有序地推进改革，对职工分流安置、社会保障、安置补偿费计发标准、资金来源等多方面出台了一系列文件，作出了详情的规定，为指导这项改革平稳过渡起到了积极作用。但在具体实施过程中，职工出于对企业间的安置补偿费计发标准等问题，所引发的职工个体和群体上访而停工停产事件时有发生，有的还比较严重，给企业生产和社会稳定带来了一定负面影响。

如 2001 年 3 月 25 日和 2001 年 8 月 25 日，区纺丝公司隶属的光华公司和丝织厂分别有 200 多名职工，群体上访区政府，造成光华公司部分停工停产 2 天，丝织厂全线停工停产 10 天。又如 2003 年 8 月 25 日至 9 月 7 日，由浙江航天中汇集团股份有限公司控股的宁波中汇纺织有限公司（原镇海棉纺织厂），因集团公司同业内部出现安置补偿费计发标准不一，以及 600 多名合同制职工向公司请求理顺劳动关系而未达到要求，而引发全厂性历时 12 天的停工停产事件，有近 2000 名在岗和不在岗（包括部分退休人员）职工介入了这一停工停产风波。

引发上述群体上访、停工停产事件出现，固然有多种起因促成，但人们比较一致的看法是：个别部门对企业职工安置补偿费计发标准，在政策执行上，存在着操作不够细密的原因是主要的。理顺劳动关系的安置补偿费标准高低，涉及每个职工的切身利益，企业中各个群体所关注的利益诉求引发不同的心情是可以理解的。在当时，如果相关部门执行政策的当事人，对职工的切身利益问题，用换位思考的方式，做到改革的方案设计周全一点；执行政策的因果关系和风险分析透彻一点；与职

工信息沟通真情、温和一点，上述事件就有可能避免，或许会使改革出现另一种良好局面。

第五节 实施就业再就业工程重要的是建立长效机制

20世纪90年代中后期，随着企业产权制度改革的不断深化和产业结构的调整，镇海一大批国有城镇集体企业职工下岗，职工再就业工程就成为镇海区最为重要的就业服务之一。1997年12月，镇海区成立了再就业工程领导小组，下设镇海区就业工程办公室，区财政拨付专项资金，形成“再就业工程专项经费”。此后，区里陆续制定和完善了就业、再就业的各项政策。1998年，全区有关各局（企业）也相继成立“再就业服务中心”。但是，这一系列的政策措施，再就业职工人数，还远远低于下岗职工人数，1998年城镇登记失业率开始攀升到3.16%，比1997年2.75%，上升0.4个百分点，到2000年城镇登记失业率上升到3.46%，为历史最高位的失业率。登记失业率见下表6—1：

表6—1　　1997—2008年城镇登记失业率一览表

年份	城镇登记失业人数（人）	城镇登记失业率（%）	年份	城镇登记失业人数（人）	城镇登记失业率（%）
1997	—	2.75	2003	1817	2.36
1998	—	3.16	2004	1904	2.34
1999	2019	3.39	2005	2054	2.32
2000	2027	3.46	2006	2085	2.26
2001	1869	3.37	2007	2164	2.26
2002	1454	2.68	2008	3793	2.97

为了解决下岗职工再就业（包括大中专、技校毕业生新就业），重

要的建立就业长效机制。“十五”期间，镇海区为拓宽再就业渠道，增加就业岗位，鼓励下岗职工自谋职业、自主创业者，制定了政府给予贴息的小额担保贷款、税费减免、行政事业费减免、再就业补贴等一系列促进再就业的优惠政策和实施办法，涵盖范围广，帮助力度大。2000—2002 年镇海区城镇下岗职工和失业人员实现就业数达 1 万余人次；城镇登记失业率由 2000 年的 3.46%，到 2002 年下降到 2.68%，下降 0.78 个百分点。2003—2007 年的城镇登记失业率年均为 2.3%。实施就业再就业的长效机制主要工作是：

一、政策扶持

企业通过理顺劳动关系，改变职工身份后，企业招工，职工就业已纳入了市场化用工机制轨道，但从下岗职工自谋职业、自主择业，实现再就业等方面还得有政策扶持和全社会关心；下岗职工自身也有一个适应的过程。对此，镇海区于 1997 年 12 月，成立了再就业工程领导小组，下设镇海区就业工程办公室，区财政拨付专项资金，形成了“再就业工程专项经费”。此后，镇海区陆续制定和完善了就业、再就业的各项政策。1998 年，全区有关各局（企业）也相继成立了“再就业服务中心”。“十五”期间，镇海区为拓宽再就业渠道，增加就业岗位，鼓励下岗职工自谋职业、自主创业者，制定了政府给予贴息的小额担保贷款，税费减免、行政事业费减免、再就业补贴等一系列促进再就业的优惠政策和实施办法，涵盖范围广，帮扶力度大。2000—2002 年，镇海区城镇下岗职工和失业人员实现就业数达 1 万余人次；城镇登记失业率由 2.75%，下降到 2.34%；财政给予再就业各项补贴的年费用，分别为 250.29 万元，1395.14 万元和 2658.75 万元。

2002 年至 2008 年产权制度改革后的 7 年内，区财政用于再就业政策扶持的各项补助、补贴费用累计已达到 16488 万元，计 54032 人次

（不含自主创业、自谋职业而已享受各项减免税费 9415 人次和贷款贴息 2235 人次的职工），各项补助、补贴见下表 6—2：

表 6—2 2002—2008 年镇海区职工下岗再就业专项经费使用情况一览表

项目	2002 年		2003 年		2004 年		2005 年	
	人数	金额	人数	金额	人数	金额	人数	金额
社保、用工补助	1906	223	5474	1308	6715	2381	6870	2858
灵活再就业补贴	—	—	—	—	—	—	—	—
再就业援助	—	—	48	9	213	139	357	79
公益性岗位补贴	103	18	137	22	114	24	300	257
生活困难补助	228	2	2440	24	617	6	118	27
职介补贴	67	2	393	15	1002	33	86	1
培训补贴	94	5	70	4	100	6	705	29
社保、用工补助	6801	2944	5823	2762	5217	1233	38806	13711
灵活再就业补贴	174	28	489	135	4233	437	4896	600
再就业援助	350	68	231	50	255	46	1454	391
公益性岗位补贴	332	378	297	415	294	388	1577	1502
生活困难补助	122	26	102	25	75	20	3702	130
职介补贴	—	—	—	—	—	—	1548	51
培训补贴	600	30	306	18	174	11	2049	103

再就业工程综合运用政策扶持和各种就业服务手段，实行企业安置、个人自谋职业和社会帮助安置相结合，充分发挥了政府、企业、劳动者和社会各方面的积极性，在一定程度上缓解了下岗失业人员的就业压力。

二、培育劳动力市场

1993 年 6 月 12 日，镇海区劳动力市场成立，地址为胜利路 28 号。2001 年，区劳动力市场迁址原镇海天一证券市场，占地约 1100 平方米，耗资140万元，按“制度化、专业化、社会化”标准建成。区人才劳动力市场建成后，不断探索运行模式的创新，并逐步形成了“逢8”举办招聘洽谈会的运行机制，即每月8日、18日和28日定期举办形式多样的劳动力交流会。2006年起，招聘会由原来的每月3场增加为每月6场，即每月的3日、8日、13日、18日、23日、28日。

2003年，骆驼街道、庄市街道又相继出资改建了当地的劳动力市场，骆驼劳动力市场占地1100平方米，庄市劳动力市场占地800平方米。三个劳动力市场基本覆盖了全区城乡，劳动力市场用工信息同宁波市劳动力市场联网，是全市劳动力市场信息网络的有机组成部分，方便了用人单位招聘职工和劳动者自主择业。

2008年年底，镇海区劳动力市场更名为“镇海区人力资源市场”。劳动力市场交流会举办情况见下表6—3：

表6—3　　2001—2008年镇海区劳动力市场录用情况一览表

年份	项目				
	共举办各类交流会总场次	进场招聘单位总家次	累计提供岗位总个次	进场求职总人次	反馈录用总人次
2001	5	191	2394	7170	—
2002	25	906	8197	24400	5639
2003	32	1559	13263	26040	5839
2004	47	2003	15746	38620	8884
2005	35	1890	13524	36550	6315
2006	68	3285	23893	51100	7496
2007	69	3430	33000	53200	8943
2008	66	3117	24172	52550	8045

三、拓展职业介绍机构

1992年4月，镇海区职业介绍所成立，和区就业处合署办公。同年

6月，更名为镇海区职业介绍中心。1993年5月，又更名为镇海劳务市场管理办公室。1997年12月，再次更名为区职业介绍中心。区职业介绍中心通过开展就业指导和咨询、提供劳动力供求信息、组织劳务分流活动等多种措施，为建立镇海区规范、诚信、服务优质的职介市场奠定了基础。2003年，区职业介绍中心被评为浙江省优秀公共职业介绍机构。

作为劳动力市场的重要载体，随着镇海区劳动力市场网络体系的建立和完善，职业介绍机构也迅速发展壮大。1986年，全区职业介绍机构仅有3家，到2008年，已经发展到29家，其中公共职介机构7家，民办职介机构情况见下表6—4：

表6—4　　1998—2008年镇海区民办职介机构一览表

年份	项目						
	职介机构数（个）		受理求职登记人次	介绍人次	介绍成功人数（人）	成功率（%）	职业指人数（人次）
	公共	民办					
1998	3	7	4195	3064	1714	55.90	—
1999	3	7	4798	3902	2879	73.78	—
2000	4	8	7027	5647	4648	82.30	6785
2001	4	8	12913	10504	6885	65.54	9735
2002	4	8	8846	9069	5027	55.43	9200
2003	7	19	7289	11066	6015	54.40	15968
2004	7	20	24609	25063	13595	54.30	28250
2005	7	20	22835	20833	14998	71.99	15985
2006	7	20	27660	26812	19681	73.40	19362
2007	7	21	17140	19706	14426	73.21	11998
2008	7	22	25407	17962	13163	73.28	17785

四、劳动保障事务代理

1998年，镇海区建立了劳动保障事务代理制度。劳动保障事务代理是为适应社会主义市场经济条件下市场就业机制的新要求而推出的。劳动保障事务代理的服务对象：（1）区内各企事业单位；（2）区内失业人员及从事个体劳动、外出务工或其他形式自谋职业的人员。劳动保障事务代理内容：（1）代管个人档案；（2）代办养老保险、失业保险、医疗保险等社会保险手续，代交社会保险费，到达法定退休年龄时代办正式退休手续。劳动保障事务代理制度的实施，有利于解除镇海区流动就业职工的后顾之忧，促进辖区内劳动力合理流动。2006 年《关于进一步加强就业再就业工作的实施意见》文件出台，劳动保障事务代理内容中新增了灵活就业人员的社会保险费代理工作。

表 6—5　　1998—2008 年劳动保障事务代理一览表　　单位：人、万元

项目	年份					
	1998	1999	2000	2001	2002	2003
养老保险参保人数	489	2016	4083	8460	9422	7038
收缴养老保险金额	61	191	427	1347	1724	—
收缴失业保险金额	—	33	62	0.82	3.76	—
医疗保险参保人数	—	—	—	4200	5626	4301
收缴医疗保险金额	—	—	—	177	324	—
办理退休人数	1	4	38	95	216	231

注：2003 年起，代理社会保险由现金收缴改为由银行代扣代缴，提高了服务效率。

续前（表 6—5）　　1998—2008 年劳动保障事务代理一览表　　单位：人、万元

项目	年份					1998～2008 合计
	2004	2005	2006	2007	2008	
养老保险参保人数	1413	1078	1347	1343	4486	41175
收缴养老保险金额	—	—	—	—	—	3750
收缴失业保险金额	—	—	—	—	—	99.58
医疗保险参保人数	984	1126	1461	1418	4528	23644
收缴医疗保险金额	—	—	—	—	—	501
办理退休人数	303	451	219	243	419	2220

第六节　职工为企业改革所作出的努力功不可没

当回顾历史、论功思源之时，镇海区人民不会忘记站在改革最前沿的1237户国有、城乡集体企业58179名职工，在理顺国家同企业产权关系和企业同职工劳动关系的改革中，他们所起的重要作用是不可低估的。特别在理顺企业同职工劳动关系的改革过程中，令人感动的是1984年6月底以前参加国有、大集体企业工作的20600多名老职工（含离退休职工），他们在计划经济的年代里，身强力壮、身体力行，在各自的工作岗位上以主人翁姿态，勤勤恳恳地工作，为国家为人民做出了自己应有的贡献；在企业转型改革的时期里，他们以维护改革大局利益为重，弃个人得失而不顾，积极地参与改革，投身于改革之中……这一切的一切，不仅起到了推进改革，最终使企业自身转换了经营机制，真正取得了独立核算，自主经营，自我发展，自负盈亏的法人实体和市场主体，而更重要的是营造了市场经济的微观经济基础，为使镇海社会事业和经济发展奠定了良好基础是功不可没的。

企业改革与其他体制改革一样，是一项顺应市场经济客观规律，包括权力、利益在内的社会资源再分配、结构再调整的改革。镇海在企业经营权制度改革和产权制度改革的两个时期里，随着改革的不断深化和产业结构的调整，有一大批国有、集体企业职工从原工作岗位上退了下来，进入了再就业服务中心，成了下岗待业人员。有资料显示，镇海区从1989年经营权制度改革时期，至2001年产权制度改革基本完成后的13年间，涉及企业劳动用工制度改革的有四次：首先是在1989年1月至1991年3月，为实现劳动力与生产资料有机结合，以优化劳动组织为核心内容，全区开展了搞活固定工制度改革；其次是在1991年4月至 1994 年 6 月，全区在贯彻企业法时为克服平均主义大锅饭，调动企业职工积极性，企业内部实施了用工、分配、福利三项制度改革；再次是在 1994 年 7 月《中华人民共和国劳动法》颁布后，为克服企业内部固定工和合同工“两制”并存的矛盾和从根本上改变旧体制下职工就业一次分配定终身的用工制度，全区推行了全员劳动合同制和岗位合同化管理改革；最后是在 1999 年 8 月至 2001 年 8 月，为理顺国有、大集体改制企业同职工劳动关系，全区开展了改变职工身份的劳动用工制度改革。以上四次用工制度改革中有近 4000 名职工下岗。再加上在产业结构调整中，由于企业自身经营不善、产品缺乏市场、生产得不到正常运行，资不抵债而难以维持生计的 60 多家企业实施关闭歇业和破产，从中也有 1500 多名职工由此失去了工作岗位。

民以食为天，劳动就业是人们生存之源。对此，镇海区委、区政府为了维护在历次用工制度改革和产业结构调整中下岗职工的利益，始终坚持把改革用工制度与下岗职工再就业、社会保障、职业技术培训等方面紧密结合在一起。特别是在国有企业、城镇集体企业产权制度改革期间，镇海区综合运用了政策扶持和各种就业服务手段，对下岗职工再就业，采取了企业安置、个人自谋职业和社会帮助安置相结合的办法，这在较大程度上对保障下岗职工再就业起到了积极作用。其中区财政对下岗再就业的扶持政策已成为长效机制，据区劳动管理部门专项统计，2002 年至 2008 年产权制度改革后的七年内，区财政用于再就业政策扶持的各项补助、补贴费用累计已达到 16488 万元，计 54032 人次（不包括自主创业、自谋职业已享受减免的各项税费 9415 人次和贷款贴息 2235 人次）。其中：⑴用于社保、用工补贴的有 38806 人次，计 13711 万元；⑵用于灵活再就业补贴 4896 人次，计 600 万元；⑶用于再就业援助补贴 1454 人次，391 万元；⑷用于公益性岗位补贴 1577 人次，计 1502 万元；⑸用于生活困难补助 3702 人次，计 130 万元。⑹用于职介补贴 1548 人次，计 51 万元；(7)用于计算机操作、服装裁剪、家政服务、烹调、维修电工、面点制作、保安等近 40 个专业岗位，给予免费培训和对培训周期长给予生活补贴的有 2049 人次，计 103 万元。

有党和政府关心支持，以及下岗职工发扬自强不息精神，通过他们自身的不懈努力，镇海区下岗职工再就业工作取得了良好效果。有的通过劳动再就业服务部门的职业技术培训，重新获得了就业的机会；有的根据自己的专业特长，自谋职业；还有一部分职工把下岗作为第二次创业的契机，瞄准市场，发展自己，自主创业，已成为当今社会经济发展的新生力量。但是，也有相当一部分下岗职工，由于年龄偏大（不到法定退休年龄）、身体偏弱，下岗后失去了再就业机会，家庭人均可支配收入明显减少，从国民收入分配结构来看，已成为弱势群体。

功在当代、利在千秋。历史已经证明，镇海企业改革是一项光前裕后的事业，职工为企业改革所作出的努力，已成为人们心目中永恒的历史记忆。

第七章　企业改革已成为推进镇海经济持续发展的重要动力源

镇海区历时18年的企业改革，从2001年8月划上句号算起，至2010年已有10个年头。在回顾镇海企业改革的历史进程中，全区人民在历届区委、区政府的领导下，沿着党的改革开放路线，经历了一场史无前例、艰难曲折而卓有成效地探索和实践记忆犹新。通过改革，使全区618家竞争性国有、城乡集体企业（不包括应理顺619家名为公有制，实为个私企业的产权关系），成功地实施了股份制转制和产权转让置换、歇业破产重组改革（以下简称“转制和重组改革”），理顺了国家同企业的产权关系；与此同时，按照企业与职工双向择业的市场经济运行方式，成功地实施了用工制度改革，其中有204家国有、城镇集体企业，按照“转变身份、适当补偿、承认工龄、续接社保”的办法，改变了12281名国有、大集体企业无固定期限职工的身份①，理顺企业同职工的劳动关系。至此，使镇海区属国有企业、城乡集体企业从根本性地改变了旧的计划经济体制下的管理模式，走上了新型的社会主义市场经济体制运行轨道。

企业改革是一项“功在当前，利在千秋”的事业。镇海区在产权制度改革期间实施“转制和重组改革”的企业，至2010年已时隔有15年

---

① 不包括被跨区域兼并的镇海棉纺织厂和行业归口划转的镇海运输公司、镇海石油公司等企业的2935名国有、大集体身份的职工。

上下的历史。在这段不算太短的时期里，他们在市场经济优胜劣汰的大潮中与不同的经济实体企业融合在一起，以市场主体地位的身份，面对联结着企业的资本、产业、技术等结构上的存在问题不退缩，而是不断地去迎合、去开拓、去调整，在磨练中发展自己。当下，从企业发展数据展示：实现投资主体多元化和提升产出能力、提高运行质量、调整产品结构、拓展外向型经济等方面，已经取得了实质性成果，展现了良好发展态势。这大概就是企业改革由开花到结果，已经到收获期了吧！

本章，以“企业改革已成为推进镇海经济持续发展的重要动力源”为题，重点记述工业企业转制和重组改革后的10年间（2001—2010），与不同经济实体企业结合在一起，为实现多元化经济并存发展、加快工业发展速度、提升工业经济运行质量、提高工业行业产出能力、拓展进出口贸易业务、营造工业行业领军型企业等方面，用数据传递的方法予以佐证。

第一节　走上了由单一公有制经济向多元化经济并存发展的新路子

投资主体多元化是实现公有制与市场经济有效结合的重要途径，有利于增强企业的市场竞争力。1989年及以前，镇海区属工业企业均为国家、集体所有的单一公有制经济。之后，随着国家实行“对外开放、对内搞活”的政策逐步深入，从1990年起中外合营企业、全民与集体合营企业、个体私营企业也随之兴起。1993～2001年镇海区实施产权制度改革，期间有618家竞争性区属国有、城乡集体企业实施转制重组改革。其中占经济总量80%以上的144家国有、城乡集体企业，按照产权明晰、政企分开、权责明确、制度创新的方式和《中华人民共和国公司法》规范要求，以及省市关于组建股份合作制实施意见，实现了股份有限公司、有限责任公司和股份合作制转制改制（详见第八章丛录第二节

“股份制改制企业名录”），其余小微亏企业，实施产权转让、拍卖置换和破产歇业等方式实现了资产重组。

实施“股份制”转制改革的144家企业，按行业分类，属工业类企业有103家；属建筑业、交通运输业、商贸服务业等非工业类企业有41家。此后，镇海区属工业企业，彻底地改变了公有制经济一通天下的局面，实现了国有、集体、个体、港澳台、外商等多元化经济主体并存发展的格局。

根据《镇海统计年鉴》记载：1993年规上工业企业455家，从业人数35546人，实收资本总额为4.36亿元。其中：国家资本金1.50亿元，占27.5％；集体资本金2.52亿元，占57.8％；个人资本金0.07亿元，占1.6％；港澳台资本金0.27亿元，占6.2％。

2001年区属规上工业企业230家，从业人数37748人，实收资本金总额上升到17.36亿元，是1993年的3.98倍，年均增长18.85％。其中：国家资本金3.35亿元，占19.3％；集体资本金1.96亿元，占11.3％；法人资本金1.74亿元，占10.0％；个人资本金2.98亿元，占17.2％；港澳台资本金1.76亿元，占10.1％；外商资本金5.57亿元，占32.1％。

2010年区属规上工业企业1060家，从业人数126493人，实收资本金总额达到126.96亿元，是2001年的7.13倍，年均增长24.39％。其中：国家资本金4.93亿元，占3.9％；集体资本金2.12亿元，占1.7％；法人资本金32.93亿元，占25.9％；个人资本金26.67亿元，占21.0％；港澳台资本金24.8亿元，占19.5％；外商资本金35.51亿元，占28.0％。

1993—2010年五个年度的工业企业资本金权属变化情况见表7—1。

表 7—1　　1993～2008 年区属规上工业企业"实收资本金"权属一览表　单位：亿元

相关年度	实收资本总额	实收资本金权属						
		内资小计	其中				港澳台	外商
			国家	集体	法人	个人		
1993	4.36	4.09	1.50	2.52	—	0.07	0.27	—
1998	13.72	8.82	2.74	2.27	2.58	1.23	1.92	2.98
2001	17.36	10.03	3.35	1.96	1.74	2.98	1.76	5.57
2005	53.55	27.68	2.85	1.58	11.14	12.11	11.65	14.22
2010	126.96	66.65	4.93	2.12	32.93	26.67	24.80	35.51

第二节　加快了工业发展速度
提升了经济运行质量

为衡量工业企业转制前后的经济运行质量和发展水平，笔者首先考虑的是如何能够反映经济运行质量和发展水平的内在要求，故此收集了工业总资产、年平均资产总额、工业总产值、工业资本金、工业增加值、利润总额、税金总额等多项经济指标的数据；其二以表格形式，设置了三个或多个年度的经济指标（具体以《镇海统计年鉴》设置的经济指标而定）；最后按照相关规定的计算公式，求得经济运行质量和发展速度的工业总资产产值率、总资产贡献率和全员劳动生产率的数据。

一、工业总资产产值率

"工业总资产产值率"是一项衡量企业投入产出的水平高低的综合性指标，总产值数值占总资产数值越大，证明工业总资产产值率就越高，反之则越低。工业总资产产值率由工业总资产、工业总产值两项经济指标组合，设置1997、2001、2010三个年度。1997年为起始年，总产值完成40.3亿元，总资产为40.8亿元，工业总资产产值率为-0.1%；2001年总产值81.5亿元，总资产63.9亿元，工业总资产产值率为127.6%；2010年总产值789.9亿元，总资产403.8亿元，工业总资产产值率为195.6%。三个年度的工业总资产产值率，除1997年出现了微量负数外，后两个年度工业总资产产值率出现了快速递增态势，2001年比1997年净递增127.7%，2010年又比2001年的递增了68%。内资企业、港澳台公司、外资公司三个年度的工业总资产产值率见表7—2。

表7—2　　镇海区规模以上工业企业“工业总资产产值率”情况一览表　单位：亿元

相关年份		1997		2001		2010	
指标名称		总产值	总资产	总产值	总资产	总产值	总资产
总计		40.3	40.8	81.5	63.9	789.9	403.8
其中	内资	31.2	29.3	40.8	39.0	383.4	231.9
	港澳台	4.4	5，0	7.9	9.3	170.9	95.8
	外商	4.7	6.6	32.8	15.6	235.7	76.2

注：计算公式：总资产产值率=总产值/平均总资产×100%。

二、工业总资产贡献率

总资产贡献率，由年度平均资产总额、利税总额（利润总额+税金总额）两项经济指标构成，设置1990、2000、2010三个年度。1990年为起始年。2010年平均资产总额为373.91亿元，利税总额115.94亿元（其中，利润总额49.68亿元、税金总额66.26亿元），总资产贡献率为31.01%。2010年比1990年的12.66%，净增加18.35个百分点；比2000年的11.73%，净增加19.28个百分点。2010年利税总额为

115.94亿元，是2000年的6.52亿元，增加17.84倍，年均递增37.74%；比1990年0.69亿元，增加168.03倍，年均递增31.0%。工业总资产贡献率见表7—3。

表7—3　镇海区规模以上工业企业“总资产贡献率”情况一览表

指标名称		单位	相关年份		
			1990	2000	2010
总资产贡献率		(%)	12.66	11.73	31.01
平均资产总额		亿元	5.45	55.56	373.91
利税总额		亿元	0.69	6.52	115.94
其中	利润总额	亿元	0.36	4.33	49.68
	税金总额	亿元	0.33	2.19	66.26

注：计算公式，总资产贡献率＝（利润总额＋税金总额）/平均资产总额×100%；平均资产总额＝（年初资产总额＋年末资产总额）/2。

三、全员劳动生产率

全员劳动生产率由工业增加值、从业人数两项经济指标组合，设置1992、2001、2010三个年度，1992年为起始年。是年，实现工业增加值3.36亿元，从业人数33011人，全员劳动生产率为10178元/人·年；2001年工业增加值完成15.14亿元，从业人数37748人，全员劳动生产率为40108元/人·年；2010年工业增加值完成137.58亿元，从业人数126493人，全员劳动生产率为108748元/人·年。

其中：工业增加值，2010年比2001年增加9.09倍，年均增长27.79%、2010年比1992年增加40.95倍，年均增长21.58%；从业人数，2010年126493人，比2001年37748人，增加3.35倍，年均增长14.38%、2010年比1992年33011人，增加3.83倍，年均增长

7.32%；全员劳动生产率，2010年比2001年增加3.94倍，年均增长11.71%、2010年比2001年增加103.77倍，年均增长27.68%。全员劳动生产率见表7—4。

表7—4 镇海区规模以上工业企业“全员劳动生产率”情况一览表

指标名称	单位	相关年份			2010年比2001年年均增长率	2010年比1992年年均增长率
		1992	2001	2010		
工业增加值	亿元	3.36	15.14	137.58	27.79	21.58
从业人数	人	33011	37748	126493	14.38	7.32
全员劳动生产率	元/人·年	10178	40108	108748	11.71	27.68

注：计算公式，全员劳动生产率=工业增加值/从业人员。

第三节 提高了工业行业产出能力 拓展了进出口贸易业务

提高工业行业产出能力和拓展进出口贸易业务，都是跟“工业销售产值”密切相关联的两个方面。前者是指以“产”为核心，其意是：提高工业中每个“行业”（产业）产品质量和数量的产出能力；后者是指以“销”为核心，其意是：一方面从国外进口生产所必须的原材料和先进技术装备，为制造优质产品提供保障，另一方面将企业生产的产品销往国外。对此，镇海区在企业转制和重组改革后的10几年间，为提高工业行业产出能力、拓展进出口贸易业务方面的工作是卓有成效的。

一、提高工业行业产出能力

“工业行业产出能力”指的是“工业行业销售产值”的能力。为了对企业转制改革前和改革后的数据对比，按工业（产业）分类，设置2001、2010两个年度的工业销售产值数据（2001年度是指完成工业企业转制改革当年的数据；2010年是指企业转制改革后第10个年头的数据）。2010年区属工业共有30个行业（其中制造业28个，电力、燃气、水的生产和供应业2个）比2001年25个增加5个；2010年实现销售产值774.89亿元，是2001年65.03亿元的9.86倍，年均递增31.7%（其中制造业768.31亿元，是2001年62.88亿元的12.22倍、年均递增32.06%；电力、燃气、水的生产和供应业5.00亿元，是2001年2.46亿元的2.03倍，年均递增8.18%）。

2010年工业销售产值10亿元以上的行业共有15个，其销售产值为727.96亿元，占当年工业行业销售产值总量774.89亿元的93.94%，其中年销售产值100亿元以上的行业共2个，分别是化学原料及制品制造业189.43亿元和通用设备制造业111.71亿元。2001年工业销售产值10亿元以上仅有2个工业行业，其销售产值为26.23亿元，占当年销售产值总量的40.33%。2010年和2001年工业行业销售产值比照[①]见下表7—5。

表7—5　　2010年和2001年工业“产业销售产值”比照一览表　单位：亿元

排序	工业产业	相关年份		2010比2001年	
		2001	2010	增加倍数	年均递增率（%）
	合计	65.03	774.89	11.92	31.7
一	**制造业**	**62.88**	**768.31**	**12.22**	**32.06**
1	化学原料及制品制造业	14.66	189.43	12.92	32.88
2	通用设备制造业	9.28	111.71	12.04	31.85

① 2001年和2010年“工业销售产值”分别指国有、城乡集体企业转制改革最后一年和转制改革第10年的数据比照。

续上表7—5

排序	工业产业	相关年份		2010比2001年	
		2001	2010	增加倍数	年均递增率（%）
	合计	65.03	774.89	11.92	31.7
3	废弃废旧资源回收加利用业	—	95.55	—	—
4	纺织业	11.57	58.72	5.08	19.8
5	有色金属冶炼压延加工业	3.54	50.28	14.20	34.29
6	黑色金属冶炼及压延加工业	0.10	22.73	227.30	82.74
7	金属制品业	2.31	28.95	12.53	32.43
8	电气机械及器材制造业	3.54	45.17	12.76	32.70
9	专用设备制造业	2.78	34.95	12.57	32.48
10	交通运输设备制造业	1.47	22.28	15.16	35.27
11	化学纤维制造业	0.27	12.07	44.70	52.53
12	塑料制品业	3.00	17.32	5.77	21.5
13	非金属矿物制品业	0.37	12.91	34.89	48.39
14	纺织服装鞋帽制造业	1.86	10.35	5.57	21.02
15	通信、计算机等设备制造业	1.88	15.54	8.27	26.46
16	文教体育用品制造业	0.97	8.88	9.15	27.89
17	医药制造业	0.35	8.29	23.69	42.14
18	仪器仪表及文化等机械制造业	1.18	4.34	3.68	15.58
19	造纸及纸品业	1.44	4.05	2.81	12.16
20	工艺品及其他制造业	0.51	4.70	9.21	84.08
21	橡胶制品业	—	1.53	—	—
22	食品制造业	—	2.16	—	—
23	皮革、毛皮、羽毛等制品	0.73	2.62	3.59	15.26
24	家具制造业	—	1.02	—	—
25	食品、饮料…制造业	0.68	1.75	2.57	11.06
26	农副食品加工业	.0.33	0.37	1.12	1.27
27	印刷、记录媒体的复制业	0.07	0.62	8.86	27.43

续上表7—5

排序	工业产业	相关年份		2010比2001年	
		2001	2010	增加倍数	年均递增率（%）
	合计	65.03	774.89	11.92	31.7
28	石油加工、炼焦及核燃料加工业	—	1.60	—	—
二	**电力、燃气、水的生产和供应业**	**2.46**	**5.00**	**2.03**	**8.18**
29	电力、热力的生产和供应业	1.46	4.58	—	—
30	水的生产和供业	1.00	0.42	—	—

注：按2001年《统计年鉴》口径，表序“二”2001年电力、燃气、水的生产和供应业，其中水生产和供应业的销售产值归类到“1”；燃气销售产值单列“2”。

二、拓展进出口贸易业务

镇海建区后的1986年，至1990年出口贸易甚微。1991年出口贸易总额为0.02亿美元（无进口贸易）。1995年进出口贸易总额为0.4亿美元，其中进口贸易0.22亿美元、出口贸易0.18美元。

2000年进出口贸易总额完成2.67亿元美元，是1995年的2.68倍，年均增长21.79%。到2005年进出口贸易均有较大幅度提高，进出口贸易总额达到21.50亿元，是2000年的8.05倍，年均增长51.78%。

2010年（企业转制和重组改革后的第10个年头）进出口贸易总额达到55.57亿元，是2000年的20.81倍，年均递增35.47%。其中进口贸易2010年33.52亿美元，是2000年23.44倍，年均递增37.09%；出口贸易2010年22.05亿美元，是2000年17.78倍，年均递增33.3%，进出口贸易见表7—6。

表 7—6　　　　工业企业 1991～2010 年进出口贸易一览表

指标名称		相关年份					2010 年比 2000 年	
		1991	1995	2000	2005	2010	增加倍数	年均递增
进出口总额		0.02	0.40	2.67	21.50	55.57	20.81	35.47
其中	进口贸易	—	0.22	1.43	13.76	33.52	23.44	37.09
	出口贸易	0.02	0.18	1.24	7.74	22.05	17.78	33.3

注：《镇海统计年鉴》1991 年开始记载乡及乡以上工业企业进出口贸易。

第四节　造就了一批工业行业领军型企业

镇海区属国有、城乡集体工业企业，实施“股份制”转制和产权转让置换、破产歇业重组改革后，在实现多元化经济并存发展、加快工业发展速度、提升经济运行质量、拓展进出口贸易业务等方面取得了卓越成效的同时，造就了一批工业行业领军型企业。

一、入选《镇海区志》的行业领军型企业名录

据《镇海区志》[①] 记载显示，2008 年区属规上工业企业 973 家，按行业分类有 28 个。其中，当年实现销售产值 5 亿元以上的有 17 个工业行业，共有 47 家工业企业（占当年企业总数的 4.8%），由于生产经营业绩显著，被入选《镇海区志》工业行业的“企业选介”之中，由此成为行业领军型企业。详见表 7—7。

① 《镇海区志》（1986—2008）是镇海撤县建区后，由镇海区地方志编纂委员会编纂的首部地方志。

表 7—7　2008 年入选《镇海区志》工业行业领军型企业名录一览表

行业及企业名称		行业及企业名称	
一、纺织制造业		**十、黑色金属冶炼及压延加工业**	
1	百隆东方股份有限公司	25	宁波九龙机械制造有限公司
2	莲香纺织品（宁波）有限公司	26	宁波镇海天地特种钢有限公司
3	宁波振华毛纺织染整有限公司	**十一、有色金属冶炼及压延加工业**	
4	中鑫毛纺织集团有限公司	27	宁波招宝磁业有限公司
5	宁波大贯制线有限公司	28	金利合金制造工业有限公司
二、纺织服装、鞋、帽制造业业		29	宁波盛发铜业有限公司
6	宁波蕾梦纺织品有限公司	**十二、金属制品制造业**	
7	宁波洛克牛仔服饰有限公司	30	宁波杰杰工具有限公司
三、文教体育用品制造业		31	宁波华业钢结构有限公司
8	宁波文魁笔业有限公司	32	宁波红杉高新板业有限公司
9	宁波市诚邦办公设备有限公司	**十三、通用设备制造业**	
四、化学原料及化学制品制造业		33	中意液压马达有限公司
10	宁波乐金（LG）甬兴化工有限公司	34	宁波埃美柯铜阀门有限公司
11	宁波新福钛白粉有限公司	35	宁波金鼎紧固件有限公司
12	宁波镇洋化工发展有限公司	36	宁波达尔轴承有限公司
13	宁波巨化化工科技有限公司	37	宁波九龙紧固件制造有限公司
五、医药制造业		**十四、专用设备制造业**	
14	宁波市天衡制药有限公司	38	天翼石化重型设备制造有限公司
15	宁波人健医药化工有限公司	39	金丰（中国）机械工业有限公司
六、化学纤维制造业		40	宁波海达塑料机械有限公司
16	浙江杭州湾腈纶有限公司	**十五、电气机械及器材制造业**	
17	宁波大安化学工业有限公司	41	宁波华通电器集团股份有限公司
七、塑料制品制造业		42	浙江野马电池有限公司
18	宁波金雄塑料有限公司	**十六、电子及通信设备制造业**	
19	宁波理想轻工工业有限公司	42	宁波金海电子有限公司

续上表7—7

行业及企业名称		行业及企业名称	
20	宁波家联塑料用品制造有限公司	44	宁波格林触点有限公司
八、非金属矿物制造业		45	宁波新容电器科技有限公司
21	宁波康力玻璃有限公司	**十七、废弃资源回收加工业**	
22	宁波航通预构件工程有限公司	46	宁波涵盈金属工业有限公司
23	宁波市镇海天地特种钢有限公司	47	镇海荣昌金属工业有限公司
九、交通运输设备制造业		—	—
24	宁波鑫海爱多汽车雨刷制造有限公司		

二、领军型企业选介

被入选《镇海区志》的47家行业领军型企业，大都是转制和重组改革后的区属企业，其中包括为调整企业资本结构而进行招商扩股、股权转让等而再次或多次重组的工业企业。现将与“转制重组”改革相关联的部分领军型企业，选介如下：

1、百隆东方股份有限公司[①]　从属于纺织制造行业。公司地处骆驼街道南二东路1号，成立于2004年，是百隆集团股份有限公司投资企业之一。总投资额为8399万美元，占地面积49万平方米，总体设计规模20万色纱纱锭，总建筑面积达40余万平方米。公司引进全套瑞士乌斯特检测设备、进口意大利BELLINI染色机染整设备、香港立信ALL-WIN染色机、美国GRETAG MACBETTH公司颜色评审灯箱、进口立达并条机先进设备，能满足染色、纺纱、研发的各项需求。

2006年4月，百隆东方有限公司，以股权转让方式收购宁波中汇纺

① 2012年6月12日百隆东方股份有限公司在上交所A版首发上市。由此，百隆公司成为镇海区首家上市公司。

织有限公司（原宁波镇海棉纺织厂），转让总股金为8761万元（其中贵州航天工业有限责任公司股权份额86.7%、转让股金7595.7870万元，镇海纺织丝绸工业公司股权份额12.16%、转让股金1065.3376万元，浙江名策投资有限责任公司股权份额1.14%、转让股金99.8754万元）。

2008年百隆公司拥有固定资产26.90亿元，完成工业总产值24.40亿元，职工1089人。

2、宁波振华毛纺织染整有限责任公司 从属于纺织制造业行业（公司前身为浙江光华纺织集团），地处镇海区蛟川街道大运路361号，成立于2005年，中外合资企业，系国家中一型企业，占地面积5.6万平方米，建筑面积3.2万平方米，是集洗毛、毛条、毛纺、毛织、染整于一体的精毛纺生产企业。主要设备分别从意大利、德国、瑞士、日本等国家引进，引进率达80%。其中，2005年11月投入30万美元，引进意大利KD95罐蒸机一台，以及分条整经机、细纱机等设备；2007年新增八台万事达机杆织机。主要产品有粗纺精梳花呢、羊绒高支花呢、正反捻花呢、羊绒啥咪呢、赛络菲尔、毛粘花呢、华达呢、毛竹纤维、自然弹性等全毛和毛绲纺产品，产品90%以上外销，其中轻薄高档精纺呢绒在欧美市场属中、高档水平。2008年公司固定资产0.40亿元，职工497人，完成工业总产值0.88亿元，销售额0.85亿元，创利税982万元，出口货值915万元。

3、中鑫毛纺织集团有限公司 从属于纺织制造业行业（公司前身是宁波中鑫兔毛纺厂）。中鑫集团公司成立于1994年7月，注册资本9000万人民币，系中国航天科工集团公司下属的航天通信控股集团股份有限公司控股的子公司。中鑫集团公司下属有五个生产企业和一个国际贸易公司，并取得国家高新技术企业资格。公司主要产品有各种比例精纺纱线、粗纺纱线、半精纺纱线、花式纱线，各种比例羊绒及其他混纺面料、各类针织毛衫及梭织大衣及服饰等纺织品。主要销往日本、韩国、美国、法国、意大利、港澳等国家和地区，其中中鑫牌纱线被评为浙江省名牌产品，双豹牌羊绒面料被评为宁波市名牌产品，中鑫牌商标和双豹牌商标被评为浙江省著名商标。公司创建 20 多年来，公司致力于纺织染整行业生产制造，为国家中型股份制企业，是浙江省毛纺重点骨干企业，宁波市最大的毛纺企业，占地近 20 万平方米，职员人数 1000 人。2005 年自营出口值 8000 万美元。2008 年工业总产值 2.03 万元，自营出口值 3000 万美元。

4、宁波蕾梦纺织品有限公司　从属于纺织服装行业（公司前身系宁波镇海春蕾服装厂、宁波康迪斯制衣有限公司）。公司地处镇宁西路 7 号，成立于 1995 年，外商独资企业，1992 年起开始从国外引进先进的大圆机、横机、成衣设备。到 2005 年已拥有固定资产 300 万美元，标准厂房 15000 平方米，各种进口成衣设备 600 台/套，有员工 800 人，年生产各种针织、梭织系列产品 500 万件，产品远销澳洲、欧洲、美洲、东南亚及香港等国家和地区，先后获得“WRAP”、“REEBOK”、“UMBRO”国际认证。2008 年职工 423 人，产品销售额 1.37 亿元，创利税 132 万元，出口货值 1.27 亿元。

5、宁波文魁笔业有限公司　从属于文教体育用品制造行业（公司前身为镇海圆珠笔厂），创建于 1984 年，位于镇宁东路 1118 号。1997 年公司成立，主要产品为圆珠笔、活动铅笔、自来水笔、中性笔、多功能系列笔等 300 余个品种，以中、高档金属笔为主，产品远销美国、日本、俄罗斯、欧共体、拉美、中东等几十个国家和地区。文魁牌产品自 2002 年以来，先后被评为“宁波市名牌产品”、“宁波市知名商标”、“中国制笔名牌产品”、“浙江省出口名牌”，公司先后被授予“全国制笔功勋企业”、“中国制笔王”、“中国活动铅笔王”、“浙江省诚信企业”、“浙江省专利示范企业”等称号。2008 年公司从业 505 人，产品销售额

1.07 亿元，创利税 1006 万元，出口货值 1.06 亿元。

6、宁波市诚邦办公设备有限公司 从属于文教体育用品制造行业（公司前身宁波市镇海心安碎纸机厂）。公司位于临俞北路 16 号，成立于 2001 年，生产的电动碎纸机及手摇碎纸机。占地面积 10000 余平方米，厂房建筑面积 12000 平方米，在职员工 200 余人，是一家专业的办公设备制造企业。公司主要生产碎纸机、塑封机、折纸机等先进办公设备，产品远销日本、美国、英国、德国、澳大利亚、比利时、西班牙等亚欧美国家和地区。公司 2004 年通过了 ISO 质量管理体系，2006 年以来产品依次取得“宁波市名牌”“宁波市知名商标”“宁波市出口名牌”等荣誉称号。2008 年成立宁波市工程中心，每年的研发费用投入比例占销售收入的 5%，目前已授权的有效专利 21 项，其中国内发明专利 2 项，实用新型 15 项，美国发明专利 1 项，日本发明专利 3 项。2008 年从业 308 人，产品销售额 0.71 亿元，出口货值 7303 万元。

7、宁波市天衡制药有限公司 从属于医药制造行业（公司前身为宁波市天衡制药厂），建于 1992 年 7 月，是集科、工、贸于一体的宁波市第一批高新技术企业，位于宁波市镇海区庄市工业区，厂区占地面积 61334 平方米，建筑面积 24252 平方米，绿化面积 15480 平方米，注册资金 6000 万元，人员 210 人。2000 年 12 月至 2002 年 12 月，公司生产的小容量注射剂、片剂（含抗肿瘤药）、原料药全面通过国家食品药品监督管理局 GMP 认证。主要产品有肿瘤用药、消炎镇痛药、神经系统用药、呼吸系统用药、心血管用药、消化系统用药、造影剂、抗菌药、生物制剂等等，涵盖临床各个专业领域，有原料药、针剂、输液、片剂等多种剂型，有国家二类新药和四类新药 22 个，多次荣获国家、省、市级的各类科技奖，有十多个品种评为国家重点新产品。2003 年经宁波市政府批准为宁波市百家重点企业，2004 年“枢丹”商标被评为浙江省著名商标，2007 年被评定为国家高新技术企业。2008 年公司销售额

0.56 亿元，完成工业总产值 0.61 亿元，利税 1270 万元，从业 350 余人。

8、宁波九龙机械制造有限公司　从属于黑色金属冶炼及压延加工业（公司前身为宁波九龙机械制造厂）。地处九龙湖工业区，1992 年镇海发电厂出资创办，1999 年改制为有限责任公司。公司占地面积 24000 平方米，建筑面积 15000 平方米，从业 268 人，其中工程技术 58 人，专业制造钢格板及其制品，2001 年通过 ISO9001：2000 质量体系认证，现国内生产规模仅次于河北新兴铸管股份有限公司，浙江省行业内排名第一。生产的产品 80%出口，主要销往美国、欧盟、中东、南美洲、大洋州、东南亚等国家和地区。2007 年公司获区政府质量奖，被评为宁波市环模（绿色）先进单位。2008 年，公司“龙踏”钢格板被评为宁波市名牌产品，荣获宁波市进出口诚信企业荣誉。是年，销售额 2.05 亿元，创利税 181 万元，出口货值 1.48 亿元，创汇 2136 万美元。

9、中意液压马达有限公司　从属于通用设备制造行业（公司前身为宁波市液压马达二厂），地处镇海区中意路 88 号，创建于 1971 年，，1996 年更名为宁波中意液压马达有限公司，2001 年改制为有限责任公司，注册资本 170 万，2008 年被认定为国家级高新技术企业。公司专业生产液压马达和液压传动装置等液压产品，主要为国内外工程机械和塑机产品配套，产品市场占有率居于国内领先，为国内主要的液压产品供应商之一，并远销意大利、德国、英国、波兰、阿根廷等几十个国家和地区。公司厂区占地面积 44000 平方米，建筑面积 25000 平方米，总资产 8090 万元、固定资产 3454 万元，从业 280 余人，其中大专以上文化程度 70 人，设有国家塑料机械产品质量监督检验中心液压马达实验室、浙江省液压马达工程技术研发中心、宁波市液压马达研发与测试公共服务平台等。2008 年工业产值 0.70 亿元，销售额 6971 万元，创利税 970 万元，出口货值 2250 万元。

10、宁波埃美柯铜阀门有限公司 从属于通用设备制造行业（公司前身为宁波阀门有限公司，1990年8月由宁波市五金阀门总厂、中国五矿总公司和美国埃美柯国际贸易有限公司共同投资组成）。公司地处骆驼通和东路68号，系国内阀门、水暖专业生产龙头企业、中国五金制品协会副理事长单位、中国五金制品协会水暖洁具及阀门专业委员会会长单位。公司主要生产埃美柯系列产品，品种4000余种，主要出口美国、英国、丹麦、法国等国际市场，并在全国设立2400多个销售网点，产品国内市场占有率名列前茅。公司累计获得40余项专利，自主研发的大规格法兰阀门等产品填补国内市场空白，企业产品质量和工艺水平处于国内、国际行业领先地位，部分产品指标优于国际同类产品，产品为北京“鸟巢”国家体育场、国家大剧院、“水立方”国家游泳中心等国家重点项目首选产品，先后获得“中国名牌”、“中国驰名商标”、“最具市场竞争力品牌”等称号。2008年公司固定资产7807万元，从业670人，完成工业总产值6.37元，销售额6.19亿元，创利税2697万元。

11、宁波海达塑料机械有限公司 从属于专用设备制造（公司前身为宁波海达塑料机械厂），位于镇海俞范东路77号，1992年建立，企业性质为集体，1997年转制为民营企业，占地面积10余万平方米，总资产2.5亿元，员工380人，其中有高级技术职称60多人，专业制造HD、HDX、HDH系列化全自动塑料注射成型机，注塑机锁模能力从50千克至3300千克，注射量从48克至52000克。2000年获批自营进出口权，2003年“海达”商标被评为浙江省著名商标，2004年通过欧洲CE安全质量认证，并承担国家火炬计划，并先后通过ISO9001国际质量体系认证、德国TUV的CE认证、NOA英国皇家质量体系认证。2005年被批准为国家级高新技术企业，2007年企业技术工程中心被认定为省级工程（技术）中心。至2005年，产值已过3亿元，年生产能力达到4000余台。2008年工业产值1.98亿元、销售额1.59亿元、创利税1065万元、出口货值2935万元。

12、宁波华通电器集团股份有限公司　从属于电气机械及器材制造行业（公司前身为宁波华通电器成套厂）公司地处庄俞南路501号，始建于1982年11月，企业初创时仅有资金2000元，半间厂房，7名员工，7把老虎钳。20世纪90年代引进日本东芝技术生产真空灭弧室，1996年被国家科技部认定为高新技术企业。现公司总部占地面积40万平方米，建筑面积20万平方米，从业850人，其中工程技术257人，主导产品包括高低压电器，高低压开关成套设备和220kV以下电力变压器、六氟化硫电压电流互感器、油浸式电压电流互感器、六氟化硫断路器、数控注塑机等7大类数百个系列产品，各项经济指标在行业内名列前茅。公司“宁通”商标被评为中国驰名商标、浙江百强名牌产品。公司应用计算机进行辅助设计、控制和检测，引进国际先进水平的板材柔性制造自动生产线（FMS）以及大型金属表面处理、装配流水线等关键设备和专有工艺，设有600kV级中心试验室，多个产品被列为国家级新产品计划、国家级火炬项目和国家专利产品，多次荣获省市级科技进步奖、火炬优秀项目奖。2008年资产总额3.98亿元、固定资产净值10156.34万元、工业产值4.85亿元、销售额4.61亿元、创利税2037.50万元、出口货值142.15万元。

13、宁波新容电器科技有限公司　从属于电子及通信设备制造行业。公司地处骆驼街道通和东路228号，成立于2003年5月，注册资金240万美元，总资产8000万元，从业232人，（公司前身宁波电容器总厂）在骆驼机电工业园区的异地扩建企业。公司先后通过ISO9000质量、ISO14000环境体系认证和IECQ国际电工委员会制造厂认可，是国内专业从事交流薄膜电容器的研发、制造和销售的高新技术企业，中国电子元件百强企业。产品主要应用于家用电器、分马力电机、节能降耗、电能质量优化、防止电网污染和电磁干扰、电力机车、风力发电等高端节能环保领域。“宁容”牌交流薄膜电容器的产销量和实物质量在全行业中名列前茅，“宁容”牌商标为浙江省著名商标。2008年工业产值0.95亿元，创利税792万元。

第八章　丛　　录

第一节　企业改革大事记

镇海企业改革大事记，以国有、城镇集体企业改革为标杆，即1983年6月国有企业实施两步利改税为起点，到2001年8月理顺国家与企业产权关系和企业同职工劳动关系为止，历时18年。为了查询方便，将镇海企业改革大事记，分为经营权制度改革和产权制度改革两个时段，其中经营权制度改革历时14年（1983年6月—1997年5月）；产权制度改革历时4年（1997年6月—2001年8月）。对涉及乡镇企业改革有关的大事记，分别归类到两个时段之中。此外，经济主管部门转体改革的大事记另记附录中。

一、经营权制度改革时期的大事记（1983年6月—1997年5月）

1983年

6月1日起，镇海县85家独立核算国有企业，按照国务院《关于国有企业利改税试行办法》推行了二步利改税。1984年10月，在完成实行第一步改革的基础上，又实行第二步利改税。由此，国有企业由过去的上缴利润形式改为上缴所得税形式固定下来。

7月12日至15日，镇海县召开工交职工思想政治工作会议。会议传达贯彻全国工交工作会议和全省工交职工思想政治工作会议精神，学习了中央《关于加强和改进职工思想政治工作的决定（草案）》，部署了下半年工交生产、职工思想政治工作、经济责任制、国有企业利改税、企业调整工资和改革工资制度、企业整顿等工作。

1984 年

7 月 13 日，镇海县政府印发《关于改革合作商业体制的试行意见》，意见要求进一步解放思想、放宽政策，从业务经营、企业管理、内部分配等方面进行改革，把合作商业办成名副其实的集体商业企业，要力争在九月底前完成该项改革。

8 月底止，镇海县工交系统经济责任制全面落实。根据 562 家企业统计，经济责任制已落实有 549 家，占企业总数的 97.7%，其主要形式有经济承包责任制、超定额计件工资制、联利计奖考核制、超定额利润分成制、利润分成制等。企业内部经济责任制有超定额计件计时工资制、百分计奖考核制、几定一奖以及单车（船）核算、包上缴利润自负盈亏等。

10 月 14 日至 17 日，镇海县召开乡镇企业工作会议，县委书记陈仲方、县长李锡均分别在会上作报告。会议在总结交流全县乡镇企业改革、发展经验的同时，全县开展“一包（经济承包）五改（改厂长经理委任制为选举或聘任制；改固定工资为计件浮动工资制；改职工调配制为招考合同制；改企业封闭半封闭式为开放式经营型；改企业变相‘官办’为真正民办）”为内容的企业改革。并提出“一包五改”为内容的企业改革工作要求到翌年 1 月底，全县基本落实。

12 月 12 日至 13 日，镇海县工业交通工作会议召开。会议进一步学习了《中共中央关于经济体制改革的决定》。要求在 1985 年实行“工资总额包干，并与实现利润挂钩上下浮动”的经济责任制；全面推行厂长（经理）负责制；继续搞好政企分开、扩大企业自主权的工作，并允许企业发行股票；要进行计划、物资体制、交通管理体制和建筑行业的改革。会议由县委书记陈仲方主持，县长李锡均作工作报告。

1985 年

2 月 13 日，前镇海县委印发《关于乡镇企业“一包五改”的情况汇报》。向市委汇报镇海县乡镇企业的“一包五改”工作，自 1984 年 6 月，从江苏参观学习回来后着手试点，10 月市乡镇企业改革经验交流会后，至 1985 年 1 月底基本结束。全县 1402 家乡镇、村办企业中已有 1345 个签订了承包合同，占 96%。其中集体承包厂长负责的占 77%，合伙承包的占 10%，个人承包的占 13%，“一包五改”工作已基本落实。

3 月 15 日，前镇海县政府印发省府《关于进一步扩大企业自主权的若干补充规定》的通知。《通知》对技术改造资金使用、开发新产品、联营收益分配、企业留利水平、产品定价、搞活小型国营商业企业、国营企业的工资制度等七方面问题作出了具体规定。

7 月 1 日，国务院批准撤销镇海县、建立镇海区。“将原镇海县的行政区域并入宁波市，设立宁波市镇海区，扩大宁波市滨海区。以甬江为界，甬江以北为镇海区，甬江以南为滨海区（1987 年 6 月，滨海区改为北仑区）”10 月 1 日，镇海区、滨海分署办公，两区原则上均行使县一级的职权。镇海区区级机关设在城关镇。

12 月 14 日至 18 日，镇海区首次乡镇企业工作会议召开，区委书记李锡均、区长张曦分别作工作报告。会议在总结当年和部署翌年乡镇企业工作的同时，对进一步完善“一包五改”经济责任制提出了新的要求。撤县建区后，全区共有乡镇企业 1010 家，其中乡镇企业 200 家，村办企业 410 家，家庭合资企业 400 家，从业人员 34800 人，占农村劳动力总数的 54%。会议要求 1986 年全区乡镇企业产值达到 2.65 亿元，争取突破3亿大关。

1986年

1月9日，区政府印发《关于进一步完善乡镇企业“一包五改”责任制和有关政策问题的补充规定》的通知。对“一包五改”为内容的企业改革，在搞活农村金融，税收政策和继续发展合资联办企业和家庭工业的发展等方面作出了相应规定。

6月中旬，区委根据市委的部署，开展全区十个乡镇村企业情况调查，调查以“当前乡镇村企业生产情况及1987年发展规划”为中心内容。区委办公室，区政策研究室和乡镇企业局抽调干部，组成了二个工作组到骆驼、湾塘两地调查，到8月初调查基本结束。

7月5日至14日，区委、区政府领导到乡镇企业现场办公。区委书记李锡均、区长张曦、副区长陈金康带领区计经委、物资局、财税局、银行、乡镇局等单位的负责人到各乡镇进行巡回现场办公，了解各乡镇企业发展的实际情况，解决一些具体问题，研究增强1987年乡镇企业发展的后劲。

8月6日，区委召开常委扩大会议，会议讨论通过了《关于推动横向经济联合的几点实施意见》、《关于乡镇企业在经营活动中有关政策界限的意见》等四个文件。会后，先后贯彻落实。会议由区委书记李锡均主持。

9月3日，区体制改革办公室和区经济技术协作办公室成立，合署办公。两块牌子，一套班子，具体负责全区经济体制改革和经济技术协作工作。

12月12日至13日，全区乡镇企业工作会议召开。区委书记李锡均总结了1986年乡镇企业工作；分析、研究乡镇企业发展与改革形势，交流了经验，部署了1987年乡镇企业发展规划。

1987 年

7 月 13 日至 18 日，区委举办骨干培训班。根据中央关于各级干部学习《建设有中国特色的社会主义》，《社会主义商品经济问题讲话》两本书要求，区委决定由党校举办骨干培训班，由机关各部、委、办、局和乡镇机关党支部负责同志和乡镇党校教师参加。

9 月 26 日，召开乡镇企业政策研究会议。会议就乡镇企业上一期承包责任制已经到期，对下一期承包责任制（1988—1990）进行了讨论。会上，区委书记王卓辉对如何搞好下一期乡镇企业承包责任制指出了指导性意见。

9 月底，全区横向经济联系较快发展。据统计，全区已有横联项目 97 个，共引进资金 4800 万元，有 42 个项目已经投产发挥效益，上半年总产值达到 5904.57 万元，实现利润 714.68 万元。

10 月 14 日，区计经委、体改办分别印发了我区《企业承包经营责任制情况》和《镇海区体改工作情况》的调查报告。

12 月 3 日，召开乡镇企业经济形势分析会议。会上，区委书记王卓辉就 1987 年乡镇企业经济形势作了分析，对 1988 年经济发展的指导思想、深化企业改革、“双增双节”等方面工作，作出了周密部署。

12 月 12 日，全区第一家股份制联营公司建立。镇海区童车行车联营公司由 16 家跨地区的不同经济性质企业入股组建而成。

1988 年

1 月 14 日至 15 日，区委七届二次全会召开，区委书记王卓辉作工作报告，回顾总结 1987 年工作情况，部署 1988 年工作。会议要求深入学习贯彻十三大文件，坚持进一步稳定经济、稳定物价的方针，继续开展“双增双节”运动，加快深化改革，大力发展外向型经济，改善和加强党的领导，坚持物质文明和精神文明两手抓。会议讨论并通过《区委区政府1988年工作目标》。

1月30日，区政府印发《关于鼓励扩大出口创汇发展外向型经济的若干规定》的通知。通知对出口创汇“五优先”原则，优惠政策和引资奖励政策作了明确规定。

1月至5月，区委、区政府对镇海棉纺织厂（国有），玩具元件厂（大集体）进行全面推行和完善厂长（经理）负责制，实行企业党政分开试点。试点工作由区委组织、计经委、体改办、总工会、二轻局抽调8名干部，分两个工作组，从1月上旬分别到两户企业进行试点。5月上旬试点基本结束。

3月24日，市体改办主任邢伯庄来镇海区考察商业企业租赁经营情况。

4月4日，区政府转发市政府《关于印发企业工资总额同经济效益挂钩实施意见的通知》的通知。

4月22日，区委常委、正副区长联席会议召开。区委书记王卓辉主持会议，会议讨论通过了《全面推行和完善厂长（经理）负责制搞好企业党政分开的实施意见》、《关于进一步鼓励和推进横向经济联合的补充意见》等有关政策。

5月25日，区委下发《关于全面推行和完善厂长（经理）负责制搞好企业党政分开的实施意见》。《意见》指出“切实搞好企业领导体制改革，全面推行和完善厂长（经理）负责制、实行企业党政分开，这是深化企业改革、实行所有权和经营权分离的关键环节。”为此，区委、区政府就如何贯彻《企业法》推行和完善厂长（经理）负责制，搞好党政分开作出了具体部署。

5月30日，区政府印发《关于推广和完善全民、大集体企业承包经营责任制若干意见》。意见对承包形式、承包内容、引入竞争机制、厂长（经理）报酬、鼓励投入、内部配套改革、财务审计等七方面作了规定。

5月30日，区委办《转发市企业改革领导小组关于贯彻实施企业法有关的政策性问题意见的通知》。通知对如何贯彻实施企业法有关政策问题提出了意见。

7月4日，区政府印发《招标选聘全民所有制企业承包经营者的暂行办法》。文件指出：把竞争机制引入企业承包经营，招标选聘企业经营者，是企业人事制度的一项重大政策，是落实各种承包形式经营责任制的重要环节。并按照“民主、公开、择优”的原则，对招标选聘企业经营者，提出具体实施办法。

7月8日，区政府下达了《关于进一步鼓励和推进横向经济联合的补充意见》。意见对引入外地管理人才、资金、设备、技术、信息、科研成果转让和联营企业留利分配等13项作出了相应规定。

9月5日，区政府印发《关于调整镇海区企业工资改革领导小组组成人员的通知》，副区长姚力任组长，孙武吉、王双龙为副组长。由劳动局、计经委、体改办、财税局、总工会等部门负责人为领导小组成员。

9月28日至29日，区委、区政府召开乡镇企业政策研讨会。乡镇党委书记、乡镇长和区级有关部门负责人参加了会议。会议讨论和通过了《关于乡镇企业租赁经营实施意见》《关于乡镇企业实行公开拍卖的实施意见》《关于乡镇企业实行股份制的实施意见》《关于完善乡镇企业承包经营责任制的实施意见》。

10月12日至13日，全区乡镇企业工作会议召开。由区委书记王卓辉主持，区长张曦作报告。会议根据中央工作会议和中共十三届三中全会关于治理经济环境、整顿经济秩序、全面深化改革的精神要求，研究了乡镇企业转换经营机制，深化改革和明确了乡镇企业发展路子，增强企业活力，充分调动企业经营者和职工的积极性，推动全区乡镇企业健康、稳定的发展提出了具体要求。

11月8日，镇政府印发《关于建立镇海区经济体制改革办公室的通知》，通知根据宁波市编委办〔1988〕191号文件批复，经市政府审定，同意我区建立经济体制改革办公室，为区政府工作部门。

1989年

1月18日，区政府印发了《关于搞活固定工制度的通知》。通知指出，企业推行承包经营和工资总额同经济效益挂钩后，搞活固定工资制度显得更为迫切。实行优化劳动组合是搞活固定工制度的有效途径。要求在镇海区一些企业已作了这方面的尝试的基础上，争取在1989年、1990年两年内全面铺开。

2月16日，区委印发《关于稳定完善乡镇企业承包经营责任制的意见》。

3月30日，区政府下发《关于鼓励扩大出口创汇发展外向型经济的若干补充意见》。意见在1988年12号文件精神上，提出了适度倾斜政策，扶持外贸出口、在税收、用电、资金、项目审批、用地优选安排等方面给予政策优惠。

5月24日至26日，召开乡镇企业经济形势分析会。会议就如何因地制宜推进企业经营机制改革和搞好产业结构、产品结构调整，加强企业管理等问题进行探讨。会上，各乡镇和有关部门作了汇报交流。会议由区委书记王卓辉主持，区长张曦代表区委区政府就上述问题和今后工作作了讲话。

6月10日，区政府下发《关于完善和发展企业承包经营责任制的若干补充意见》。对贯彻《企业法》、完善承包配套措施、深化内部配套改革、履行承包合同等十方面作了补充规定。

11 月 19 日，区委下发了《关于进一步完善乡镇企业租赁经营责任制的若干意见》。意见指出：自 1988 年下半年来，在乡镇企业经营机制改革中，部分中小企业实行了租赁经营责任制。一年来实践证明，租赁经营对于增强小微亏企业的活力、改善经营状况发挥了较好的作用，但也存在一些问题，需要改进和完善。

1990 年

6 月 7 日，市体改办生产处王明龙处长到镇海区了解企业第二轮承包经营和轻工机构厂兼并情况。

6 月 21 日，宁海体改办薛主任、宁海财税局施局长一行 5 人来镇海区交流企业第二轮承包经营工作。

6 月 23 日，为了进一步落实治理整顿，深化改革的方针，促进乡镇企业尽快冲出困境，区委区政府印发了《关于促进乡镇企业稳步发展的意见》。

7 月 13 日，区政府印发《成立区企业承包工作领导小组的通知》。领导小组组长由区委书记洪钧杰兼任，副组长由区长姚力兼任，区计经委、财税局、总工会、审计局、人民银行、体改办、乡镇局、组织部、劳动局等部门负责人为领导小组成员。

7 月 16 日，区政府下发了《关于全民大集体企业继续推行和完善承包经营责任制的通知》。《通知》指出，镇海区第一期承包企业今年多数期满。根据省、市文件精神，区政府决定，对一九九 O 年承包届满的企业，原则上都实行新一轮承包。新一轮承包期限一般为三年，承包的重要内容是“两包一挂”，即包上缴利税、包资产增值和工资总额同经济效益挂钩。承包基数，原则上以上轮承包最后一年标的（不是实绩）加上一定的增长率确定。

7 月 24 日，区政府出台了《关于进一步开展横向经济联合的若干意见》。《意见》对外地的资金、设备、先进技术、紧缺原材料来我区联合新办企业，外地与我区老企业经营、联营企业所获利润实行先分后提，外地单位和个人的科研成果或先进技术与本区企业协作，军工技术成果转民用等 15 项提出了鼓励政策。

8 月 23 日，区委八届二次会议召开。会议贯彻落实党的十三届五中、六中全会精神，总结上半年工作，提出今后几个月工作的指导思想和主要工作任务是：继续贯彻稳定压倒一切的方针，进一步搞好治理整顿和深化改革，在调整结构、提高效益和大力发展外向型经济上下功夫。

8 月 29 日至 8 月 31 日，市体改办在我区招宝山饭店召开各县（市）、区体改办主任会议。交流企业第二轮承包经营工作情况和下步工作安排。

8 月 30 日，区政府印发《对乡镇企业新一轮承包经营责任制提出若干意见》。《意见》就承包形式和期限、内容、企业分配等问题作了明确规定。

9 月月底，镇海跨入外贸亿元县（区）行列。今年以来，全区各部门普遍增强了出口创汇意识，提高外贸生产产品产量，促进了外销，扩大了业务。上半年就完成了市下达的全年 7000 万元收购指标，至九月底，达到 10592 万元，首次突破亿元大关。

11 月 3 日，由市体改办领导陪同下，广州市体改委何君文处长一行 9 人来我区交流、考察体改工作。

1991 年

4 月 12 日，市体改办流通处吕逸君副处长等来镇海区了解商业企业改租转的改革情况。

4 月 15 日，区政府印发了《关于进一步落实企业自主权深化内部改革若干意见的通知》。《通知》为保持政策的连续性和稳定性，对落实企业经营自主权、用工自主权、分配自主权、机构设置自主权、生产要素流动自主权和减轻企业负担、完善内部经济责任制等提出了具体规定。

5月8日，市体改办社会发展处，沈传萍处长来镇海区了解公费医疗政策工作情况。

6月19日，由市体改办党组书记邢伯庄陪同省体改办、经委、财税、劳动、银行等一行9人，由省体改办范坚中处长的带领下考察了镇海区轻工机构厂兼并情况。

6月24日，市体改办吴家伦副主任等5人来镇海区，处理镇海医药公司，分区（镇海、北仑）时遗留的有关问题。

7月2日，余姚市体改办、财税局、劳动局一行5人来镇海区交流新一轮“工效挂钩”相关事宜。

7月31日，市体改办生产处王明龙处长一行3人来镇海区棉纺织厂、印刷厂调研企业改革情况。

12月20日，区委办印发区委书记《洪钧杰同志“在区委常委扩大会议上的讲话”（摘要）的通知》。《讲话》中有针对性地提到了有一部分乡镇企业在承包经营中存在着冲击、瓦解集体经济的现象。并对如何巩固壮大集体经济、促进乡镇企业健康发展、加强管理、逐步克服存在问题提出了具体工作办法。

1992年

3月9日，奉化体改办主任陈召华带队，工业局、二轻局、财税局、劳动局及奉化试点企业一行20多人来镇海区轻工机械厂调研“三项制度”改革。

3月23日，区委区政府印发《关于进一步加强乡镇企业积累机制的意见》。为引导企业走上重积累、强实力、增效益的发展轨道，根据省、市有关文件精神，区委区政府要求各有关部门端正对企业积累机制的指导思想，进一步完善承包经营责任制，完善消费基金分配办法，严格控制企业经营费用和乡镇、村的上缴款，共同把好企业积累关。4月起，又对乡镇企业进行“清产核资、清账理财”（双清），到年底结束。

3月27日，市体改办吴家伦副主任带领市有关部门来镇海区了解国合商业企业“四放开”改革情况，并邀集区有关商业企业的经理进行了座谈。

4月21日，镇海区政府出台《关于鼓励外商投资镇海经济技术开发区的若干规定》、《关于鼓励外地投资镇海经济技术开发区的若干规定》、《关于鼓励引荐镇海经济技术开发区项目有功人员的暂行规定》。

6月15日，区委区政府印发《镇海区加强企业民主管理暂行办法》。对加强企业的民主管理、保证职工行使民主权力，发挥职工的积极性，创造性，区委区政府要求各级党政和工会组织，牢固树立“全心全意依靠工人阶级”的思想，认真贯彻落实《暂行办法》的有关规定。

7月3—4日，市体改委主任助理宋越舜一行三人来镇海区调研劳动、分配、医疗“三项制度”改革情况。

10月26日，区体改办下发了《关于深化改革加速流通企业经营机制转换的意见》，《意见》对全面推行商业企业“四放开”改革的有关政策处理作了规定。

1993年

2月9日，镇海区召开全区外向型经济工作会议。会议就贯彻落实中共十四大精神及市政府对外经贸工作的要求，进一步明确镇海区加快发展外向型经济的目标和任务，研究了具体政策措施。

5月30日，区政府转发了宁波市《关于完善城镇职工待业保险制度的通知》。通知对城镇待业职工范围、保险对象、待业保险基金收交标准、开支项目、发放期限和标准、行业职工再就业等方面作出了相应规定。

6月4日，区政府下发《批准区劳动局“关于贯彻落实企业劳动用工自主权和工资分配自主权的若干试行意见”的通知》。《通知》对企业劳动用工、企业职工流动、企业工资总额管理、企业内部工资分配和转变职能、依法监督和强化服务等五个方面（共22条）自主权作出了较为全面规定。

6月11日，全区经济体制改革工作会议召开。会议传达了省、市体改工作会议精神和副区长施孝国就如何贯彻落实国务院颁布的《全民所有制工业企业转换经营机制条例》和《实施办法》作了讲话，区长姚力主持了会议。

6月30日，区政府批准区财政税务局《关于重点骨干企业九三年度继续实行“一包双优”办法的通知》。“一包双优”采取年内考核、隔年结算。考核的产值、销售、利润、投入四项指标的比重各为25%。

7月8日，区委召开九届二次全会（扩大）会议。会上由区委书记洪钧杰代表区委、区政府对全区上半年工作作了总结和分析镇海区企业改革、经济建设形势，并对下半年工作和乡镇企业改革作出了统一部署。

8月2日，镇海区出台《镇海区乡镇企业推行股份合作制的暂行办法》（区委〔1993〕39号文件）。为了进一步优化乡镇企业经营机制，适应社会主义市场经济体制的客观要求，根据上级有关文件精神，结合镇海实际，出台了这一《暂行办法》。《暂行办法》就指导思想、资产评估、产权界定、组织机构和若干政策处理等方面作出了指导意见。

8月5日，镇海区实施乡镇企业股份合作改革制试点。成立了区乡镇企业股份合作制试点工作指导小组和办公室，抽调了区、镇两级机关80名干部，对全区13家乡镇企业（乡镇办企业10家、村办企业3家）

开展了以股份合作制为主要形式的改革试点工作，到9月底止，基本完成了预定的试点任务

9月25日，镇海区召开了全区乡镇企业改革工作会议。会上由副区长施孝国代表区委、区政府作了《乡镇企业股份合作制改革试点工作总结和下步改革工作的具体意见》的报告。会后，将此《报告》由区委办印发到各乡镇。

11月16日，镇海衡山实业公司经区体改办〔1993〕25号文件批准，改组为股份合作制，注册资本150万元，法定代表人贝金发。2003年3月4日，股权重组。由宁波市人民政府〔2003〕59号文件批准和宁波市工商行政管理局核准，改组为宁波衡山集团股份有限公司，注册资本10500万元。

11月18日，区委、区政府发出《鼓励和支持个体、私营经济加快发展的意见》。意见要求各乡镇党委、政府、区属单位进一步解放思想，按照邓小平同志提出的是否有利于发展社会生产力，有利于增强社会主义国家的综合国力，有利于提高人民的生活水平这“三个有利于”的标准，在巩固发展公有制经济的同时，从实际出发，积极鼓励和支持个体、私营经济快速健康发展。并对进一步放宽政策、加强引导、管理等方面提出了实施意见。

11月20日，区委区政府对乡镇企业改革出台了《镇海区企业推行股份制若干意见》。意见对推行股份制的指导思想、改组途径、有关政策和要求等四个方面提出了规范意见。

12月3日，市委副书记王卓辉，由区委副书记周忠德、区委办主任陈家俊、体改办主任冯国定随同去庄市镇考察企业转制改革。

12月7日，绍兴市越城区委书记率队到镇海考察乡镇企业转制改革，区委书记洪钧杰陪同，体改办冯国定汇报镇海区乡镇企业改革情况。

1994 年

3 月 29 日，区委、区政府印发《1994 年经济体制改革工作要点》。要点提出，要按照建立新体制、坚持综合配套改革、重点突破、整体推进的要求，全面推进企业经营机制转换，加快培育市场体系，建立新的社会保障制度，扩大对外开放和转换政府职能，促进经济持续、健康发展。并将各项改革措施的实施责任落实到各个职能部门。

7 月 30 日，宁波中鑫毛纺厂经宁波市经委〔1994〕177 文件批准，改组为宁波中鑫毛纺集团公司，注册资本 2057 万元，法定代表人钟康鸣。2003 年 7 月 9 日，经宁波工商行政管理局核准，改组设立中鑫毛纺集团有限公司，注册资本 5000 万元。

7 月 30 日，宁波有线电厂、经宁波市农经委〔1994〕60 号文件批准，改组为宁波宝云集团公司，注册资本 2025 万元，法定代表人戴永丰。

10 月 17 日，宁波镇海光华毛纺织公司，经省经委〔1994〕556 号文件批准，改组为浙江光华纺织集团公司，注册资本 5228 万元。2001 年 2 月 1 日，经国家经贸委同意，银行贷款实行“债转股”，由华融、信达、东方、长城资产管理公司和区纺丝公司五家单位共同出资，改组为浙江光华集团纺织有限公司，注册资本 13408 万元。2005 年 6 月 10 日，股权重组，经工商行政管理部门核准，改制为宁波振华纺织染整有限公司，注册资本 2100 万元。

11 月 11 日，经宁波市工商行政管理局核准，改组为宁波宝云集团有限公司，注册资本 5080 万元。

12 月 9 日，全区经济工作会议召开。区长姚力总结了当年全区经济工作情况、分析当年面临的新形势、确定今后三年工作和 1995 年经济发展目标、任务和措施。区委书记洪钧杰就落实会议精神讲了几点意见，要求各级把握经济工作的指导思想、抢抓机遇，以质取胜和改革、发展、稳定相结合；实现真正的转变、形成开放型、规模型、科技型和多元化的经济格局；以“三个有利于”为标准，优化加强经济发展的新环境。

1995 年

2 月 14～15 日，以市体改委副主任车小方为组长的市委乡镇企业转制改革调查组一行到镇海调研。区体改办主任冯国定汇报镇海区乡镇企业改革情况。

2 月 27 日，市体改委副主任程刚到镇海考察，区委副书记周忠德和体改办副主任孟福成陪同前往棉丰村索莱尔公司考察改革情况。

3 月 7 日，区委区政府印发《1995 年全区经济体制改革实施要点》。《要点》指出，1995 年全区经济体制改革的主要任务：一是以建立现代企业制度为目标的企业改革，二是建立社会保障体系，三是促进政府管理经济职能的转变，四是探索公有资产管理和运行体系的改革，五是进一步培育市场体系。同时，还就明晰产权关系，完善城镇职工养老保险及住房制度改革等问题提出了实施意见。

3 月 13 日，区府办印发《关于成立宁波市镇海区现代企业制度试点工作领导小组及办公室》的通知。领导小组由副区长施孝国兼任组长，叶海章、孟福成任副组长，区委组织部、宣传部、工商局和企业主管局（公司）、银行等部门为领导小组成员。下设办公室，叶海章任主任，孟福成、王宝康为副主任。

3 月 20 日，区政府转发宁波市人民政府甬政〔1994〕21 号《关于职工基本养老保险实施办法的通知》。通知较为全面地对国有、县以上集体企业、县以下集体企业、城镇私营、个体工商户职工基本养老保险作了一系列的规定。

4月4日，区政府发出《关于产权制度改革的若干意见》。《意见》明确指出，企业产权制度改革要坚持以“三个有利于”为标准，转换企业经营机制；坚持以公有制为主体、积极探索社会主义公有制多种实现形式；坚持政企职责分开，明晰企业产权；坚持把改革、发展和稳定结合起来，促进企业大发展、大提高。

6月26日，区府办印发《关于宁波棉毯厂划归光华纺织集团公司专题协调会议纪要》。

7月8日，市委副书记陈勇到镇海考察，区委书记洪钧杰、副书记周忠德和体改办副主任孟福成随同前往镇海棉纺织厂了解现代企业制度改革试点情况。

8月10日，区府办印发《关于建立镇海区劳动制度改革领导小组的通知》。常务副区长徐岳芳任组长，洪志远、冯国定任副组长。

9月11日，区政府转发宁波市体改委等6个部门领发的《宁波市鼓励企业兼并的若干意见的通知》。通知为鼓励优势企业兼并其他企业，推动存量资产合理流动，优化重组，减轻兼并企业负担，企业兼并的有关政策等提出了18条意见。

10月9日，区府办印发《关于宁波敦煌织造有限公司兼并宁波皮件厂协调会议纪要》。

10月12日，区府办印发《关于镇海棉纺织厂兼并宁波兴宝玩具机电发展总公司及镇海制革厂的专题会议纪要》。

11月15日，镇海区成立了镇（乡）、村集体资产管理体制改革试点指导小组。指导小组由孟福成任组长、鲍小毛任副组长，抽调了二轻局、体改办、财税局、城建局、土管局、农行等部门干部为指导组成员。11月16日，指导组对庄市镇和庄市镇隶属的庄市村、万家村，进行了镇、村二级农村集体资产管理体制改革试点工作。庄市镇党委、政府按照建立“一元化管理、多渠道增值、多层次监督、有计划分配”的运行机制和抓好“清产核资、理顺体制、建章立制、配好班子、探索路子”的五个环节的要求，在清产核资的基础上，制定了一整套规章制度，成立了庄市镇社区代表会议、管理委员会和资产经营公司的资产运行管理体系，完善了试点村的管理机构和相应的规章制度。于1995年12月20日圆满地完成了试点任务，为全区推行农村集体资产管理体制改革起到了示范作用。

12月18日，区体改办下发了〔1995〕16号《关于庄市镇集体资产管理体制改革实施方案的批复》。

12月18日，区委、区政府出台了《关于进一步深化国有、集体企业改革的若干意见》。《意见》要求各乡镇、区府各部门按照党的十四届三中和五中全会放开搞活的要求，加快中小企业改革步伐，提出了如下八个方面改制途径：

——通过拍卖和有偿转让和出让国有、集体资产，实现产权置换；

——组建多种形式的股份合作制；

——对资金技术密集、规模经济要求高、产品市场容量大的企业改制为公司制企业；

——对经营不善导致企业连年亏损甚至资不抵债的企业采用兼并、破产等方式；

——进一步做好乡镇企业改革，对转制企业按照企业性质明确、产权关系明确、债权债务明确的要求做好完善和提高工作；

——继续完善其他形式的改革，如承包、招标抵押、划小核算单位；

——推进国有、农村集体资产管理体制改革，确保国有、集体资产增值保增；

——进一步完善社会养老保险。

12月20日，全区镇（乡）、村农村集体资产管理体制改革现场会议在庄市镇召开。会上，庄市镇党委书记汪卫国介绍了庄市镇、村集体资产管理体制改革试点工作情况，区委副书记周忠德就如何推行农村集体资产管理体制改革，对各乡镇党委、政府提出了具体要求。

1996 年

1 月 9 日，区政府印发了《区属国有、大集体企业产权有偿转让暂行办法》。为规范有序地推进区属企业产权有偿转让工作，实现社会资源的优化配置、确保国有资产保值增值，促进生产力进一步发展的需要，对国有大集体企业产权有偿转让，提出了 20 条具体工作意见。

1 月 15 日，区体改办印发《镇海区农村集体资产保值增值考核办法》和《关于镇海农村集体资产清产核资操作要点》的两个通知。通知对农村集体资产的保值增值考核和资产清查、产权界定、资产价值重估、资产核实、产权登记和清产核资工作步骤及方法提出了具体规范意见。

1 月 21 日，在庄市镇试点工作取得成功后，区委、区政府印发了《关于农村集体资产管理体制改革的实施意见》。意见指出，为了加强农村集体资产管理，保持集体资产所有者、经营者的合法权益，增强集体经济实力，建立适应社会主义市场经济体制要求的集体资产运行机制和管理体制。对镇海区农村集体资产管理提出了具体实施办法。

1 月 26 日，区供销社转发中共浙江省委、省政府《关于贯彻落实中发〔1995〕5 号文件深化供销合作社改革的若干意见》的通知。

6 月 13 日，宁波华通电力机械制造公司经宁波市农经委〔1996〕24 号文件批准，改组为宁波华通电器集团公司，注册资本 4184 万元，法定代表人郑绍琪。1998 年 4 月 15 日，经宁波市人民政府〔1998〕71 号文件批准、市工商局核准，改组为宁波华通电器集团股份有限公司，注册资本 5300 万元。

7 月 5 日，区委印发《关于成立国有资产管理委员会的通知》。区委书记胡永先兼任国资委主任，区长姚力兼任国资委副主任，郑世海、徐国璋、洪志远、戴岳珍为国资委委员，国资委下设办公室，周雅珍为主任，孟福成、俞晓君为副主任。

7月30日，区委办印发《宁波市镇海区国有资产管理具体实施意见（试行）的通知》。通知对国有资产产权登记、评估、优化配置、收益、保值增值、监督与责任、附则等（九章七十条）提出了规范意见。

9月24日，区政府印发《关于规范转制企业房产登记发证、转让、抵押等有关问题的实施意见》。意见对转制企业的房产登记发证、房屋转让、房屋抵押贷款，发证、转让、抵押的税费作了相应规定。

9月27日，区国资委印发《关于镇海区工业国有资产经营公司国有资产监督管理和经营办法（试行）的通知》。

9月27日，区府办印发了《关于规范镇（乡）、村转制企业土地使用权的意见》。意见对转制的乡镇企业土地使用权出租、入股、出让、抵押等作出了具体规定。

10月9日，区委、区政府出台了《关于进一步做好乡镇企业转换经营机制，规范、完善、提高工作的意见》。意见要求对乡镇企业参股比例、集体资产保值增值、明晰产权、国家减免税归属，和转制企业的监督、管理、指导、服务等方面提出了具体意见。

11月8日，区国资委印发《关于镇海区商业国有资产公司国有资产监管管理和经营办法（试行）的通知》。

11月8日，区政府印发《关于同意成立镇海区商业国有资产经营公司的批复》。

11月8日，区政府印发《关于同意成立镇海区工业国有资产经营公司的批复》。

11月17日，召开全区企业改革和发展工作会议。副区长徐岳芳作了题为“抓大扶优，放小搞活进一步加快镇海区企业改革和发展步伐”

的工作报告。报告就当前和今后一个时期从整体上搞活镇海区国有、大集体企业改革和经济发展问题提出了具体意见。会议由区长姚力主持，并就如何贯彻会议精神作了周密部署。

12月16日，宁波摩士轴承实业有限公司，分别经宁波市人民政府〔1996〕248号和宁波市农经委〔1996〕111号文件批准，改组为宁波摩士集团股份有限公司，注册资本3330万元，法定代表人李罡。2001年12月18日，区体改办〔2001〕18号文上报市体改委同意，经工商行政管理部门核准，注册资本变更为5100万元。

1997年

1月23日，区政府印发《关于印发“镇海区实施再就业工程的意见”（试行）》的通知。通知对再就业的实施范围、政策与措施，包括企业分流消化、自谋职业或合伙经营、社会安置等提出了多渠道就业和政策措施。

1月27日，区政府印发《关于印发“镇海区经济体制改革工作的要点”的通知》。通知要求围绕建立现代企业制度，坚持“三有利”标准，抓大扶优，放小搞活，加大“三改一加强”力度，推进企业改革和各项配套制度的改革。

二、产权制度改革时期大事记（1997年6月—2001年8月）

1997年

5月28日至31日，由区委书记胡永先、副区长徐岳芳带队，组织区计经委、体改办、工业、二轻、纺丝、财税、劳动等11个部门的负责人和部分厂长（经理）赴金华、海宁两地，学习考察国有、城镇集体企业产权制度改革的经验。

6月10日，区委印发《关于建立区产权制度领导小组通知》。区长何一江兼任领导小组长，常务副区长徐岳芳兼任副组长，徐国璋、洪志远、冯国定、郑世海、顾德才、戴岳珍、郑尧贤、陆其林、高炳华、周晓芳为领导小组成员。

6月24日，区府办印发了《关于建立镇海区产权制度改革领导小组办公室的通知》。办公室组成人员由徐国璋担任办公室主任，叶海章、孟福成担任办公室副主任，洪世弈、王东铭、王宝康、姚海华、胡文耀、俞晓钧、陆仁文为办公室成员，办公地址设在商业大厦九楼。后于1998年区政府办公室印发了33号文件，对区产权制度改革办公室成员作了调整：张江华任办公室主任，洪志远、孟福成、王宝康为办公室副主任，胡文耀、刘骏、虞鸿、朱培铮、陆仁文、岑文元、周忠杰、翁亚清为办公室成员。

7月10日，区产权办印发《关于镇海区国有、城镇集体企业产权制度改革总体目标及工作意见》。意见对国有和城镇集体企业产权制度改革的指导思想、改革范围、改革目标和要求，改革的主要工作、改革的总体部署和实施步骤等方面提出了指导性意见。

7月10日，区委区政府出台《关于推进国有、城镇集体企业股份合作制改革的若干政策意见（试行）》。意见对国有、城镇集体企业股份改革的资产评估、产权界定、资产核销、提留、剥离、土地使用权处置、股权设置、产权出售、债权和职工安置等政策作了明确规定。这一文件的出台，标志着镇海区国有、城镇集体企业改革由经营权制度改革进入产权制度改革和创建现代企业制度的新的改革时期。

7月12日，区委、区政府召开全区产权制度改革动员大会。会议由区委书记胡永先主持，区长何一江作报告。由此，镇海区国有、城镇集体企业产权制度改革按照“先点后面、先易后难、先小后大”的原则已全面启动。

7月14日，区产权办发布首批国有、城镇集体企业股份制改革试点单位名单。确定区级试点单位（5家）：机械总厂、毛线二厂、浙东电热器厂、德昌工缝厂、畜废公司；局级试点单位（7家）：开元机器厂、三动厂、纺机厂、众擎公司、电讯研究所、百货大楼、新兴宾馆。首批试点企业除纺机厂、百货公司采用其他方式转制外，于9月底基本完成股份制改制试点任务。

8月4日，区府办印发《宁波市镇海区改制企业设立职工持股会办法（试行）的通知》。办法对改制企业设立职工持股会的条件和程序、组织机构、股份筹集、股份管理、变更、年检及终止等方面作了明确的规定。

8月25日，区委办印发《关于开展农村集体资产产权登记工作的意见》。这是农村集体资产管理体制改革后的首次进行资产登记核查。

9月11日，区府办印发了《关于进一步发展乡镇企业若干意见》。意见要求对未改制企业尽快按照建立现代企业制度要求，搞好机制转换工作。

9月25日，区产权办发布第二批国有、城镇集体企业股份制改革试点单位名单：棉纺织厂、光华纺织集团、汽车电器厂、工业供销公司、轻工机械厂、纺织配件厂、有色塑料厂、二轻供销公司、广告公司、钢模租赁公司、钢窗厂、铝合金厂、外海航运船舶修造厂、蓄电池厂、橡塑配件厂、农业局棉场、吸塑厂、离心开关厂、饮服公司、医药药材公司、渔需物资公司、土产日杂公司、蔬菜公司、副食品公司、供销大楼、纺织原材料公司、第二商业公司、通讯研究所、物资经营公司、工业原材料公司、华丰装潢公司、物资联营公司、地产供销公司、电器二厂、打字机零件厂共35户。第二批股份制试点企业除棉纺织厂、光华集团、汽车电器厂外，其余于翌年1月底完成试点任务。

10月7日，区产权办举办第二批产权制度改革试点企业骨干培训班，对试点工作安排和相关政策作了辅导。

10月20日，区财政局印发《关于股份合作制有关财务处理的意见》。对改制企业提留、剥离、核销的资产，在账户处理上作出了规定。后于1998年9月18日区财政税务局又提出了“待处理资产”，职工安置基金等财务处理作出了补充规定。

10月25日，区委组织部印发《关于公司制、股份合作制党建工作的几点意见》。

11月21日，区产权办印发《关于转制企业房屋评估等有关问题的意见》。

12月10日，区府办印发《关于印发公司制、股份合作制企业劳动用工、工资分配等问题的若干意见的通知》。通知对改制企业的劳动用工制度、工资分配制度等有关政策提出了具体意见。

12月10日，区委印发《镇海区公司制、股份合作制企业工会工作试行办法》的通知，通知对改制企业的工会组织建设、工会的工作制度、职工民主管理等相关问题提出了明确的要求。

1998年

1月21日，区政府印发《关于同意成立镇海粮食国有资产经营公司的批复》

1月24日，区政府印发《关于同意成立镇海物资国有资产经营有限公司的批复》。

2月9日，区政府印发《一九九八促进商贸流通企业改革和发展的若干政策》的通知。《通知》对进一步加快国合商贸流通企业的改革步伐，促进全区商贸经济持续、稳定、健康发展，在政策上作出了一系列规定。

2月11日，召开全区商贸流通企业改革与发展工作会议。会上由副区长董国安作了工作报告。董副区长在报告中充分肯定前一时期商贸企业改革工作的基础上，对如何进一步加快国合商贸流通企业改革步伐，促进全区商贸经济保持持续、稳定、健康发展和“菜篮子”“米袋子”工程建设等方面，在工作上、政策上提出了具体实施意见。

2月18日，区政府印发《关于镇海区再就业工程实施办法（试行）》的通知。通知为推进镇海区企业改革和发展、维护社会稳定、妥善做好失业人员的再就业和企业下岗职工的分流安置工作，对范围与对象、途径与政策、再就业工程专项经费等问题提出了具体实施办法。

3月20日，召开全区国有、城镇集体企业产权制度改革工作会议。区委常委、常务副区长徐岳芳作工作报告，区委书记胡永先主持会。该次会议是1997年7月以来有51家国有、城镇集体企业，分二批进行股份制改革试点，取得经验的基础上再次召开的动员大会，对推动镇海区国有、城镇集体企业产权制度改革，转换经营机制，创建现代企业制度等方面具有深远影响的一次大会。

4月13日，区委办印发《关于贯彻执行区委区府〔1997〕31号文件有关问题的补充通知》。通知针对区委、区政府下达的〔1997〕31号文件中规定的各项政策提出了具体操作办法。

4月25日，区府办印发《区府国有、大集体破产、终止企业职工安置和社会保障有关问题的意见》的通知。

5月7日，区土管局印发了《关于企业改制中征用（使用/划拨）土地使用权处置意见》。

5月11日，区产权办印发《镇海区国有城镇集体企业改组设立有限责任公司股份合作制后办理变更注册登记有关程序》的通知。

5月11日，区产权办召开产权制度改革工作交流与协调会议。会议邀请了区国税局、地税局、工商局、人民银行、土管局、劳动局和会计师事务所、审计师事务所、房屋评估事务所等区级管理部门和中介机构负责人参加了会议。会上，在交流企业改革经验基础上，较好地解决了对企业改革的难点问题。

5月26日，区产权办印发《关于转制企业股权登记、发证暂行办法》的通知。

6月9日，区工商局印发《关于贯彻国家工商行政管理局“关于企业集团登记管理暂行规定”的通知》。

6月12日，区产权办印发《关于改制企业计提和使用职工安置基金实施意见》。

6月24日，召开全区国有、城镇集体企业下岗职工基本生活保障和再就业工作会议。区委常委、常务副区长徐岳芳，代表区委、区政府作《关于“对党和人民高度负责的精神，扎扎实实做好下岗职工基本生活保障和再就业工作”的工作报告》。报告对下岗职工基本生活和再就业工作提出了具体政策措施和工作安排意见。

9月8日，区政府印发《宁波市镇海区人民政府关于实施宁波市企业职工工伤保险暂行办法》的意见。

9月16日，区劳动局〔1998〕53号、区财政局〔1998〕121号印发《关于破产、关闭企业下岗职工基本生活保障实行“三三制”的实施意见》。《意见》对下岗职工的保障费用，实行企业主管部门、社保机构、财政各负担三分之一。

10月27日，区产权办印发《关于公布破产企业名单的通知》。因亏损严重、资不抵债，由企业和主管局申请，区政府同意镇海水泥厂、纺机厂、盛滋酿造厂、华甬动力厂、粉煤灰建材厂、二轻供销公司、海昌钢管厂、电子元件厂、电热器厂、外海航运公司10家企业列入镇海区人民法院公告破产。10家破产企业共有职工972人，离退休人员492人和遗属81户，按照区政府〔1998〕29号《关于国有、大集体破产、终止企业职工安置和社会保障有关问题的意见》通知规定精神，于翌年1月基本解决了职工分流、资金补偿和社会保障等问题。

1999 年

7 月 5 日，区政府召开扩大社会保险覆盖面工作会议。会上由区长何一江就进一步统一思想、提高认识、明确职责、落实任务、齐抓共管、切实做好镇海区扩大社会保险覆盖面和社会养老保险和失业保险扩大面工作提出了具体意见。

8 月 10 日，区委区政府出台了《关于推进和深化国有、城镇集体企业产权制度改革的若干补充意见》（镇区委办〔1999〕38 号）。要求企业进行产权制度改革时，应与改革企业劳动用工制度结合起来。原则上，国有、大集体企业改制时，原国有、大集体性质的职工身份不再保留；企业中的国家干部，除档案保留干部身份外，其余与企业职工一视同仁，改变身份后的职工在改制后企业就业的，应与企业重新签订劳动合同。与此同时，对推进和深化企业改革的有关政策，提出了分类指导的补充意见。

2000 年

1 月 3 日，区委、区政府召开全区企业改革工作会议。区长何一江在会上讲话。讲话主要内容是深化和完善国有、城镇集体企业产权制度改革，理顺改制企业劳动关系，改变原国有、大集体性质职工身份等方面作出全面部署。要求全区上下进一步统一思想、坚定信心，抓重点、攻难点，努力开创镇海区企业改革和发展的新局面提出了具体意见。

11 月 10 日，区府召开实施城镇职工基本医疗保险制度改革筹备会议。副区长张江华主持召开，区府办、宣传部、劳动局、人事局、体改办、卫生局、总工会、财政局以及区医保处有关人员参加会议。会议对全区实行职工医疗保险制度改革的相关政策、工作步骤、基本做法等方面统一了思想认识。

2001 年

1 月 17 日，召开全区经济工作会议。区委副书记、区长郭华巍作了《抓住机遇、突出主题、加快推进我区工业化进程》的工作报告。《报告》对做好国有、城镇集体企业产权制度改革扫尾工作提出了具体意见：一是要推进市场化用工机制，按照“**转变身份、适当补偿、承认工龄、续接社保**”理顺劳动关系；二是要推进产权结构多元化；三是要努力做好转制企业的规范、完善、提高工作。此外，对完善社会保障和下岗职工再就业等工作提出了具体要求。

4 月 1 日，区委、区政府印发《关于进一步推进、深化完善企业改革的若干问题处理意见》。意见对改制企业职工理顺劳动关系的安置费、补偿金及改制时其他应计提支付的费用处理，公有房、土地、医疗费等政策性问题提出了政策处理意见。

4 月 6 日，镇海区召开全区企业改革与思想政治工作会议。会上，由副区长张江华代表区委、区政府，为确保全区上半年全面完成深化国有和城镇集体企业产权制度改革、搞活用工制度、理顺劳动关系等方面工作提出了具体工作意见和要求。

4 月 13 日，区委印发了《关于成立镇海区企事业单位改革领导小组的通知》。领导小组组长由区长郭华巍兼任，林根海、张江华兼任副组长，郑瞻来、洪志远、范振明、胡文安、穆仁高、郑四海、舒建国、高炳华、胡友江、张维明、何加明、盛树君、李珍珍为领导小组成员。领导小组下设办公室，洪志远为办公室主任，孙孝法、王宝康、顾正纲为副主任。通知规定，原区产权制制度改革领导小组同时撤销，原有职能由区企事业单位改革领导小组承担。

5 月 21 日，为推进深化企业改革，理顺劳动关系工作顺利进行，区委、区人大、区政府、区政协四套班子领导分工负责，对全区改革任务较重的供销社、城建局、粮食局、二轻局、商业局、计经委、农业局、外贸局、纺丝公司9个经济主管部门的27家企业进行联系及督查。

5月22日，区委召开书记办公会议。会议由区委书记闻建耀主持。专题研究和解决国有、城镇集体企业产权制度改革和理顺职工劳动关系的相关问题。会上闻建耀提出了如下三条工作意见：一是全区企业改革六月底全面完成的工作目标不变。二是严格执行政策、规定，不得擅自乱开口子。三是对于部分企业改制中职工理顺劳动关系时，出现资金缺口，应按镇区委办〔2000〕2号和〔2001〕20号文件规定执行，先由主管局或系统内的资产平衡调剂解决，土地出让金返还弥补，区直管非住宅公房产权划拨等途径解决，还有缺口的由区政府“企业改革风险基金”给予适当补偿。

8月月底，全区企业改革已基本完成。根据区体改办2001年9月5日《企改情况》通报，截至2001年8月31日，全区应理顺国家同企业产权关系和理顺企业同职工劳动关系的企业改革分别完成了100％和99.3％。这标志着镇海区人民沿着党的改革开放事业，在区委、区政府的领导下，自1983年6月起，历时18年间，在企业经营权制度改革和产权制度改革的两个时期里，经历了一场前无先例、艰难曲折而卓有成效的探索和实践。通过改革，镇海区国有企业、城乡集体企业彻底地摆脱了旧的计划经济体制下的管理模式，走上了新型的社会主义市场经济体制的运营轨道。从而，企业已成为真正意义上的自主经营、自负盈亏、自我约束、自我发展的独立法人实体和市场主体。

大事记附录：

2002年5月29日，中共镇海区委、区人民政府印发《关于镇海区经济主管部门转体改革的实施意见》（镇区委〔1999〕17号）。文件指出："为进一步建立和完善镇海区国有资产管理、监督、营运体系和机制，加快政府职能转变，实行政企分开，结合区级机关机构改革对区工业公司、区纺织丝绸工业公司、区二轻工业公司、区商业局、区物资总公司、区供销合作社六大经济主管部门，要求在当年9月底完成体制转换工作。"实施意见对经济主管部门的转体形式、建立国有（集体）资运营考核体系、人员分流和离退休人员管理、行政与行业职能转移、党组织关系等方面作了详情规定。

第二节　"股份制"改制企业名录

镇海区"股份制"改制企业[①]名录，是依据1993年6月—2001年8月乡镇企业和国有、城镇集体企业产权制度改革时期，由政府授权部门批准改组设立的股份有限公司、有限责任公司和股份合作制企业（统称"股份制"企业），笔者按照改制时的企业名称、改制方式、法定地址、筹集股金数额和批准机关文号等要素，重新搜集组合登记入册，作为本史书"丛录"文本之一。

企业实施"股份制"改组，是实现转换企业经营机制的主要途径，是创建现代企业制度的重要组织形式。镇海区坚持以公有制为主体、多种经济成分共同发展的方针，对约占全区经济总量80%以上的144个国有、城镇集体企业、乡镇企业，按照公司法和股份合作制规范要求，进行了"股份制"改组，筹集股本金（注册资本）总额为87706.482

① "股份制企业"指国有企业、城镇集体企业和乡镇企业的公有制经济，改组为投主体多元化的股份有限公司、有限责任公司和股份合作制企业的统称。"股份制企业"。

万元。

“股份制改制企业名录”是历史性记载文本，是动态的、发展的，故文本中所记载的定性方面内容和定量方面数据，是企业当时改组时的内容和数据，仅供存档研究、查考之用。

一、股份有限公司名录

1993年11月至1996年，镇海区成立股份有限公司3家。其中，宁波摩士和宁波华通股份有限公司，分别建于1994年和1998年；宁波衡山股份有限公司的前身是股份合作制企业，成立于1993年，2003年经资产重组，由股份合作制企业改组为股份有限公司，总股本金为10500万元。3家股份有限公司筹集总股本金为30900万元（见下表7—1）。

表8—1　　1993—2001年股份有限公司改制企业名录一览表　　单位：万元

序号	企业名称	隶属关系	地　址	注册资本	批准文号	备注
1	宁波摩士集团	庄市镇	镇海庄市光明村	15100	市政〔1994〕248号	1994年在有限公司基础上改组为股份有限公司
2	宁波华通集团	庄市镇	镇海庄市光明村	5300	市工商1998年4月15日	1996年6月成立企业集团，1998年4月组建股份有限公司
3	宁波衡山集团	骆驼镇	镇海骆驼工业区荣吉路180号	10500	市工2003年3月4日	1993年11月组建股份合作制，2003年5月改组为股份有限公司

二、有限责任公司名录

1993年8月至2001年8月，全区改组设立有限责任公司66家，股本金为55710.70万元（见下表7—2）。

表8—2　1993—2001年“有限责任公司”改制企业名录一览表　单位：万元

序号	企业类型		改后企业名称	法定地址	注册资本	批准文号
	企业名称	性质				
1	骆驼村经济合作社	乡镇集体	骆驼村经济合作社有限公司	骆驼工业小区	180	区体改〔1993〕13号
2	宁波敦煌针织公司	乡镇集体	宁波敦煌针织有限公司	庄市	1000	区体改〔1993〕17号
3	镇海清水浦天虹铸件	乡镇集体	镇海天虹铸件有限公司	镇海清水浦	50	区体改〔1993〕18号
4	镇海上华实业公司	乡镇集体	镇海上华实业有限公司	骆驼工业小区	200	区体改〔1993〕32号
5	宁波镇海华伦造纸厂	乡镇集体	宁波镇海华伦纸业有限公司	蟹浦	2718	市工商〔1996〕25599281—4
6	宁波中平粉末冶金厂	乡镇集体	宁波中平粉末冶金有限公司	镇海蟹浦	1605	市工商〔1996〕25600805
7	镇海春蕾服装厂	乡镇集体	镇海春蕾服装制衣有限公司	城关镇电西路7号	160	区体改〔1999〕18号
8	镇海九龙输送机械联营厂	乡镇集体	镇海九龙输送机械有限公司	河头工业小区	284	区体改〔1999〕04号
9	宁波鸿森服装厂	乡镇集体	宁波鸿森制衣有限公司	镇骆路61号	100	区体改〔1999〕06号
10	镇海明通城网配电设备厂	乡镇集体	镇海明通城网配电设备厂	庄市镇	300	区体改〔2000〕23号
11	镇海热电管厂	乡镇集体	镇海热电管有限公司	城关环城北路60号	350	区体改〔2000〕24号
12	镇海橡胶机电制品厂	乡镇集体	镇海橡胶机电制品有限公司	镇宁路495号	156	区体改〔2001〕10号

续上表8—2

序号	企业类型		改后企业名称	法定地址	注册资本	批准文号
	企业名称	性质				
13	宁波中鑫集团公司	乡镇集体	宁波中鑫集团有限公司	贵驷民联村	5000	市工商〔1994〕3302005209
14	宁波宝云集团	乡镇集体	宁波宝云集团有限公司	蟹浦庙戴村	5080	市工商〔1994〕330204005280
15	宁波华丰针织有限公司	乡镇集体	宁波华丰针织有限公司	俞范棉丰村	1688	外贸局〔1992〕66号
16	镇海电热管厂	乡镇集体	镇海电热管有限公司	环城北路60号	350	区体改〔2000〕20号
17	镇海明通电网配电设备厂	乡镇集体	镇海明通电网设备有限公司	镇海庄市	300	区体改〔2000〕23号
18	镇海海宏实业公司	国有企业	镇海海宏实业	镇海经济技术开发区	40	区体改〔1994〕02号
19	镇海电力物资公司	国有企业	镇海电力物资有限公司	镇海经济技术开发区	56	区体改〔1994〕18号
20	宁波电力成套设备公司	国有企业	宁波电力成套设备有限公司	镇海经济技术开发区	500	区体改〔1996〕05号
21	宁波液压马达集团公司	国有企业	宁波液压马达集团有限公司	镇海车站路72号	1530	区体改〔1997〕03号
22	镇海石油公司	国有企业	镇海石油有限公司	车站路154号	762	区体改〔1997〕07号
23	镇海机械总厂	国有企业	镇海机械制造有限公司	镇海经济开发区B区	422	区体改〔1997〕15号
24	镇海工业缝纫机厂	城镇集体	镇海大鹤缝纫机有限公司	镇海大西门路578号	105	区体改〔1997〕17号
25	镇海毛线二厂	城镇集体	镇海三利毛纺织有限公司	镇海沿江东路570号	159	区体改〔1997〕23号
26	镇海铁路机车厂	国有企业	镇海铁路机车有限公司	镇海沿江西路513号	50	区体改〔1997〕20号

续上表8—2

序号	企业类型		改后企业名称	法定地址	注册资本	批准文号
	企业名称	性质				
27	镇海电讯研究所	国有企业	镇海电讯研究所有限公司	镇海城河东路115号	50	区体改〔1997〕24号
28	镇海众擎电子公司	城镇集体	镇海众擎有限公司	镇海镇宁东路62号	50	区体改〔1997〕30号
29	镇海饮食服务公司	国有企业	镇海饮食服务有限公司	镇海南大街100号	273	区体改〔1998〕03号
30	镇海建筑门窗厂	城镇集体	镇海建筑门窗有限公司	张监矸庙前路36号	134	区体改〔1997〕26号
31	镇海医药公司	国有企业	镇海医药药材研有限公司	南大街254号	232	区体改〔1997〕22号
32	镇海鸿发通信公司	国有企业	镇海鸿发通信有限公司	城河西路136号	208	区体改〔1998〕32号
33	镇海汽车电器厂	国有企业	镇海高利汽车电器有限公司	车站路328号	121	区体改〔1998〕11号
34	宁波中大电力发展公司	国有企业	宁波中大电力发展有限公司	镇海经济开发区	300	区体改〔1998〕19号
35	宁波三友环保工程公司	国有企业	宁波三友环保工程有限公司	镇骆路陈家段	77	区体改〔1998〕40号
36	宁波珂曼龙服饰公司	国有企业	宁波恒隆服饰有公司	镇海经济技术开发区	100	区体改〔1998〕23号
37	镇海华丽绣服厂	城镇集体	镇海申振牛仔服饰有限公司	镇海环城北路51号	50	区体改〔1998〕20号
38	镇海棉纺织厂	国有企业	宁波中汇纺织有限公司	镇海大西门路292号	1000	区政府〔1998〕35号
39	镇海电力能源开发公司	国有企业	镇海电力能源开发有限公司	镇海经济技术开发区	500	区体改〔1998〕14号
40	镇海工业供销公司	国有企业	镇海工业供销有限公司	镇海城河东路495号	51	区体改〔1998〕04号

续上表8—2

序号	企业类型		改后企业名称	法定地址	注册资本	批准文号
	企业名称	性质				
41	镇海土产日杂公司	国有企业	镇海土产日杂有限公司	镇海城关清川路96号	50	区体改〔1999〕20号
42	宁波丰泽电器厂	城镇集体	宁波丰泽电器有限公司	蟹浦庙载村	300	区体改〔1999〕23号
43	镇海审计事务所	事业单位	镇海审计事务所有限公司	商业大厦10楼	30	区体改〔1999〕12号
44	镇海渔网厂	国有企业	镇海群渔网具有限公司	环城北路68路	93	区体改〔2000〕01号
45	镇海机械外贸公司	国有企业	镇海机械外贸有限公司	城关龚家弄38号	50	区体改〔2000〕04号
46	镇海化工外贸公司	国有企业	镇海化工外贸有限公司	镇海城关龚家弄38号	50	体改〔2000〕05号
47	上海浦东金义电缆成套设备公司镇海分公司	乡镇企业	上海浦东金义电缆成套设备公司镇海有限公司	镇海城河东路446号	50	区体改〔2000〕07号
48	镇海特种动物繁育公司	国有企业	镇海特种动物繁育有限公司	农业开发区	50.	区体改〔2000〕09号
49	镇海众利化工厂	国有企业	镇海众利化工有限公司	后海塘工业区	236	区体改〔2000〕10号
50	镇海永和房地产公司	国有企业	镇海永和房地产有限公司	镇海经济技术开发区	500	区体改〔2000〕20号
51	宁波浙东纺织原材料公司	国有企业	宁波浙东纺织原材料有限公司	北仑小港开发区香港楼A座311室	50	区体改〔2000〕21号
52	镇海食品公司	国有企业	镇海食品有限公司	隧道北路	100	区体改〔2000〕22号

续上表8—2

序号	企业类型		改后企业名称	法定地址	注册资本	批准文号
	企业名称	性质				
53	镇海骆驼香溢新兴宾馆①	事业单位	镇海骆驼香溢宾馆有限公司	杭甬南路57号	700	区体改〔2001〕03号
54	镇海新华纸塑包装厂	城镇集体	镇海新华纸塑包装有限公司	骆驼镇	158	区体改〔2001〕08号
55	镇海经济开发实业公司	国有企业	镇海经济开发实业有限公司	胜利路112号	68	区体改〔2001〕09号
56	镇海特产公司	国有企业	镇海特产有限公司	镇海长生桥4号	50	区体改〔2001〕14号
57	镇海九龙山庄	国有企业	镇海九龙山庄有限公司	九龙湖风景区	300	区体改〔2001〕16号
58	镇海棉花加工厂	国有企业	镇海棉花加有限公司	浮林庙1号	200	区体改〔2000〕31号
59	浙江光华纺织集团有限公司②	国有企业	浙江光华纺织有限公司①	大运路8号(大件码头)	13408	国家经贸〔2000〕1086
60	镇海橡胶机电制品厂	城镇集体	镇海橡胶机电制品有限公司	镇宁东路495号	156	区体改〔2000〕10号
61	镇海热电厂	国有企业	镇海热电厂有限公司	城关镇后海塘	11560	注册号浙甬总字第001222号
62	镇海丝织厂	国有企业	镇海银球织造化纤有限公司	高新技术开发区	451	镇体改〔2001〕42号

① “镇海骆驼香溢宾馆有限公司”由原镇海骆驼新兴宾馆（股份合作制）股权转让重组而成。

② “浙江光华毛纺织有限公司”2001年2月，浙江光华毛纺织集团有限公司经国家经贸委同意，银行贷款实行“债权转股权”，由华融、信达、东方、长城资产管理公司和区纺丝公司五家单位共同出资改制而成。

续上表8—2

序号	企业类型		改后企业名称	法定地址	注册资本	批准文号
	企业名称	性质				
63	镇海印刷厂	国有企业	宁波天臣印务实业有限公司（含五星网印）	镇海开发区	300	注册 330211100181
64	意宁液压马达厂	城镇集体	意宁液压马达有限公司	高科技园区	83	注册 3302111000271
65	商业物资公司	国有企业	商业物资有限公司公司	后海塘大通路331号	68	注册 3302111000271
66	镇海江北油厂	国有企业	镇海食油制品有限公司	镇海贵驷	462	区体改〔2001〕29号

三、股份合作制名录

1993年8月至2001年8月，全区改组设立股份合作制企业75家，筹集股本金为11095.782万元（见下表7—3）。

表8—3　　1993—2001年镇海区“股份合作制改制”企业名录一览表　单位：万元

序号	企业名称	隶属关系	地　址	注册资本	批准文号
1	镇海绿野小庄	乡镇集体	开发区（五里牌）	170.00	体改〔1993〕02号
2	镇海微型电机厂	乡镇集体	蟹浦兴业路1号	385.27	体改〔1993〕20号
3	镇海机电总厂	乡镇集体	城关后聪园路6号	557.00	体改〔1993〕22号
4	镇海荧光灯具厂	乡镇集体	骆驼南一路18号	14.00	体改〔1993〕23号
5	镇海医疗器械厂	乡镇集体	骆驼工业小区	40.50	体改〔1993〕24号
6	镇海衡山实业公司	乡镇集体	骆驼工业小区	150.00	体改〔1993〕25号
7	镇海申港羊毛衫厂	乡镇集体	骆驼工业小区	118.00	体改〔1993〕29号
8	镇海蟹浦冷冻厂	乡镇集体	蟹浦镇四号桥	163.40	体改〔1993〕33号

续上表8—3

序号	企业名称	隶属关系	地　　址	注册资本	批准文号
9	镇海钢丝针布厂	乡镇集体	骆驼路66号	74.00	体改〔1994〕05号
10	宁波汽车电器厂镇海联营厂	乡镇集体	镇海骆驼长石	33.00	体改〔1994〕06号
11	镇海敏感电热器厂	乡镇集体	骆驼杭甬路28号	25.00	体改〔1994〕07号
12	浙江纸箱厂镇海联营厂	乡镇集体	骆驼镇南路5号	33.00	体改〔1994〕09号
13	镇海弹性针布厂	乡镇集体	骆驼杭甬路26号	80.43	体改〔1994〕17号
14	镇海钢球模具厂	乡镇集体	镇海骆驼长石	15.50	体改〔1994〕16号
15	镇海汽车电机联营厂	乡镇集体	镇海骆驼长石	7.17	体改〔1994〕10号
16	镇海精密机械制造厂	乡镇集体	镇海骆驼汶溪村	30.00	体改〔1994〕19号
17	镇海液压传动厂	乡镇集体	镇海骆驼中心村	20.00	体改〔1994〕21号
18	镇海轻工机械铸造厂	乡镇集体	镇海骆驼中心村	8.00	体改〔1994〕22号
19	宁波镇海钢球厂	乡镇集体	镇海骆驼镇何仙村	40.00	体改〔1995〕01号
20	镇海纺织机械零件厂	乡镇集体	镇海骆驼汶溪村	18.00	体改〔1995〕02号
21	镇海工具二厂	乡镇集体	镇海骆驼孙陆村	139.90	体改〔1995〕03号
22	镇海工艺织造厂	乡镇集体	城关环城西路47号	87.00	体改〔1995〕04号
23	镇海第三羊毛衫厂	乡镇集体	镇海汶溪	86.45	体改〔1995〕05号
24	骆驼工业供销公司	乡镇集体	镇海骆驼	72.73	体改〔1995〕10号
25	镇海冷藏加工厂	乡镇集体	城关	470.60	体改〔1995〕12号
26	镇海水泥预制件厂	乡镇集体	河头	210	体改〔1996〕1号

续上表8—3

序号	企业名称	隶属关系	地　　址	注册资本	批准文号
27	镇海庄市汽摩电机厂	乡镇集体	庄市	276.80	体改〔1996〕11号
28	镇海仪表机械厂	乡镇集体	骆驼大河路33号	34.36	体改〔1995〕11号
29	骆驼建筑安装公司	乡镇集体	骆驼工业小区	127.73	体改〔1995〕13号
30	镇海汽芯加工厂	乡镇集体	镇海聪园路2号	472.50	体改〔1995〕14号
31	镇海模具机械厂	乡镇集体	骆驼环城北路26号	58.00	体改〔1995〕16号
32	庄市南方压铸厂	乡镇集体	庄市春荫桥南侧	30.00	体改〔1996〕03号
33	宁波良亮灯饰厂	乡镇集体	贵驷镇骆路95号	129.00	体改〔1998〕43号
34	镇海联营运输队	乡镇集体	五里亭冷冻场内	10.50	体改〔1999〕09号
35	宁波化纤纺织厂	乡镇集体	镇海经济开发区银凤路	60.00	体改〔1999〕03号
36	镇海制衣厂	乡镇集体	镇海城关五里牌	10.00	体改〔1999〕19号
37	镇海石化设备厂	乡镇集体	镇海镇骆路312号	100.00	体改〔2000〕27号
38	镇海贵驷西服厂	乡镇集体	贵驷贵安路24号	55.50	体改〔2001〕01号
39	宁波肖子厂	乡镇集体	镇宁路558号	408.00	体改〔2001〕05号
40	镇海氨基酸厂	乡镇集体	镇海静海路60号	50.00	体改〔2001〕06号
41	镇海无级变速厂	乡镇集体	镇海车站路409号	310.00	体改〔2001〕12号
42	镇海电机厂	乡镇集体	镇海镇宁路558号	80.00	体改〔2001〕17号
43	宁波市镇海温控器厂	城镇集体	城关聪园路39号	40.00	体改〔1994〕02号
44	镇海广告公司	城镇集体	城关远望道头15号	32.00	体改〔1994〕14号
45	镇海临江卫生院	事业单位	镇海城关临江	165.00	体改〔1993〕05号
46	骆驼纺织皮辊轴承厂	民政局	镇海城关	80.00	体改〔1996〕1月
47	镇海钢模租赁公司	城镇集体	镇骆路68号	10.00	体改〔1997〕27号

续上表8—3

序号	企业名称	隶属关系	地　　址	注册资本	批准文号
48	镇海开元机器厂	城镇集体	镇海车站路57	15.00	体改〔1997〕28号
49	镇海铁路机械厂		镇海车站路57	11.56	体改〔1997〕29号
50	镇海离心开关厂	城镇集体	镇海后聪园路3号	46.50	体改〔1998〕18号
51	镇海畜废公司	城镇集体	镇海车站路601号	177.60	体改〔1997〕13号
52	镇海物资经营公司	国有企业	镇海城河东路426号	29.50	体改〔1998〕66号
53	镇海工业原材料公司	国有企业	镇海胜利路108号	30.00	体改〔1998〕12号
54	镇海航运代理站	国有企业	镇海沿江西路255号	12.80	体改〔1998〕34号
55	镇海水利机械厂	城镇集体	镇海骆驼大河路	3.30	体改〔1998〕31号
56	镇海鸿翔通讯器材厂	国有企业	镇海开发区银舟楼305室	240.00	体改〔1998〕30号
57	镇海冷藏加工厂	城镇集体	镇海聪园路10号	200.00	体改〔1998〕27号
58	镇海有色塑料制品厂	城镇集体	镇海镇路66号	14.60	体改〔1998〕16号
59	镇海建筑材料公司	城镇集体	镇海经济技术开发区金锚楼	100.00	体改〔1998〕23号
60	镇海宏业电器开关厂	城镇集体	骆驼镇大河路40号	50.00	体改〔1998〕36号
61	镇海螺钉厂	城镇集体	蟹浦棉场路42号	21.20	体改〔1999〕14号
62	镇海运动器械橡塑配件厂	城镇集体	镇海临江中官路	55.20	体改〔1999〕01号
63	镇海轻工机械厂	城镇集体	骆驼杭甬路58号	1038.77	体改〔1999〕05号
64	镇海水处剂厂10美元	国有企业	镇海骆驼西盛	63.00	体改〔1999〕17号
65	镇海招宝山饭店	事业单位	镇海鼓楼东路21号	83.40	体改〔1999〕21号
66	镇海锻压机床厂	城镇集体	镇海镇宁路21号	150.00	体改［2000〕06号

续上表8—3

序号	企业名称	隶属关系	地　址	注册资本	批准文号
67	镇海压铸厂	城镇集体	庄市	131.40	体改〔2000〕08号
68	镇海通讯服务部	城镇集体	镇海胜利路111号	197.35	体改〔2000〕14号
69	镇海邮电装潢安装维修服务部	城镇集体	镇海胜利路111号	58.005	体改〔2000〕15号
70	镇海邮电广告服务部	城镇集体	镇海胜利路111号	119.257	体改〔2000〕16号
71	宁波第四建筑工程公司	城镇集体	镇海城河西路219号	759.00	体改〔2000〕28号
72	镇海建筑工程公司	城镇集体	镇海胜利路9号	1500.00	体改〔2000〕18号
73	镇海源泉再生纤维厂	城镇集体	贵驷浮林庙1号	70.00	体改〔2000〕19号
74	镇海水产公司	国有企业	城关沿江东路629号	180.00	体改〔2000〕26号
75	镇海电容器厂	城镇集体	贵驷安路11号	150.00	体改〔2000〕　号

第三节　专业经济主管部门转体改革

1996年末，区属行政机关管理企业的有区工业局、二轻工业局、纺织丝绸工业公司、粮食局、计经局、商业局等17企经济主管部门。其中，区工业公司（局）、第二轻工业公司（局）、纺织丝绸工业公司、商业局、物资总公司（局）、供销合作社等6个专业经济主管部门，自1996年4月起，通过实施“非政府序列”管理模式、理顺同企业产权和劳动关系后，最终于2001年8月，实现了自身的体制转变和政资分离。

一、实施“非政府序列”管理模式

1996年4月，镇海区出台《党政机构改革方案》，对工业公司

(局)、二轻工业公司(局)、区商业局、物资总公司(局)和原本未进入政府序列的区纺织丝绸工业公司、区供销合作社6个专业经济主管部门，全部实施了“非政府序列”的管理模式。即：“从政府行政序列划出，成建制转为经济实体①，保留行政性管理职能”的机构改革。

实施非政府序列管理模式的工业系统(指工业公司、二轻工业公司、纺织丝绸工业公司等3个工业专业经济主管部门)和商贸系统(指商业局、物资局、区供销合作社等3个商贸专业经济主管部门)，截至1996年12月底，下属国有、城镇集体企业91家，拥有总资产148342万元，从业人数14571人。分别占全区国有、城镇集体企业210家的43%，总资产224761万元的66%，从业人数20269人的71.9%。

1、工业系统

A、工业公司 1996年4月，区工业公司(局)从政府序列中划出，成建制转为经济实体，保留原有的行政管理职能。是年11月，成立镇海区工业国有资产经营公司(简称“工业国资公司”)，授权管理所属企业国有资和集体资产，保留工业公司(局)机构和相应的行政管理职能，工业国资公司与工业公司(局)合署办公，实行三块牌子一套班子管理体制。截至1996年年底，工业国资公司在册国有全资企业11家，从业人数1186人，总资产14057万元，总负债9833万元，所有者权益4224万元；集体企业2家，从业人数82人，总资产702万元，所有者权益460万元。

B、二轻工业公司 1996年4月，二轻工业公司(局)从政府序列中划出，成建制转为经济实体，保留行政管理职能。截至1996年年底，二轻工业公司在册集体企业16家，从业人数2530人、总资产15597万

① 1996年4月镇海区出台《党政机构改革方案》，对工业公司等专业经济主管部门，实施“非政府序列”管理模式。其中因当时企业产权、用工等制度改革尚未起步，由此专业经济管理部门转为经济实体而未到位。

元，所有者权益6959万元。

C、纺织丝绸工业公司　1986年12月，成立宁波镇海纺织丝绸公司，为企业性质公司，区内国有、大集体纺织服装企业划归宁波镇海纺织丝绸公司管理，隶属区计经委领导。1988年5月，宁波镇海纺织丝绸公司更名为宁波镇海纺织丝绸工业公司，并成立宁波镇海纺织丝绸联合总公司，实行两块牌子一套班子管理体制。1989年10月，纺织丝绸工业公司与纺织丝绸联合总公司分离，更名为宁波市镇海区纺织丝绸工业公司，转为行政性公司，机构定为正局级，管理所属国有和集体企业。宁波镇海纺织丝绸联合总公司更名为宁波镇海纺织丝绸原材料公司，实行独立核算。截至1996年年底，国有企业4家，从业人数7253人，总资产63517万元，所有者权益17231万元，产品销售总额59410万元，利润650万元；集体企业4家，从业人数544人，总资产3160万元，所有者权益1262万元，产品销售额5499万元。见下表7—4：

表8—4　　1996年镇海区工业系统经济规模一览表　　单位：万元

部门名称	企业类型	企业（家）	职工人数	总资产	所有者权益	产品销售总额	实现利润
工业	国有企业	11	1186	14057	4224	6639.50	309.30
	集体企业	2	82	702	460	219.20	19.50
二轻	集体企业	16	2530	15597	6959	9141	−21.32
纺丝	国有企业	4	7253	63517	17231	59410	650
	集体企业	4	544	3160	1262	5499	143.61

注：工业系统表中产品销售总额不包括工业主管部门商贸业企业商品营业额

2、商贸系统

A、商业局　1996年4月，商业局从政府序列中划出，转为经济实体，保留行政管理职能。是年11月，成立镇海区商业国有资产经营公司，与商业局合署办公，实行两块牌子一套班子管理体制，政府授权管理所属企业国有资产。截至1996年年底，商业国资公司在册国有全资企业14家（其中，商业工业企业2家)，总资产11855万元，总负债10073万元，所有者权益1782万元；集体企业1家，从人数86人，总资产760万元，所有者权益148万元。

B、物资总公司 1985年10月撤县分区后，改名为宁波市镇海区物资局和宁波市镇海区物资总公司，实行两块牌子一套班子管理。1993年6月，镇海区物资总公司工商注册登记为企业法人。1996年4月，物资局从政府序列中划出，转为经济实体，保留行政管理职能。截至1996年年底，物资局在册国有全资企业11家，职工314人、总资产14173万元、总负债12243万元、所有者权益1930万元，集体企业10家，从业人数74人，总资产4000万元，所有者权益1518万元。1998年1月，成立镇海区物资国有资产经营公司，保留镇海区物资总公司和物资局牌子，实行三块牌子一套班子管理体制，政府授权管理下属企业国有资产。

C、区供销合作社 1985年10月撤县分区，镇海区供销合作社为自收自支事业单位，同时又是合作经济组织。供销合作社正式在编人员属行政编制，内设机构为人事秘书科、企业管理办公室、业务科、财务基建科。截至1996年年底，区供销合作社隶属集体企业18家，从业人数为1536人，总资产20521万元，所有者权益4644万元，商品营业总额32185万元，实现利润总额154.10万元。见下表7—5：

表8—5　　1996年镇海区商贸系统经济规模一览表　　单位：万元

商贸业部门	企业类型	企业（家）	职工人数	总资产	所有者权益	商品营业总额	实现利润
商业	国有企业	14	966	11855	1782	35366	359.84
	集体企业	1	86	760	148	635	—51

续上表8—5

商贸业部门	企业类型	企业（家）	职工人数	总资产	所有者权益	商品营业总额	实现利润
物资	国有企业	11	314	14173	1930	36555	106.80
	集体企业	10	74	4000	1518	12719	130.14
供销社	集体企业	18	1536	20521	4644	32185	154.10

注：商业系统中商品营业总额，包括商办工业企业产品销售总额。

二、理顺同企业“两个”关系

1996～2001年，工业、商贸等6大专业经济主管部隶属82家国有、大集体企业，随同全区国有、城镇集体企业产权制度改革，通过资产重组、改变国有大集体企业职工身份后，同企业理顺了“产权、劳动”两个关系。

1. 产权关系

1997年7月，至2001年8月，工业、商贸两系统的6个专业经济主管部门，归属的82家国有、城镇集体企业，通过资产重组，同企业理顺了产权关系。其中，改制为有限责任公司23家、股份合作制11家、歇业关闭21家、破产8家、兼并6家、资产重组6家、资产划归集体7家。见下表7—6：

表8—6　　2002年镇海区专业经济部门下属企业改制一览表　　单位：家

部门	“股份制”改组企业				其他改制方式									
	有限公司		股份合作		歇业关闭		破产		兼并		重组		划归	
	国有	集体	国有	集体	国有	集体	国有	集体	国有	集体	国有	集体	国有	集体
工业局	8	1	3	—	—	1	3	—	2	—	—	—	—	—
二轻局	—	—	—	6	—	2	—	5	—	2	—	3	—	—
纺丝公司	3	2	—	—	2	1	—	—	1	1	—	—	—	—

续上表8—6

部门	"股份制"改组企业				其他改制方式									
	有限公司		股份合作		歇业关闭		破产		兼并		重组		划归	
	国有	集体	国有	集体	国有	集体	国有	集体	国有	集体	国有	集体	国有	集体
商业局	5	—	—	—	3	3	—	—	—	—	3	—	—	—
物资局	—	—	—	—	8	—	—	—	—	—	—	—	—	—
供销社	—	4	—	2	—	1	—	—	—	—	—	—	—	7

注：1、重组是指产权置换后重组股份合作制企业；2、划归是企业理顺劳动关系后，资产划归国家（集体）所有。

2、劳动关系

1999年8月至2001年8月，工业、商贸两系统的6个专业经济主管部门，对归属的国有、大集体企业身份的原固定制职工有11231人，其中，国有企业身份的固定制职工6024人，大集体企业身份的固定制职工5207人（含部分城镇企业职工），按照区政府"转变身份、适当补偿、承认工龄、续接社保"方式，开展改变固定职工身份的用工制度改革，至2001年8月，理顺原国有、大集体企业身份的固定制职工的劳动关系后，所有企业全部实现了市场化用工制度。见下表7—7：

表8—7　　经济主管部门归属企业改变职工身份一览表　　单位：人

部门	总人数	工业系统			商贸系统		
		工业	二轻	纺丝	商业	物资	供销社
改变职工身份人数	11231	1183	2486	4209	1096	280	1531
其中：国有身份	6024	1132	—	3665	833	232	—
集体身份	5207	51	2486	544	263	48	1531

三、体制转变　政资分离

工业、商贸两系统的6大专业经济主管部门，通过"非政府序列"

管理模式；理顺同企业“产权、劳动”两大关系后，于2002年5月至9月，按照镇海区经济主管部门转体改革有关规定精神，分别以区工业公司、区二轻工业公司、区纺织丝绸工业公司合并为主体，区工业国有资产经营公司为基础，组建镇海区工业资产投资发展有限公司；以商业局为主体，区商业国有资产经营公司为基础，组建镇海区商贸资产投资公司；以供销社为主体，单独设立镇海供销发展有限公司的重组方式，实现了最终使专业经济主管部门实现了体制转变。其中区物资总公司（局）在理清债务、理顺职工身份基础上，并入镇海区商贸资产投资发展有限公司。

“专业经济主管部门”体制转换后，原行政人员（指1996年4月底在册）转入新公司后，实行“保留身份、工资进档、待遇并轨”；对要求离岗退养的人员，其年龄可放宽到男年满50周岁、女年满45周岁；聘用的事业人员，按照事业单位改革的有关政策处理。转入新公司的工作人员，按劳动合同制进行管理。最终使专业经济主管部门实现了体制转变和政资分离。

新组建的工业、商业、供销三家资产投资发展公司的组织机构、人员分流、职能转移等实施情况和公司投资规模分别是：

1、镇海区工业资产投资发展有限公司

A、组织机构　2002年9月区工业公司（局）、二轻工业公司（局）、纺织丝绸工业公司合并转体为新组建的镇海区工业资产投资发展有限公司。镇海区工业资产投资发展有限公司为区政府授权经营的国有资产运营机构，属企业性质的法人实体和投资主体。并按照《中华人民共和国公司法》规范要求和区国资委相关规定，公司设立董事会董事4人（其中区国资办、职工代表各1人）；监事会监事3人（其中财政1人）；聘任总经理1人、副总经理3人。公司内设办公室、人力资源开发部、财务监审部、投资开发经营一部、投资开发经营二部（二轻联社部）、资产物业管理部、离退休管理中心。

B、人员分流 原工业公司、纺丝公司、二轻公司机关的行政人员17人（含区管聘用企业人员），离岗退养1人，转入新公司16人；原事业人员7人和企业人员1人转入新公司。转入新公司的人员实行“保留身份，工资进档，待遇并轨”政策。被新公司聘用的人员，实行劳动合同制管理。

C、职能转移 原工业局的机电行业管理职能，移交给区计经委。原工业公司、纺丝公司、二轻公司部分行政和社会职能按属地管理原则移交给街道管理。党组织关系、工会组织关系参照属地管理原则移交所在街道党工委、工会管理。

D、投资规模 工业、纺丝、二轻三公司合并后，以2002年9月为止，区国资委授权经营的投资企业11家，投资总额为3808.03万元。其中全资企业1家，500万元；控股企业4家，计775万元；参股企业6家，计2533.03万元。见下表7—8：

表8—8　　2002年9月镇海区工业投资发展有限公司投资企业一览表　单位：万元

部门	被投资企业	投资比例（%）	投资金额	部门	被投资企业	投资比例（%）	投资金额
工业	真源经贸	95	100	纺丝	中汇纺织有限公司	25	250
	五星网印	75	75		光华毛纺有限公司	6.9	925.2
	国创电力有限公司	50	500	二轻	三星房地产公司	100	500
	天臣印务	50	100		天宝锌合金公司	15	42
	英达姆液压马达有限公司	35	958.69		建华石化有限公司	7.41	353
	意宁液压马达有限公司	5	4.14	—	—	—	—

2、镇海区商贸资产投资发展有限公司

A、组织机构　2002年9月商业局实施转体改革后，新组建的商贸资产投资发展有限公司为区政府授权经营的国有资产运营机构，是企业性质的法人实体和投资主体。并按照公司法规范要求和区国资委相关规定公司，设立董事会董事3人（国资办、职工代表各1人）；监事会监事3人（财政局、职工代表各1人）；聘任总经理1人、副总经理1－2人。公司内设综合办公室、财务科、资产管理科、投资发展科。

B、人员分流　原商业局行政人员9人，其中离岗退养1人；其余8人和事业编制4人转入新公司，实行“保留身份、工资进档、待遇并轨”政策。被新公司聘用的人员，按劳动合同制管理。物资局（总公司）关闭注销后的行政人员5人，其中离岗退养（移交商贸资产投资发展有限公司管理）4人；另谋职业改变行政人员身份1人。

C、职能转移　原商业局的“化学危险品管理”“生猪定点屠宰管理”职能移交给区贸易局。物资局的“民爆物品经营权”“废旧汽车回收经营权”管理职能，移交给区贸易局。

D、投资规模　新组建的区商贸资产投资发展有限公司，2002年9月底，国资委授权经营的投资企业4家，投资总额243.45万元。其中控股企业3家，投资总额213.45万元。见下表7－9：

表8—9　　2002年9月镇海区商贸投资发展有限公司投资企业一览表　单位：万元

被投资企业	投资额	占比（%）	被投资企业	投资额	占比（%）
食品有限公司	51	51	医药药材有限公司	30	15
饮服有限公司	93	75	商业物资有限公司	59.45	87.5

3、镇海区供销合作社[①]

2002年9月，镇海区供销合作社（简称区供销社），按照镇海区经济主管部门转体改革要求，新设立的镇海区供销发展有限公司是区供销社投资（参股）企业。

A、公司股权设置 2002年9月，镇海区供销发展有限公司（简称供销公司）成立，总股本为1500万元。其中，区供销社（集体股）出资90%，计1350万元；财茂实业公司出资（法人股）9%，计135万元；个人股1%，计15万元。

2003年3月，区供销社与供销公司董事会商定，以区供销社农业生产资料公司、畜产废旧物资公司、供销大楼、亚东房地产公司、开发区农贸市场5单位的资产净值1500万元，作为供销公司总股本。公司股东调整为7名自然人和区供销社。股东出资金额和投资比例分别为：7名自然人出资置换区供销社集体资产825万元，占总股权55%；其余675万元资产，占总股权45%，由供销社投资参股。

B、公司组织机构设置 新组建的供销公司，按照《公司法》和《供销合作社章程》规范要求，建立法人治理结构和管理机构，设董事会董事3人（供销社代表1人）、监事会监事2人。总经理1人，副总经理2人。公司内设办公室（人事部）、财务基建部、业务部、开发部。

C、供销社人员分流 区供销社行政人员14人。其中，转体改革后离岗退养1人；公司参股而退出行政编制2人；其余11人“保留身份、工资进档、待遇并轨”。集体职工企业身份5人，按企业改革理顺身份后转入新公司。被新公司聘用的人员，按劳动合同制管理。

D、供销社投资规模 2003年3月镇海区供销社拥有投资总额为

---

① 2008年8月区人民政府办公室下发〔2008〕10号文件，设置镇海区供销合作社，为区政府领导的正局级机构，参照群团机关管理。

2875.35 万元。其中，全资企业 5 家 1910.35 万元；控股企业 2 家 268 万元；参股企业 6 家 697 万元。见下表 7—10：

表 8—10　　2003 年 3 月镇海区供销社投资企业一览表　　单位：万元

<table>
<tr><th>企业名称</th><th>净资产</th><th>净资产</th><th>企业名称</th><th>投资金额</th><th>投资比例（%）</th></tr>
<tr><td>**一、全资企业**</td><td>—</td><td>—</td><td>**三、参股企业**</td><td>—</td><td>—</td></tr>
<tr><td>骆驼供销社</td><td>737.70</td><td>100</td><td>镇海区供销发展有限公司</td><td>675</td><td>45</td></tr>
<tr><td>贵驷供销社</td><td>453.23</td><td>100</td><td rowspan="2">宁波经济开发区浙东纺织原料有限公司</td><td rowspan="2">2</td><td rowspan="2">4</td></tr>
<tr><td>庄市供销社</td><td>393.67</td><td>100</td></tr>
<tr><td>土产日杂公司</td><td>174.15</td><td>100</td><td>镇海特产有限公司</td><td>5</td><td>10</td></tr>
<tr><td>蔬菜公司</td><td>151.60</td><td>100</td><td>华丰纺织原料有限公四司</td><td>5</td><td>10</td></tr>
<tr><td>**二、控股企业**</td><td>—</td><td>—</td><td>华强纺织原料有限公司</td><td>5</td><td>10</td></tr>
<tr><td>棉花加工有限公司</td><td>168.00</td><td>84</td><td>银盛棉麻有限公司</td><td>5</td><td>10</td></tr>
<tr><td>银飞棉麻有限公司</td><td>100.00</td><td>80</td><td>—</td><td>—</td><td>—</td></tr>
</table>

第四节　国有、城镇集体企业产权制度改革“文件选录”

“文件选录”是指镇海区对国有、城镇集体企业产权制度改革期间资产评估产权界定、股权设置、产权转让、房屋过户、财务处理、职工安置等方面的政策措施和具体操作办法。

中共宁波市镇海区委文件

（镇区委〔1997〕31号试行）

中共镇海区委　镇海区人民政府
关于推进国有、城镇集体企业股份合作制改革的若干政策意见（试行）

为推开我区国有城镇集体企业产权制度改革，规范和完善企业改制，根据国家和省市有关规定，结合我区实际，提出现我区国有、城镇集体企业股份合作制改革的若干政策意见。

一、资产评估

第一条　资产评估必须按照规定程序，坚持客观、公正、合理作价的原则。国有、城镇集体企业改制，其资产必须在进行财产清查和资金核实的基础上，由法定资产评估机构进行评估，并出具评估报告书。

第二条　在资产评估中，各企业必须如实报告企业的资产状（包括各种形式获得的账外资产等），任何违反有关规定，隐瞒资产，谋取私利的行为，一经查出，追究有关人员及其责任人的经济、法律责任。

二、产权界定和确认

第三条　产权界定必须遵循“合理区分，公平评判”和“谁投资，谁所有”的原则。

第四条　国有企业经资产评估后的净资产，按照国资发〔1993〕68号文件规定，全部界定为国有资产。

第五条　区二轻集体企业和区供销社所属企业的产权界定，可分别根据浙政办〔1995〕2号浙政办〔1994〕10号文件规定的办法处理，其他城镇集体企业按第三条原则进行产权界定。

第六条　企业产权界定后，属于国家或者集体的资产，可以切出一块作为企业“转制风险准备金”，其终极所有权不变。转制风险准备金的计提标准，一般不高于企业改组股份合作制时，职工出资入股总额的1∶1（人均不超过5000元）的额度内计提。计提后的转制风险准备金，专项用于企业改制时，给职工量化配股；当企业发生关闭清算时，用于职工安置补偿。计提和使用“转制风险准备金”时，企业须制定方案，报经产权部门同意后组织实施。

第七条　鼓励民政福利和校办企业改制，其改制前由国家减免税所形成的资产进入企业的资本金。民政福利和校办企业改制后，继续享受有关优惠政策，其国家减免税形成的资产为国有扶持基金，在公积金中单独反映，用于扶持企业发展生产和学校教育设施建设。

第八条　经资产界定属于企业职工共同所有的资产，可由改制企业设立的企业职工持股会或工会管理。职工持股会的设立，由个体申请，报区体改办批准后，经区民政局登记确认成为社会团体法人。

第九条　国有资产由区国有资产管理部门确认。城镇集体资产由企业主管部门提出意见，报区财税部门确认。对资产界定中一时难于处理或有争论的资产，由区政府或政府授权部门裁定，再由上述部门确认。

三、资产核销、提留、剥离和国有土地使用权处置

第十条　对企业中未弥补亏损、住房周转金、应付福利费红字，应摊未摊及应提未提费用等，由资产评估机构提出，经主管部门审核，分别报财税、国资部门批准，作冲销资本金处理。

第十一条　盘亏、报废、产品（商品）削价、坏账等各项财产损

失，由资产评估机构和主管部门根据资产评估的具体标准逐项进行核实，经国亢、财税部门批准，在企业净资产中予以核销，其中坏账实行“账销案存”。对难以核销的资产，先进公有股本，再按实际损失数额，在计算公有股红利时从基数中作扣除处理。

第十二条　末核销应收款，改制企业可从评估基准日上推5年，按上年年末应收款之和的3%，作为企业坏账准备，作冲销资本金处理。

第十三条　企业改制前所欠职工医疗费、工资、社会保险统筹等，视作企业向职工负债，作冲销资本金处理。

第十四条　国有大集体企业改制时，根据企业净资产的实际情况，允许从净资产中提出一块作为医疗保险基金、提前退休职工安置费、富余人员补偿及其他费用，由职工持股会或工会专管专用。其具体标准是，退休人员医疗保险基金按改制前一年全区企业退休人员，人均医疗费支出1500元的10倍计算；非因公死亡职工遗属的各项补助费按改制前一年的实际支出费用的10倍计算；非因公致残或患有难以治疗疾病而又不符合退休条件的职工各项费用根据实际情况和劳动部门有关规定综合计算；精神病患者的各项补助费按上年对其支付的费用乘以距退休年龄的实际工作年限计算；工伤人员的工资费用按劳动部门有关规定计算；富余人员补偿费按改制前月末在册职工人数的20%乘以市上年社会平均工资的二倍计算。

其他城镇集体企业改制时可根据企业原先对各类职工负担的实际情况，参照上述标准，酌情计提有关费用。

第十五条　改制企业的非经营性资产（包括职工宿舍、食堂、招待所、浴室、俱乐部、托儿所等），经资产管理部门批准可以实行剥离。非经营性资产剥离后，可建立独立经营单位，也可以委托企业实行专项管理，有偿使用。非经营性资产界定为国有、集体资产的部分由改制企业按月息2.4‰的标准向资产所有者交纳占用费。为确保资产的完整和保值，非经营性资产使用单位必须足额提取折旧。非经营性资产处置收入应上交资产所有者。

第十六条　改制企业划拨土地使用权以出让方式取得的，经资产评估机构评估后，可作为国家或集体资产入股，参与分红；或由企业租赁使用，按规定缴付土地租赁费。股份合作制企业根据实际情况，经国资管理部门批准，可以减、缓或免缴土地租赁费。

企业以行政划拨方式取得土地使用权的，改制时如不改变划拨性质的，可申请办理土地使用权变更登记，但不列入企业资产，按照规定划拨的土地使用权不得转让、出租。

资不抵债企业要求用土地使用权价值冲抵负资产的，凡以出让方式取得土地使用权的，经评估和确认地价后，可作为企业法人资产冲抵；凡以划拨方式取得土地使用权的，由区土地管理局依法办理土地使用权出让手续，按评估确认地价和规定比例补缴出让金，然后，将出让金的其余部分冲抵负资产。

四、股权设置和管理

第十七条　股份合作制企业可设国有股、集体股、法人股和职工个人股，具体可因企之宜设置。

职工个人出资入股应坚持“入股自愿”原则。企业中的离退休人员入股、量化配股、保息分红政策与在职工一视同仁。

第十八条　企业的股权设置应相对集中，形成控股核心，除与人民生活密切相关的公益事业和宜由国家集体控股的企业外，一般竞争性企业的股权设置，可按照“职工控股，经营者入大股，国有集体少参股或不参股”的原则，即：企业职工持股总额可超过总股本的50％，企业骨干持股总额的50％。其中，单个职工出资入股金额一般不少于5000元。

第十九条　企业改制股份合作制时，原有应发未发的职工工资、奖金，经职代会同意，以职工持股会持股方式转为职工股金。

第二十条　股东入股后不得退股，但个人股有特殊原因（死亡、调离、退休、辞职、开除等）确需转让股份的，经股东会同意，可在内部转让，也可委托产权交易机构上柜交易。

第二十一条　股份合作制企业应在工商登记注册的同时，到区产权交易机构办理股权登记和托管手续。本区范围内股份合作制企业使用全区统一的股权证，由区产权交易机构鉴证，股权证作为投资者的出资证明和依据。

第二十二条　企业改制后，股东资本应及时到位，不得任意退资。

五、产权出售、债权债务和职工安置

第二十三条　企业在资产评估和产权界定的基础上，可将全部或部分净资产出售给企业经营者、骨干和职工，也可向社会法人、自然人出售，并由受让者承担原企业全部债权债务。

第二十四条　产权全额或部分出售的企业，计提企业“转制风险准备金”和核销、提留、剥离的国有、集体资产，分别按第六条、第十四条规定执行。企业原职工的安置和离退休人员的管理、医疗等费用由改制后的企业承担。

第二十五条　对整体购买公有资产且购买时一次性付清价款的，给予10％～20％价格优惠。对购买价款数额较大，受让者一次性付清有困难的，可进行分期付款。凡分期付款的，出让与受让双方须签订还款协议，还款期限不得超过三年。用实行分期付款的价款（不包括首期交付的价款）不享受10％～20％优惠，并受让人应向出让方有财产抵押作保证，具体可在协议中阐明。

第二十六条　公有资产出售价款的收缴，采取“先收后借、留三借七”的办法，即先由出让方全额收缴，然后再由出让方按70％的价款在三年内有偿借给受让方（企业）使用，并由借贷双方签订财产抵押协议。其借款使用费，可按月息4.8‰计算，列入企业财务费用。为了简化手续，对借给企业的价款也可以采取账户划转处理。

国有资产出让收入，由区国资委授权的国有资产经营公司收缴和管理，没有建立国有资产经营公司的部门由企业主管部门收缴和管理；城镇集体资产出让的资产，由企业成立的职工持股会或工会专项管理。

国有、集体资产转让收入要专项用于支持企业调整结构等生产性再投入，一般不得用于非生产性支出。

第二十七条　对部分出让产权的企业，其未出让部分的资产，必须是明确的房屋、建筑物、设备等整体、完整的固定资产。这部分资产可由产权所有者出租给企业，并由出租方与受租方订立租赁合同，其租赁费可按企业改制前综合折旧率计算，由受租方按季交出租方。

第二十八条　企业全部或部分资产出售后，可依照有关规定程序重组股份合作制企业。

六、其他政策规定

第二十九条　对核销、提留后的负资产企业，在承担债权债务的前提下，可用非经营性固定资产、土地资产的价值冲抵负资产。未冲抵的非经营性固定资产和土地资产价值部分仍可剥离使用。对用上述两项冲抵后仍为负资产的，实行负资产挂账，零资产改制。

二轻集体企业改制时，企业按规定计提、核销、提留资金不足的，可先用联社资产弥补。联社资产弥补仍不足的，再用土地资产弥补。

对负资产挂账零资产改制的企业，由区政府统一平衡后，在改革风险基金和以后年度安排的技改资金中提出一块作适当弥补。

第三十条　企业难于整体改制的，经主管公司（部门）和区授权部门同意，可以划出车间、分厂（商店、经营部）吸纳内部职工入股，实行分块改制，同时按划出的存量资产比例相应承担企业债务。企业经营者原则上不得到实行分块改制企业中入股。

第三十一条　企业改制时原所欠各单位的债务经协商可转为债权单位对改制后企业的股权，并办妥有关手续。

第三十二条　股份合作制企业职工初始出资入股，在2000年底前可按银行同期一年期居民存款利率计息，列入企业财务费用，在年终分配时，实行保息分红。

第三十三条　股份合作制企业分配给个人的红利，按现行税收管理权限，报经批准后在2000年底前，免缴个人所得税。

第三十四条　改制为股份合作的企业，视财政收入状况，经区财税局批准，对所得税税负超过15%以上的部分，在2000年年底以前分年以返还或其他形式留给企业，专项用于发展生产。

对微利企业（指净资产利润率5%以下，所有者权益在100万元以下），自改制之日起到2000年底前上交的所得税全额，经区财税局批准后，以返还或其他形式留企业，专项用于发展生产。

第三十五条　改制企业应与金融部门重新签订借贷合同。其流动资金贷款和固定资产贷款利率高于国家规定的基准利率的，按基准利率执行。企业原欠银行的利息、加息和罚息，经银行同意，给予挂账，在三年内企业按计划归还欠息后，经金融部门同意给予免去原加、罚息。

负资产挂帐、零资产改制的困难企业，经银行同意，原银行贷款余额的全额或部分，给予三年挂帐停息的优惠政策。

第三十六条　国有、大集体企业改制时，职工距法定退休年龄不足二年或连续工作年限男满40年、女满30年，经本人申请，企业同意，区劳动局核准，可提前办理退休手续。

第三十七条　企业改制时发生的评估、验资、交易、公证、变更登记等手续费，按现行收费标准减半收取，特困企业仅收工本费。

七、其它

第三十八条　国有、城镇信息企业进行股份合作制改革的，须编写改革可行性报告，经区产权制度改革领导小组办公室批准后组织实施。改组设立股份合作制企业须报区经济体制改革办公室，经批准后进行工商登记。

第三十九条　本规定自发文之日起执行。改制为“公司制”企业的可参照执行。

第四十条　本规定由区产权办会同有关部门解释。

一九九七年七月九日

宁波市镇海区财政局文件

镇财企〔1997〕122号

关于股份合作制企业有关财务处理的意见

各有关主管局、企业：

根据区委、区府〔1997〕31号《关于推进国有城镇集体企业股份合作改革的若干政策意见》（以下简称《意见》）的规定精神，特制订以下相关财务处理意见，希按照执行。

一、按《意见》第六条规定：企业产权界定后，属于国家或集体的资产，可以切出一块作为企业“转制风险准备金”，其终极所有权不变。“转制风险准备金”的计提标准，一般不高于企业改组股份合作制时，职工出资入股总额的1∶1（人均不超过5000元）的额度内计提。其财务处理，借有关权益类科目，贷实收资本｣转制风险准备金科目。

二、按《意见》第十条规定：对企业中的未弥补亏损、住房周转金、应付福利费红字、应摊未摊应提未提费用等，由资产评估机构提出，经主管部门审核，分别报地税、国资部门批准，作冲销资本金处理。其财务处理借盈余公积—公积金科目，贷有关核销科目。

三、按《意见》第十一条规定：盘亏、报废产品（商品）削价、坏账等各项财产损失，由资产评估机构和主管部门根据资产评估的具体标准逐项进行核实，经国资、地税部门批准，在企业净资产中予以核销，其中坏账实行“账销案存”，其财务处理，借盈余公积—公积金，贷有关资产类科目。

四、按《意见》第十二条规定：改制企业可以评估基准日上推5年，按每年年末应收账款余额之和的3％，作为企业坏账准备金，作冲销资本金处理。其财务处理借盈余公积—公积金，贷坏账准备。

五、按《意见》第十三条规定：企业改制前所欠的职工医疗费、工资、社会保险统筹等，视作企业向职工负责债资本金处理。其财务处理，借盈余公积—公积金，贷有关科目。

六、按《意见》第十四条规定：国有、大集体企业改制时，根据企业净资产的实际情况，允许从净资产中提出一块作为医疗保险基金，富余人员补偿费及其他费用，由职工持股会或工会专管专用。其财务处理：

计提退休人员医疗保险费时，借盈余公积—公积金，贷应付福利费—应付退休人员医疗费；

计提职工遗属补助金时，借盈余公积—公积金，贷应付福利费〡应付职工遗属补助金；

计提工伤人员及长病号各种工资费用时，借盈余公积—公积金，贷应付福利费—应付长病号工资费用；

计提富余人员补偿金时，借盈余公积，贷盈余公积—富余人员补偿费科目。

七、按《意见》第十九条规定：企业改组股份合作制时，原有应发未发的职工工资、奖金，经职代会同意，可以职工持股会持股的方式转为职工股金。其财务处理，借应付工资—工资或奖金，贷实收资本〡职工持股资本。

八、转制企业按上述办法进行提留剥离后，应相应设置：实收资本—国家资本；实收资本—集体股本；实收资本—转制风险准备金；实收资本—法人股本；实收资本—职工个人股本；实收资本—职工持股资本科目。企业转制时，应将资本公积、盈余公积（扣除富余人员提留的补偿费）等科目的贷方余额作转增资本处理，作借有关权益类科目，贷实收资本；如上述权益类科目出现借方余额时，则作反方向科目处理。处理后上述科目除盈余公积—公益金—富余人员补偿费外无余额。

九、职工现金入股作现金，贷实收资本—职工个人股本处理。

十、在实收资本—国家股本或集体股本下分别设置投入资本和剥离两个三级子目分别核算国家或集体参股资本额和剥离资本额。在企业转制时，按界定评估值作借实收资本，贷实收资本—国家资本或集体股本—投入资本或剥离资本科目处理。

十一、转制企业置换公有资本时，借现金，贷实收资本—职工个人股本，同时借实实收资本—国家资本或集体资本—投入资本，贷其他应付款科目。

十二、以上“财务处理意见”同时适用于我区国有、集体企业按照《公司法》规范要求，改制为有限责任公司或股份有限公司的企业。

十三、区属国有、集体改制企业的资本金划分，要按照区委、区政府〔1997〕31号文件相关规定执行；资本金划分要按规定程序办理报批手续，其改制企业资本金划分和报批见“附录”（样张）。

附录（样张）：

镇海区国有、集体企业产权制度改革
资本金划分审批表（样张）

区国资办（或区财政税务局）：

根据区委、区政府〔1997〕31号文件规定精神，将本企业实施有限责任公司（或股份合作制）模式改制，现将资本金划分方案请示如下：

一、评估后确认资产

经__________事务所对本企业资产评估确认：总资产为______万元；总负债为______万元；所有者权益为______万元（附资产评估报告书）。

二、提留、核销、剥离资产

（一）提留资产______万元。其中：

1. 固定职工安置费______万元；（人数×标准）

2. 合同制职工补偿费______万元；（人数×标准）

3. 精神病人补助费______万元；（人数×标准）

4. 遗属补助费______万元；（人数×标准）

5. 土地征用工补偿费______万元；（人数×标准）

6. 病、残人员补助费______万元；（人数×标准）

7. 离退休人员医疗费______万元；（人数×标准）

8. 坏账准备金______万元；（上推5年未应收款余额之和×3%）

9. 其他补助、补偿费______万元。（人数×标准）

（二）核销资产______万元。其中：

1. 住房周转金红字______万元；

2. 未弥补亏损______万元；

3. 应付福利费红字______万元；

4. 应提未提和应摊未摊费用______万元；

5. 欠职工医疗费、工资、社保统筹金、医疗保险金______万元；

6. 其他______万元。

（三）剥离资产______万元。其中：

1. 幼儿园______万元；（房屋面积______ m^2）

2. 托儿所______万元；（房屋面积______ m^2）

3. 医务室______万元；（房屋面积______ m^2）

4. 职工集体宿舍______万元；（房屋面积______ m^2）

5. 文化娱乐场所______万元；（房屋面积______ m^2）

6. 其他______万元。（房屋面积______ m^2）

三、改制企业实有资本

计算公式：实有资本＝所有者权益－“提、核、剥”资产

企业名称：（盖章）

申报日期：　　年　　月　　日

企业主管部门审核意见（章）

审核日期：　　年　　月　　日

国资办（或财政税务局）审批意见（章）

审核日期：　　年　　月　　日

中共宁波市镇海区委办公室文件

镇海区委办〔1998〕13 号

印发《关于贯彻执行区委区府〔1998〕31 号文件有关问题的补充通知》的通知

各镇乡党委、政府、区直属各单位：

为了进一步完善我区国有、城镇集体企业股份合作制实施办法，促进改制工作，经研究，现就贯彻执行区委〔1997〕31 号文件有关问题作如下补充通知：

一、对改制为公司制的企业，为解决企业生产经营需要，在工商部门变更登记时，允许原企业名称在一定期限内予以保留。

二、资产评估机构对企业资产评估时，应坚持客观、公正、合理的原则，按照国家有关财务制度规定，可以确定的无效资产应在资本金中冲销。对一时难以核销的资产，可先列入“待处理流动资产损失”和“待处理固定资产损失”的账户（以下简称“待处理资产”），暂不冲销资本金。但为了提高企业改制积极性，保护职工利益，在改制时，对这部分待处理资产在公有资本中先进行剥离。剥离后的待处理资产，由国有（集体）资产经营公司或企业主管部门实行专项监管，并责成企业限期处理。

企业在处理待处理资产过程中的费用和贬值损失经财税部门核批后在待处理资产中冲减。回收的资产金转增公有资产股本，或上交产权主体单位。改制时，属于负资产挂账的企业，其回收的资金冲减负资产。

三、企业改制时，企业职工或经营班子，或经营者个人出资购买公有资产，且购买时一次性付清价款的，对数额较大的价款给予10%～20%的优惠。具体按如下标准分挡掌握：购买公有资产的价款不满10万元的按实际支付；价款在50万元以下的，优惠10%；价款每满50万元，可以戚优惠10%的基础上增加一个百分点，以此累进，最高不得超过20%。

四、企业改制时由经营班子经营者个人等少数人出资购买整体或部分资产，且承担债务和职工安置的企业，在资本金中计提的坏账准备基金、转制风险准备基金和各项补助、补偿等费用仍按区有关规定执行，但对其中提取的转风险准备金，不能用于量化配股。

五、国有、社有（指联社或供销社的社有资产）参股或控股的有限责任公司、股份合作制企业，其董事会长、监事会名额的确和产生应充分考虑企业股东的民主权利，一般应由国有（社有）投资主体和企业股东按各自出资比例来确定各自的名额。属国有（社有）产生的名额，由其投资主体委派；属企业产生的名额，由其企业股东按章程规定程序选举产生，其中：股份合作制企业监事会成员的选举，采用一人一票制。

六、企业改制后，转制风险准备金的所有权与受益权呈分离状态，资产所有者和职工受益者都不享受表决权。

七、对改组为有限责任公司或股份合作制的企业，其股权面额的设置，统一为1000元人民币一股。

八、为妥善处理积累与分配关系，股份制企业的红利分配一般不要超过资本回收率的20%。超过部分，用于发展再生产，增加企业后劲。

九、界定给企业集体所有的资产报请企业主管部门同意，可以切出一块在在职工中按照工龄长短计提“职工安置基金”，其产权量化到职工个人名下，并连同相应的现金配股参与企业红利分配。

量化到职工个人名下的资产一般控制在2万元左右，对集体资产数额较大的企一，量化到职工个人名下的，再高控制在3万元以内，具体标准由企业主管部门确定。采用计提“职工安置基金”的企业，不再计提转制风险准备金和富余人员补偿费。职工愿意自谋职业的，经企业同意，可在按量化到个人名下的资产额度内一次性领发安置已，与企业解除劳动关系。

计提“职工安置基金”后余下的资产由企业主管部门实行专项监管，落实保值增值责任制，未经主管部门同意企业不得任意处置。

十、企业改制前结余的应付职工工资和职工福利费归职工集体所有，划转改制后的企业继续使用。经职工（代表）大会讨论同意，可以划转企业工会管理或参与企业入股，其投资收益归职工共同所有，用于职工集体福利事业，也可以按照本文第九条规定精神分解到职工个人名下，作为入股资金。

十一、关于土地使用权的处理。

改制企业土地使用权一般按改制前的办法管理。改制企业使用的土地，原行政划拨的土地使用权应改为出让，补办出让手续，按规定补交土地出让金。如果企业净资产不足以核销、提留的，可报经区政府批准，将土地出让金返还给企业冲抵；改制企业也可以采取土地使用权租赁办法，长租和年租制结合，同区土地管理局签订租赁合同，每年缴纳土地租赁费；根据改制企业要求，原划拨土地使用权可继续给企业使用，待企业经济发展后，再行办理出让手续。

改制企业的土地使用权因改制引起权属变更，必须向区土地管理局办理权属变更和过户登记。

对土地出让金返还不足以冲抵负资产的，经批准，在员服从规划的前提下，可将该地块开发房地产，允许缓经缴城建配套费、投资方向调节税、房屋营业税等予以冲抵，超过部分按现行规定征收。

十二、关于企业中国有直管房的处理。

在企业改制时厂房、仓库、营业场所和办公用房是国有直管房的一般可采用租赁或低价有偿转让办法处理。

十三、企业改制时，计提各项基金和补助、补偿等费用的计算标准如下：

1. 计提转制风险准备金总额＝（列入社保范围的职工人数＋已退离休人员）×5000元。

2. 计提坏账准备金总额＝（改制企业上年应收款总额－资产评估时核销的呆滞应收款额）×15％。

3. 计提离退休人员医疗费总额（含其他非统筹费用）＝退离休人数×1500元×10倍。

4. 富余人员补偿费计提总额＝改制时在职职工人数×20％×上年市社平工资×2倍。

5. 遗属困难补助偿费计提总额＝人数×26％×上年市社平工资×10倍。

6. 工伤人员（指有工伤证明书的人员）计提标准按如下计算：

（1）工残人员补偿费＝上年社平工资×2×人数；

（2）因工负伤长期休息的职工补偿：A、生活费＝实际支出×12个月×距退离休年限；B、养老金＝1700元/年×距退离休年限；C、医疗费＝1500元/年×距退离休年限。

7. 长病人员（指原固定工身份，现在家病休连续6个月以上人员）和精神病人的补助费按上款（2）计算办法计提。

十四、改制企业有关费用减免：

1. 资产评估机构对改制企业资产评估、验资收费按市现行标准的40％收取，对连续三年亏损或资不抵债的困难企业按10％收取，其中土地、房屋评估按市现行标准的20％收取，困难企业按5％收取。

2. 企业改制时，房屋过户变更手续（含兼并企业）只收取证件工本费500元。需要补办房产证的企业，其收费标准仍按区府办〔1996〕

104 号《关于规范转制企业房主产登记发证、转让、抵押等有关问题的实施意见》有关条款规定执行。

3．工商在办理变更公告登记时，原注册资本以内的只收取变更登记费，增加注册资本的根据增加部分按规定收取注册费。其中公告费从 200 元减收到 50 元。企业破产、兼并后重组登记，收取登记费视同企业变更。

4．涉及土地过户变更的只收取工本费，免收其他费用。邮电通信过户变更免收费用。

5．税务、企业代码办理过户变更手续按原规定减半收取。

6．公证部门为改制企业办理公证服务时，根据企业的不同情况，按规定标准的 10％～30％收取公证费，最高收费不得超过 1000 元。

一九九八年四月十三日

宁波市镇海区人民政府办公室文件

镇政办发〔1998〕29号

关于印发《区属国有、大集体破产、终止企业职工安置和社会保障有关问题的意见》的通知

区各有关单位：

经区人民政府研究决定，现将《区属国有、大集体破产、终止企业职工安置和社会保障有关问题的意见》印发给你们，望认真贯彻执行。

宁波市镇海区人民政府办公室
一九九八年四月二十五日

区属国有、大集体破产、终止企业职工安置和社会保障有关问题的意见

为进一步深化企业改革，妥善做好国有、大集体企业破产、终止后职工安置分流工作，保障职工基本生活，维护社会稳定，根据国家有关法规和文件精神，结合本区实际，制定如下意见。

一、关于职工安置

1. 鼓励职工自谋职业和自行联系接收单位。原固定制职工（指1984年底之前招用的固定制职工）和土地征用工自谋职业的，按每满一年工龄发给一个月宁波市上年社会月平均工资标准发放一次性安置费。其中土地征用工带资进厂的，可按进厂时实际带资额返还本人（土地征用工进厂时实际带资额度以企业收到带资款原始凭证为准，不计息。如原始凭证或未带资，1989年12月31日前进厂的土地征用工，按最高不超过10000元返还），同时办妥解除劳动关系手续。

原固定制职工和土地征用工自行联系落实接收单位的，按每满一年工龄发给一个月宁波市上年社会月平均工资标准发放一次性联系费，带资调入接收单位。

2. 合同制职工依法解除劳动关系，根据有关规定发给本人一个月上年月平均工资，如本人月平均工资低于企业月平均工资的，按企业月平均工资发给。同时办妥解除劳动关系手续。

3. 提前退休。对男满55周岁、女满45周岁的职工，经本人申请，劳动部门核准，区政府批准，可以办理提前退休手续。办理提前退休的职工，必须由企业补交社会养老保险金，具体交纳标准为：（法定退休年龄－实际退休年龄）×市上年社会平均工资×统筹率（现在每一年补

交额度为：709元×12月×20％＝1701元）。

职工提前退休后的待遇，在距法定退休年龄前，按80％标准享受退休金，待达到法定退休年龄后，全额享受退休金。破产、终止企业职工办理提前退休的年龄计算期限到企业破产、终止公告文件下达后次月止。其他区属国有大体关、停、并、转企业，经批准办理提前退休的职工，在距法定退休年龄前，均按80％标准享受退休金，待达到法定退休年龄时，按全额享受退休金。

4．再就业服务中心托管。按上述渠道不能分流的职工，可进入企业主管局（公司）再就业服务中心托管，由服务中心负责按宁波市规定发给基本生活费，交纳社会养老保险金和失业保险金。医疗费实行包干办法，每人每月20元随基本生活费发给职工本人，超支自负。职工在工在托管期间，服务中心要采取生产自救、劳务输出、转岗培训等切实有效的措施，努力安排职工重新就业。职工实现再就业后即解除托管的关系，停止享受托管待（再就业服务中心的具体托管办法另行制）。

5．离退休职工可委托区离退休职工管理活动中心管理（简称“区退管中心”）。委托区退管中心管理的破产、终止企业离退休职工，必须由企业或企业主管部门为职工交纳医疗和管理费，交纳标准为每人10000元，其中医疗费9000元，管理费1000元。在企业主管部门与劳动社保部门办妥委托管理手续后，区退管中心负责做好管理服务工作：

（1）及时足额为离退休职工发放离退休金；

（2）按规定报销医药费。医药费实行定额包干和超支分挡报销办法：包干基数全年每人360元，节约归已，超支分挡报销；超过包干基数在1000元以内的由个人自理，超过1000元至5000元部分报销50％，超过5000元至10000元部分报销60％，超过10000元至30000元部分报销70％，超过30000元以上部分自理。除上述管理服务以外的离退休职工管理工作仍由企业主管部门负责。

6. 破产、终止企业职工的安置费用由企业按有关规定支付。

二、关于社会保障

1. 破产、终止企业职工失业后，可按照失业保险条例规定享受失业救济金。保险期满仍无法重新就业的职工，符合社会救济条件的，由民政部门按照规定发给社会救济金。破产、终止企业职工在领取一次性安置费后，不再享受失业救济。

2. 破产终止企业职工终止劳动关系后，如本人要求自费参加社会保险的，可申请委托区就业管理服务处代办有关社会养老保险手续，并按区物价部门核定的标准交纳档案保管代办费。失业职工的档案可移交区就业管理处保管，由企业或企业主管部门统一向就业管理处办理档案保管手续。

3. 要求自费参加社会保险的职工的养老保险金每年征缴一次，时间为当年的 7 月 1 日至 9 月 30 日。逾期不缴按日加加收 2‰的滞纳金。当年年底不缴的，终止其自费缴纳养老保险关系，退回自费缴纳部分。基金的征缴由区就业管理服务处负责实施，费用专项储存，与区社会养老保险机构每篇清算一次，于每年底将养老保险金一次性划入区社会养老保险机构基金帐户。

4. 破产、终止企业职工终止劳动关系前的缴费年限和按本文规定参加社会养老保险统筹后的实际年限可以合并计算。

上述人员达到国家规定退休年龄的，由区就业管理服务处办理领取养老保险金的有关手续，按规定享受退休待遇。本意见自发文之日起实施，由区劳动局负责解释。

宁波市镇海区土地管理局文件

镇土管〔1998〕12号

关于企业改革中征用（使用）划拨土地使用权的处理意见

各镇乡人民政府、区属各单位：

为支持和推进企业改革，明晰土地产权关系，根据土地管理法律、法规和有效政策，对区内企业产权制度改革中征用（使用）划拨土地使用权的处置方式，提出如下意见：

一、改制企业的土地使用方式

企业产权制度改改革中涉及的征用（使用）划拨土地使用权，根据企业改革不同形式和具体情况，可分别采取国有土地出让、租赁、作价出资（入股）和保留划拨土地方式予以处置。乡镇（村）企业经批准使用的集体所有土地使用权，除需要补办出让、作价出资（入股）必须办理集体土地改为国有土地手续外，也可以根据企业改制具体情况采取保留集体所有土地使用方式。

1. 转制企业使用的划拨土地改办出让方式。国有、城镇集体企业使用的划拨土地使用权，应当依法逐步实行有偿使用。企业改制中办理出让手续、补交出让金、补交金额根据企业批准使用时期确定不同比例进行补交，批准使用时间在1992年7月之前的按评估地价20%补交出让金，批准使用期从1992年8月1日起，一律按评估地价30%补交出让金。通过改办出让方式的土地使用权，可以依法进行转让、出租、抵押等。

2. 改制企业根据需要可将原使用的划拨土地使用权改办租赁方式，同区土地管理局签订土地使用权租赁合同，租赁期限一般应在 3 年以上，最高不超过 10 年，每按合同规定向出租方交纳土地租金。土地租赁合同经土地管理局同意，在租赁期限内进行转让，但不得改变租赁合同规定的土地使用条件。对乡镇、村办企业，原使用的集体土地使用权，由土地使用单位或个人同乡镇资产经营公司、村经济合作社直接签订土地租赁合同（合同样本由土地管理局统一印制），报经区土地管理局审核批准，土地租金由乡镇资产经营公司、村经济合作社收取。

3. 根据我区部分企业存在的实际困难，因企业改革引起对原有土地资产的处置，确有困难的，可提出申请，报区土地管理局和区体改办同意，在一定期限内暂不处置，保留划拨土地使用权继续使用，一般三年为宜，再长不超过五年。

4. 土地作价出资或入股方式。原划拨土地使用权必须改办出让手续，按评估地价补交土地出让金后方可作价出资（入股）。出让金也可作为出让（入股），由政府受权机构控股。原使用的集体土地使用权，必须办理改为国有土地手续。

二、必须处置的土地使用权办理程序

需要处置的土地使用权必须权属合法，无争议，并已办理土地登记，持有土地使用证书。土地使用权尚未登记的，企业应向土地管理局补办土地申报登记，取得土地使用的权属证明。

1. 改制企业的土地使用权处置方式，必须持有区政府授权机关批准企业改革的正式文件，其主要内容包括企业改革的形式和内容，企业原使用土地的状况，工业处置方式等，以及原使用土地的权属证件。

2. 地价评估确认和审查批准。改制企业需要办理国有土地使用权出让的作价出资（入股）的，必须经地价评估和确认。企业持土地使用权属证件向地价评估机构申请地价评估，须报经土地管理局审查确认和批准，然后办理土地使用权出让手续。

3. 签订合同与去土地权属变更登记。土地使用权处置方式确定后，采取国有土地使用权出让和租赁方式的，企业应持批准转制方案和土地使用权处置方式及原批准用地证件、规划红线图等资料同区土地管理局（建设用地科）签订国有土地使用权出让合同，按规定补交出让金。其中，采取租赁方式的，可不经地价评估，持批准文件和权属证件、资料，同区土地管理局（地籍科）签订土地使用权租赁合同。原使用的集体所有制土地，同所在乡镇资产经营公司、村经济合作社签订土地使用权租赁合同，并报区土地管理局审核批准，按规定办理土地使用权权属登记。

土地使用权在企业改革中，必须办理土地权属的各项手续，切实保护用地单位合法权益。以土地出让方式的，必须办理土地使用权变更登记手续，换发国有土地使用证书；土地租赁方式的，办理土地权属登记，由土地管理局地籍科发给土地他项权利证书，采取保留划拨土地使用权用地（包括原使用的集体所有制土地）方式的，企业应持批准文件和其他土地权属证件按规定办理土地过户登记，发给土地使用证件，注明使用年限。

三、降低收费标准，减轻企业负担

1. 补交的出让金和土地租金的收取和管理。根据土地使用时间确定比例缴纳的土地出让金，属于乡镇企业的按已定比例返给所在乡镇。土地租金除集体所有制土地外，国有土地租金统一由区土地管理局收取，各经济主管部门返还比例报区政府审定。

2. 企业为安置富余人员，利用地理位置优势，沿街建造部分商业场地、店面，改变土地用途性质的，可以按照审批程序办理批准手续，暂不补交土地出让金，三年后根据市场变化情况，按照土地二级市场办法每年按规定收取费用。

3．改制企业使用的土地需要进行地价评估时，土地评估费收取标志由原来的千分之四，一律降为千分之一，需要进行土地资产抵押的，其抵押评估费减半收取。

4．为改制企业办理土地使用权的处置，不再向企业收取各项管理费，土地权属登记只按规定收取工本费。

镇海区土地管理局

一九九八年五月七日

宁波市镇海区人民政府办公室文件

镇政办发〔1996〕104号

关于规范转制企业房地产登记发证、转让、抵押等有关问题的实施意见

各乡镇人民政府、区府直属各单位：

规范转制企业房地产使用办法是企业产权制度改革的重要环节。为了切实做好转制企业的改革配套完善工作，现依据国家有关法律法规，结合我区实际，对转制企业房屋登记发证、转让、抵押等相关问题的处理，提出如下实施意见：

一、转制企业房产登记发证

1. 登记发证部：城关范围内的房屋，向区房管处申请办；各镇范围内的房屋，向所在镇房管所（站）申请办理；河头乡的房屋，向骆驼房管所申请办理。

2. 房屋登记发证的有关证件：企业自建、改建、扩建的房屋登记发证，应向房管部门提供下列证件：

（1）区计经委批准文件；

（2）规划红线图；

（3）建设用地和建设工程许可证；

（4）竣工验收单；

（5）建筑平面图。

在对1995年12月底以前建房的转制企业，如无法提供上述建房证

件的，应按照建设部有关规定精神，凡产权来源清楚，无产权纠纷的，可由申请单位具结保证，并经所在镇乡政府或企业主管单位证明确认，由房管部门予以登记发证。

3. 对有下列情况之一的转制企业的房产，房管部门不予登记发证：

（1）严重影响城市和镇乡规划的；

（2）经查实，镇乡政府认为是危房的；

（3）无房地产开发经营资格的企业开发商品房；或虽具有房地产开发经营资格，但未依法办理土地使用手续的。

4. 对一些企业通过买卖、交换、赠予方式取得的房屋产权，且办理交易手续的，可携带税契、审批表直接向房管部门办理房产登记；还未办理交易手续的，应向房地产交易所（站）补办交易手续后再予以办理。

5. 登记发证程序：企业携带上述证件，到房管部门填写房屋所有权登记申请表，经房管部门实地勘察、丈量、计算面积，并对有关证件审查核实后，符合条件，即可签发房屋所有权证书。

二、转制企业的房屋转让

企业在转制过程中发生房屋所有权变更的，应及时到房管部门办理房屋转让手续。其房屋节让程序是：1. 由转让方（或受让方）到交易所、房管站领取审批表和转让契约；2. 提交填写的审批表和转让契约；3. 交易所上门评估；4. 审批后办理纳税过户，然后交易当事人凭审批表、税契申领“房屋所有权证”。

三、房屋抵押贷款

1. 房地产抵押评估工作，由区房地产评事务所承担。

2. 地产抵押借贷双方应签订借贷抵押合同。如银行有要求的，还须办理公证手续。

3. 抵押双方应提交“房产证”、“土地使用证”、《抵押合同》向区房地产交易所办理抵押登记手续。

4. 抵押双方应持交易所的《抵押契丹证单》办“他项权证”。

四、房产证登记发证、转让、抵的税费

1. 房产登记发证费：转制企业的房屋登记，应交纳登记费每户15元；工本按建筑面积计算，500平方米以下收150元；500平方米以上的，每增加100平方米，另加5元；印花税每本5元。

2. 房屋交易转让税费：房屋交易的各项税费，应按房屋成交价或评价价计算。为了解决企业遗留问题和减轻出、受让双方的负担，对转制企业的房屋交易税费，按下列标准交纳：交易费按3.2%减半计算，由买卖方各交纳0.8%；营业税为5.425%，由卖方交纳（缓交）；契税6%，由买方交纳（其中全民、集体企业购入房屋免交）；印花税0.05%，由买方交纳；调节费从3%减收到1%，由买方交纳。

3. 抵押登记费用，按市人民政府甬政〔1996〕7号文件的规定标准收取。区府要求各镇乡政府和企业主管部门，对1995年底以前转制企业，在调查、摸清情况的基础上，按照房产使用管理的要求，对已转制企业进分门别类、逐个落实。此项工作，要求在今年12月底前基本完成。在实施过程中，区房地产管理部门要求给予指导和帮助。

宁波市镇海区人民政府办公室
一九九六年九月二十四日

中共宁波市镇海区委办公室文件

镇海区委办〔1999〕38号

关于推进和深化国有、城镇集体企业产权制度改革的若干被充意见

一、积极推进未改制企业的产权制度改革（因本书已提及“略…”）

二、深化内部改革，转换经营机制（因本书已提及“略…”）

三、推进和深化企业改革的有关政策

1．企业改制或深化内部改革时，企业与职工重新确定劳动关系。对于到1999年底，距法定退休年龄不足五年的职工，原则上企业应与职工续订劳动合同，直至退休年龄为止。

2．为平衡负担，今后破产、终止企业原固定职工自谋职业的分流安置费，继续按每满一年工龄810元计发。合同制职工提前终止合同的经济补偿金按现行有关劳动政策法规计发。

3．鉴于宁波市医疗制度改革方案即将出台，原改制企业离退休职工计提的人均15000元医疗费（含非统筹部分），改作医疗预备金，由主管局管理，待医改方案出台后，按新规定作相应调整。

4．未改制企业改制时，不再计提人均5000元的改革风险准备金及富余职工补偿费，而改提职工安置费。安置费的提取标准是：原固定职工按每人每年工龄810元加100元医疗补助费计提；合同制职工按每人每年本企业上年月平均工资加100元医疗补助费计提，本企业月平均工资高于810元的，按810元计提。医疗制度改革方案出台后，职工医疗

补助费不再计提。已改制企业改革劳动用工制度时，经主管部门批准，也可按上栏办法计提职工安置费，同时将原计提的有关费用作相应的调整。

计提的安置费在财务上视作企业对职工的负债。计提安置费后的企业应与职工终止原劳动合同关系，并采取以下几种办法使用安置费：一是以现金支付的方式一次性或以分期付款的办法发给职工，并办好相应手续。二是以实物形态分配给职工个人或自愿组合起来的职工群体，由其实行自立。三是凡企业与职工重订劳动合同的，安置费归企业无偿使用，今后企业与职工解除合同的，安置费如数发给职工；职工退休享福社会劳动保险时，安置费归企业所有；职工在劳动合同期内因个人原因终止劳动合同的，不发给安费。以上办法也适用于国有、集体资产全额出售给个人的企业。计提职工安置费后资产有盈余或为负资产的企业，由主管部门平衡。

5. 经资产界定属于企业职工共同所有的资产，可由改制企业设立的职工持股会或工会登记并管理。设立企业职工持股会的由区总工会确认登记，登记按市体改委、工商局、总工会三家联合签发的甬体改〔1998〕36号文件办理。

6. 破产、终止企业为盘活存量而发生土地转让行为时，原以出让方式取得土地使用权的，士兵管理部门只收取工本费；原以行政划拨方式取得土地使用权的，发生土地使用权转让行为时，经资产评估机构评估后，由土地管理部门按评估确认地价和规定比例补交土地出让金，根据企业实际情况一，经区政府批准后，可给予返还补交的出让金。房产变更按转制企业办法，只收工本费。

7. 企业以各种形式进行改革时，职工退休政策按国务院有关文件规定办理。

8. 个体改制或深化改革时，仓库、营业场所和办公用房等属国有直管公房的，可由企业选择租赁或购买，房管部门应给予优惠照顾。具体方案由房管部门制订，报区政府批准后实施。

9. 资不抵债或无力偿还到期债务的特困企业的改制可采取抵贷返租的办法，即经债权银行同意，将原企业资产全部或部分抵偿给银行，企业职工出资入股组建新公司，租回抵偿给银行的资产，支付租赁费用。经债权人同意，可以采取分立重组的办法，由企业职工以部分有效资产设立新公司，承担相应债务。

10. 改制企业历史形成的对外担保，经债权人同意，可由被担保企业的有效资产向银行抵押，置换担保企业的担保。也可由担保企业承接被担保企业的债务，同时接收被担保企业的相应有效资产。事业单位改制时，可以参照上述办法执行。

凡本区已出台的企业改革政策与本文件规定有抵触的，以本文件为准。本补充意见，由区产权制度改革办公室会同有关部门解释。

宁波市镇海区委办公室

一九九九年十月十九日

编后记

镇海区历时18年的国有、城乡集体企业改革，从2001年8月画上句号算起，至今已过去有16个年头了。回顾企业改革历程，全区人民在历届区委、区政府的领导下，沿着党的改革开放事业，经历了一场史无先例、艰难曲折而卓有成效地探索和实践。通过改革，使镇海区618家国有企业、城乡集体企业①（不包括619村以下家庭联营、个私企业）从根本性地改变了旧的计划经济体制下的管理模式，走上了新型的社会主义市场经济体制运行轨道。从改革的整体效果来看，所取得的成果，应该说在镇海历史上是前所未有的。它的重要意义不仅在于企业自身转换了经营机制，取得了市场主体地位，形成了经济成分多样化，投资主体多元化的格局，而更重要的是营造了镇海区市场经济的微观基础，为镇海的社会事业和经济发展发挥了重要作用。

通过改革的实践，使人们真正地感悟到企业改革是一项解放思想，开拓奋进的事业，它既是一场企业所有制变革的革命，同时也是一场解放和发展生产力的革命，它具有社会震撼面最广、利益调整面最大和人们思想观念转变最直接、影响最为深刻的特点，真实地应验了党的十二届三中全会提出的“企业改革是城市经济体制改革的中心环节”的真谛。

为了留住镇海国有、集体企业改革渐渐地离我们远去的历史记忆，编纂一本具有存史价值的镇海企业改革史书，编者先在区发改局（2006年10月至2007年7月），后在区委党史研究室、区地方志办公室

---

① 注：“城乡集体企业”指“城镇集体企业”和“乡镇企业”总称。

（2017 年 2 月）的分别授意下，完成了《镇海企业改革的历史追忆》（简称“企改追忆”）的修编工作。自 2005 年 10 月至 2017 年修编过程，大体上经历了三个时段：

第一时段：2005 年 10 月，编者在区发改局的授意下，通过资料收集、筛选组合、专家研讨的三个过程，于 2007 年 4 月完成了《镇海企业改革简史》（当时作为暂定名）的编写任务，全书约 12 万字。从中，区发改局为了保证“史书”质量，于 2006 年 12 月 26 日，组织召开，并邀请了曾经直接从事过镇海区企业改革工作相关部门领导和专家参加的《镇海企业改革简史》（简称“企改简史”）研讨会。与会领导和专家对“企改简史”作了较高评价，一致认为：记述内容系统、全面、翔实，结构合理，层次分明，排列有序，有借鉴和存史价值”。与此同时，有领导和专家提议，“在企业改革探索、实践的历史进程中，将体会最为深刻的经验教训和对人们影响最为深刻的热点问题编入史书中去。这样会使《镇海企业改革简史》一书，更具有历史真实性、全面性，更紧贴改革实际”。编者采纳了领导和专家们的建议和意见，增编了第五章企业改革问题的思考，将制度创新、维护国有集体资产权益、转变政府职能、理顺劳动关系、实施就业再就业工程等方面人民群众最为关注的热点问题，以史实为依据入编史书之中，为提高企改史书质量奠定了扎实基础。

第二时段：2008 年 5 月，为纪念中国改革开放 30 周年，编者在宁波市委党史研究室和镇海区委党史研究室的授意下，以第一时段形成的《镇海企业改革简史》“初稿”为基本素材，采用论文写作的方式，经过提炼、整合、充实后，将企业改革中的制度创新、维护国有集体资产权益、理顺劳动关系、保障下岗职工再就业等 6 个方面的社会震撼面最大、群众最为关切的问题，编写了题为“镇海企业改革的历史回顾与思考”的应征论文，全文约 1.8 万字数。是年 7 月，应征论文完稿后，由区委党史研究室报送宁波市委党史研究室。经过筛选、专家多轮评选后，“镇海企业改革的历史回顾与思考”被评为宁波市党史系统纪念改革开放30周年理论研讨会论文优秀奖（中共宁波市委党史研究室甬党研发〔2008〕25号文件)。2009年3月，录用于宁波市党史系统记念改革开放30周年理论研讨会优秀论文集《潮涌港城》(由中共宁波市委党史研究室编，国家图书馆出版社出版)。

第三时段：2017年年初，编者在区委党史研究室和区地方志办公室的授意下，重新启动了“企改简史”整修工作。整修工作重点以第一时段形成的“企改简史”初稿和第二时段已被录用的“镇海企业改革的历史回顾与思考”论文为基础，将“企改简史”的第一章“前言”通过修补充实后，改编为“企业经营机制转变”、第六章“镇海企业改革问题的思考”的内容作了重新补充和调整，改编为企业改革影响深刻的六大问题，这是其一；其二增编了“第七章企业改革已成为推进镇海经济持续发展的重要动力源”，指的是转制、重组企业后的10年间（2001至2010年)，以市场主体地位的身分，与不同经济类型的企业一起，不断地推进镇海经济持续发展的情况；其三增设了第八章“丛录”，将企业改革大事记、“股份制”改制企业名录、专业经济主管部门转体改革、国有城镇集体企业产权制度改革期间，镇海区委、区人民政府出台的文件选录等四方面内容。此外，为了方便读者阅读《镇海企业改革的历史追忆》一书，将其企业改革及其相关联的内容，以引领速览的方式，重新编撰了一篇“前言”。

经本次整修后的镇海企业改革一书，其内容已突破了2007年修编的“镇海企业改革简史”的范畴。由此，编者考虑本书名称与内容的相融性，将其冠名为《镇海企业改革的历史追忆》。

《镇海企业改革的历史追忆》（简称“企改追忆”）一书，在编写过程中，得到过诸多曾经重视、关心镇海企业改革领导和同仁的支持，以此表示感谢。在这里让我值得信赖的是，现任宁波市镇海区地方志编纂委员会办公室《镇海区志》主编（时任宁波市镇海区人大常委会副主任）陈家俊同志，从我编纂本书第一时段的2005年起，到出版前，得到他始终如一的关心和支持，是我写好这本书的精神支撑，以此深表敬意！

主编：孟福成
2017年11月22日